올해의 작가 2005 Artist of the Year Lee Jong-gu 이종구

올해의 작가 2005 이종구

주최 _ 국립현대미술관
장소 _ 국립현대미술관 제2전시실
기간 _ 2005. 5. 12-7. 14

기획 _ 강승완, 류한승
전시행정 _ 류원현
공간 조성 _ 정수화, 최경복, 박순관
홍보 _ 김계채, 정종섭
도록 디자인 _ 컬처북스(안가현)
영문 번역 _ 김자운, 윤희진
사진 _ 명이식, 임영균
인턴 _ 문구

* 이 책은 국립현대미술관이 기획한
《올해의 작가 2005 - 이종구》 전시 도록입니다.

Artist of the Year 2005 Lee Jong-gu

Organized by National Museum of Contemporary Art, Korea
Venue _ Gallery 2, National Museum of Contemporary Art, Korea
Period _ 2005. 5. 12-7. 14

Curated by Kang Seung-wan, Ryu Han-seung
Administration _ Ryu Won-hyun
Display _ Jung Soo-hwa, Choi Kyoung-bok, Park Sun-kwan
Public Relations _ Kim Gye-chae, Jung Jong-seop
Catalogue Design _ Culture Books(Ahn Ka-hyun)
English Translators _ Kim Ja-woon, Yun Hee-jin
Photograph _ Myeong Yi-sik, Lim Young-kyun
Intern _ Moon Goo

* This catalogue is for *Artist of the Year 2005 - Lee Jong-gu* organized by the National Museum of Contemporary Art, Korea.

올해의 작가 2005 Artist of the Year Lee Jong-gu 이종구

CULTURE BOOKS 컬처북스

감사의 글

본 전시를 위해 작품을 기꺼이 대여해 주신
기관 및 개인 소장가 여러분께 진심으로 감사드립니다.

기관
고려대박물관
대전시립미술관
맥향화랑
서울시립미술관
학고재
해반 갤러리

개인
김규식
이수언
이철수

(가나다순)

Acknowledgement

We sincerely appreciate the willingness support of museums and private collectors for lending us the works of Lee Jong-gu's for this exhibition.

Public Collections
Korea University Museum
Daejeon Municipal Museum of Art
Maek-Hyang Gallery
Seoul Museum of Art
Hakgojae Gallery
Haeban Gallery

Private Collectors
Kim Gyoo-sig
Lee Su-eon
Lee Chul-soo

일러두기

작품 규격의 단위는 cm이며, 평면 작품은 세로×가로,
입체 작품은 높이×폭×깊이의 순입니다.
도판은 전시 작품 순을 고려하여 수록하였습니다.

차 례
CONTENTS

6 인사말
김윤수 국립현대미술관장

7 Foreword
Kim Yoon-soo Director, National Museum of Contemporary Art, Korea

8 기획의 글
《올해의 작가 2005-이종구》 전을 개최하며
류한승 국립현대미술관 학예연구사

17 Artist of the Year 2005-Lee Jong-gu
Ryu Han-seung Assistant Curator, National Museum of Contemporary Art, Korea

도판 Plates
23 1기 1984-1990 고향 땅 오지리 My Hometown, Oji-ri
49 2기 1991-1994 고개 숙인 농민의 분노 Dejected Anger of the Farmers
81 3기 1995-2000 희망의 씨앗을 뿌리며 Planting the Seed of Hope
107 4기 2001-2005 우리 땅, 우리 겨레 Our Land, Our People

158 작가와 작품 세계
부대끼는 현실, 충돌하는 이미지들
이태호 미술비평 · 경희대 객원교수

167 The Troubling Past, Conflicting Images
Lee Tae-ho Guest Professor, Kyung Hee University

170 작가 노트
2005년 《올해의 작가-이종구》 전에 부쳐

171 Artist's Notes
Upon the Commencement of *Artist of the Year 2005-Lee Jong-gu* Exhibition

172 작가 약력

175 Profile of the Artist

178 도판 목록 List of Plates

인 사 말

국립현대미술관이 매년 개최하는《올해의 작가》전은 활발한 창작 활동과 독창적인 예술 세계로 한국미술의 발전에 새로운 지향점을 제시한 작가를 선정하여 그 성과를 보여 주는 전시회입니다. 올해에는 원로작가 부문에 산정(山丁) 서세옥이 선정되어 덕수궁 분관에서 전시를 하게 되었으며, 중견작가 부문에는 이종구가 선정되어 과천 본관에서 전시를 개최합니다.

이종구는 1980년대 초반부터 우리 농촌 현실을 지속적으로 그려온 화가입니다. 아시다시피 지난 세기 '근대화' 라는 기치 아래 추진된 개발 독재는 농민의 끝없는 희생을 강요했고 급격한 농촌 해체, 농민 분해를 초래했습니다. 오직 땅을 믿고 땅에 의지하여 살아가는 농민들에게 그것은 감당하기 어려운 고통이요, 동시대의 모순을 극명하게 드러내는 사회 문제였습니다. 농촌은 지금 수입 개방이라는 또 다른 위기를 맞고 있습니다.

이종구는 선량한 농부인 아버지의 삶을 통해, 오지리 사람들을 통해 농민들이 어떻게 거덜나고 희망 없는 삶을 이어가고 있는가를 그려온 거의 유일한 화가가 아닌가 합니다.

그가 그린 아버지는 이 땅 모든 농민의 도상이고, 고향 오지리는 전국 농촌의 가혹한 풍경입니다.《땅의 사람들》전,《오지리 사람들》전 그 후에 이어지는 연작들은 재료와 형식, 기법을 달리하며 어찌할 길 없는 농촌 현실과 농민들의 박탈감을 냉혹하게 드러내고 있는 점에서 주목을 끌게 합니다. 그것은 때로는 분노로, 깊은 연민으로, 해학으로, 기원으로, 때로는 사회학적 문제 제기로 나타납니다. 그 점에서 이종구는 단순히 농민화가가 아니라 동시대 진실을 그리고자 했던 유럽의 진실주의(verism) 혹은 사회적 리얼리즘(social realism)의 연장선에 위치한다고 하겠으며, 적어도 그런 화가가 있다는 사실만으로도 우리 미술의 지평을 넓혀 주었다고 생각합니다.

이종구는 언젠가 자신의 작품이 아버지 앞에서는 그의 헛기침보다도 못하다는 고백을 쓴 적이 있습니다. 이 말은 자신의 작업에 대한 진솔한 고백이자, 자신만의 물음만은 아닐 것입니다.

이번 전시는 그가 농촌 문제를 다룬 초기작부터 최근작에 이르기까지 시기별, 주제별로 대표작들을 망라하고 있습니다. 변화하는 시대에 따라 심화되는 그의 작품 경향을 차례로 만날 수 있을 것입니다. 그의 그림을 어떻게 분류하고 딱지를 붙이든 상관없이, 이 전시를 통해 한 화가가 심혈을 다해 그려온 세계, 그 속에 담긴 고뇌와 사상의 일단을 볼 수 있는 시간이 되기를 바랍니다.

끝으로 귀한 작품을 출품해 주신 작가분과 소장가 여러분께 감사를 드리며 이 전시를 준비하느라 수고한 담당 직원 여러분께 사의를 표합니다.

2005년 5월

국립현대미술관장 김윤수

FOREWORD

The Artist of the Year Exhibition, which the National Museum of Contemporary Art opens annually, selects artists who have been actively creative in their fields and who, through their original world of art, have aimed at leading Korean art into new directions.

Lee Jong-gu is an artist who has continually painted upon the harsh realities that our farmlands have faced since the early eighties. It is common-knowledge that during the last century under the banner of 'modernization', our farmlands have been exploited by a totalitarian regime who demanded endless sacrifices from our farmers. This incurred division among farmers as well as the rapid break up of our agricultural system. To the farmers who had placed their sole belief in the earth they tilled, this was a grief too hard to swallow, and it became a social problem that cast light upon the contradictions of the era.

Lee Jong-gu is perhaps the only painter who has tried to capture through the life of his immovable father who spent his life as a planter, as well as through the lives of the Ogi-ri people, the existence they tried to salvage from their ruined livelihoods. His father represents every farmer on this land and Lee's native village, Ogi-ri, is the brutal landscape which epitomizes the entire rural township of our country. What also catches the attention of the observer is how Lee brutally exposes the powerlessness that the rural villages found themselves faced with as well as the feelings of want that these same people harbored within themselves. This manifests itself sometimes as anger, or as deep compassion, humor, or prayer in Lee's works. It even performs as a way to introduce a social problem. From here, it can be said that Lee Jong-gu is not simply a rural painter but, also a realist painter who can be positioned along side European veristic painters or artists of social realism who endeavored to portray the true conditions of their era. I believe that the art of Korea has been able to broaden its horizons due to having an artist such as Lee.

Lee has confessed in writing how his works are always nothing more than a dry cough to his father. This is a sincere confession about his art and not merely a question he asks himself.

This exhibition, arranged according to period and subject, includes Lee's early works that deal with farming issues to his most recent works. You will be able to discern how the development of his work has intensified throughout the years. Last of all, I wish to extend my gratitude towards the artist and the owners of the works on display as well as to all those involved in making this exhibition possible.

May 2005

Kim Yoon-soo Director, National Museum of Contemporary Art, Korea

기 획 의 글

《올해의 작가 2005-이종구》 전을 개최하며

류한승 국립현대미술관 학예연구사

농민화가 이종구

국립현대미술관은 매년 《올해의 작가》 전을 개최하고 있다. 이 전시는 한국미술계에서 주목할 만한 성과를 올린 작가를 선정하여, 그 성과를 기리고 가능성을 확인해 보는 기획전시로 1995년부터 계속되고 있으며, 2001년부터는 과천 본관(국립현대미술관)과 분관(덕수궁미술관)에서 각각 개최되고 있다. 덕수궁미술관은 원로작가를 '올해의 작가'로 선정한다. 이 전시는 그분들이 우리 화단에 남긴 선구자적 성찰과 공적을 회고하며, 오늘날 우리들이 배워야 할 교훈을 발견하는 것에 큰 비중을 두고 있다. 반면에 과천 본관은 중견작가를 선정한다. 이 전시는 동시대의 미술 현장에서 치열한 작품 활동으로 성과를 내고 있는 중견작가를 선정하고, 그를 통해 현대미술의 새로운 조형성과 메시지를 제안하는 것에 초점을 맞추고 있다.

올해 본관이 선정한 작가는 쌀부대 그림으로 잘 알려진 농민화가 이종구이다. 지난 20년 동안 그는 급격한 변화를 겪고 있는 농촌 현실을 주제로 삼아 한국적 삶의 원형을 탐구해 왔으며, 그것을 예술의 영역에 자리매김하기 위해 다각도로 노력해 왔다. 하지만 이종구는 농민의 모습과 농촌의 풍경을 극사실적 혹은 낭만적으로 재현하는 구상작가가 아니다. 그는 비판적인 현실인식을 바탕으로 그들의 인생을 몸소 체험하고, 그들의 고민과 아픔을 함께 나눔으로써, 그들에게 내재된 분노와 저항 그리고 희망을 표현하는 리얼리즘 작가이다. 또한 그는 그러한 농민들의 내면을 좀더 섬세하고 효과적으로 드러내기 위해, 쌀부대, 밥상, 농기구 등과 같은 비전통적인 재료를 작품에 과감히 도입하여 내용과 형식의 조화를 추구한다.

> "지난 10년 동안 농촌은 급격한 변화를 겪고 있다. 이는 과거 농촌이 수백 년 동안 겪었던 변화보다도 더 빠르고 엄청난 것이다." (작가 노트, 1996. 10.)

우리 농촌은 산업화, 도시화, 세계화라는 거친 풍랑을 겪으며 참혹하게 붕괴되고 있다. 1980년대부터는 쌀 수매 값 폭락, 소 값 파동, 수세 시행, 우루과이 라운드와 농산물 수입 개방 등으로 농촌 경제가 송두리째 흔들리게 되며, 농촌의 구조적 모순이 극에 달하게 된다. 이종구는 그러한 시대적 상황 속에서, 즉 한 작가가 처한 사회에서, 예술가의 임무와 역할에 대해 끝임 없이 고뇌하며 반성을 거듭해 왔다. 그의 작업은 단지 미술적인 측면뿐만 아니라, 사회, 정치, 경제, 역사 등의 측면까지 다양한 층위를 모두 담고 있다.

이종구는 충청남도 서산군 대산면 오지리에서 농부의 아들로 태어났다. 그가 처음부터 농촌의 현실을 그린 것은 아니었다. 그는 대학에서 서양화를 전공했고, 1979년 군에서 제대한 이후 본격적으로 화가의 길에 들어섰다. 당시는 박정희 대통령이 암살되고 계엄령이 선포되었던 시기로 상당히 어둡고 불길한 기운이 사회 전반을 뒤덮고 있었다. 그 시기에 화단은 모노크롬 회화가 지배하고 있었다. 그런데 이종구는 추상적인 회화와 거리를 두고, 극사실주의와 초현실주의 경향이 짙은 작품을 그렸다. 미술에 있어 형식적인 문제에 관심을 두기보다는 오히려 인간의 실존 또는 대중과의 소통 등의 내용적인 문제를 진지하게 다루었다. 특히 그는 '경고', '통행금지', '위험' 등의 의미를 담은 교통표지판과 아스팔트, 보도블럭 등 차가운 도시의 이미지를 주로 선택했는데, 그것은 80년대 초반 경직되고 억압적인 한국 사회의 모습을 그대로 반영한 것이다. 그러나 왠지 도시는 그에게 익숙하지 않은 소재였다. 그는 자신의 정체성과 삶의 뿌리에 대해 번민을 거듭하게 되었고, 마침내는 농부인 아버지를 찾게 되었다. 그 결과 1984년부터 이종구는 우리에게 잘 알려진 '농민화'를 그리기 시작하였으며, 자신만의 독특한 회화 양식을 형성하게 되었다.

1984~1990년 : 고향땅 오지리

1984년부터 1990년 사이에 제작된 그림들은 '아버지', '오지리 사람들', '농촌과 현실' 등 크게 세 가지로 구분된다. 이 시기의 작품들은 모두 쌀부대(부대비닐과 부대종이)에 그려져 있으며, 간혹 인쇄물, 편지 등이 콜라주되고 있다. 고향땅 오지리를 중심으로, 작가가 농촌에 대해 품고 있는 따뜻한 애정과 서서히 희망을 잃어 가는 농민의 깊은 시름이 작업에 포함된다.

〈연혁-아버지〉는 이종구 작품 세계에 있어 두 가지의 큰 의의를 가진다. 그것은 아버지를 소재로 삼은 첫 번째 작품이자, 쌀부대에 그린 최초의 그림이기 때문이다. 처음에 작가는 아버지를 부대종이가 아닌 캔버스에 그렸다고 한다. 그런데 캔버스는 아버지의 겉모습을 정확하게 재현할 수 있는 장점을 지녔지만, 아버지의 생애, 심성, 정신 등과 같은 내면적인 요소를 담아내기에는 어려웠다. 다시 말해 이종구는 한국 농촌의 아버지와 서양의 캔버스 사이에 합의할 수 없는 간극이 존재한다는 사실을 발견했고, 쌀부대라는 직접적인 사물을 통해 그 해결책을 모색한다. 그렇다면 쌀부대는 농민에게 어떤 의미를 가지고 있는가? 농민은 땅에 벼를 심고 가꾸어 쌀을 생산하며, 자연의 산물인 쌀을 경제적인 가치로 변환시키기 위해 그것을 쌀부대에 담는다. 그로부터 쌀은 단순한 작물이 아니라 상업적인 효용을 지닌 상품으로 전환된다. 쌀을 담는 부대비닐과 부대종이는 미술에 있어 굉장히 생소한 재료이다. 그러나 이것들은 농민의 생활을 단적으로 함축하는 상징물이자, 당대의 정황을 직설적으로 보여주는 징표로써 매우 효과적인 것이다.

〈속 농자천하지대본-연혁〉과 〈속 농자천하지대본-아버지의 땅〉은 부대종이에 그려졌으며, 농업

이 천하의 근본이라는 '農者天下之大本'을 담고 있다. 하지만 '속(續)'을 앞에 붙여 현대사회에서는 그러하지 못하다는 사실을 냉소적으로 비판한다. 〈속 농자천하지대본-연혁〉을 자세히 보면 아버지의 일생을 통해서 우리 농촌의 현실을 읽을 수가 있다. 맨 위에 태극기가 있고, 아버지가 학창 시절에 받았던 표창장과 사진, 그 아래에 벼이삭을 가슴 가득 안고 환하게 웃고 있는 젊은 농군인 아버지가 있다. 화면 중앙 아래를 가득 채우고 있는 아버지는 노년의 아버지이다. 이마와 눈가에 주름살이 깊게 파여 있고, 가슴에는 아들에게 보낸 아버지의 편지가 쓰여 있다. 〈속 농자천하지대본-아버지의 땅〉은 쌀 수입으로 고통 받는 농부가 주제이다. 흘러내리는 쌀을 자세히 보면, 영어가 적힌 쌀은 그 형태가 온전하지만, 한글이 들어간 나머지 쌀들은 상처 입고 갈라져 있거나 아예 썩어 있다. 쌀이 바로 농심인 것이다.

작가는 아버지라는 한 개인에 대한 관심을 점차 가족으로 확대시키고, 계속해서 농촌에서 아버지와 같은 방식으로 삶을 살아가는 농민들에 주목하게 된다. 그들이 바로 '오지리 사람'들이다. 따라서 작가의 친척들과 동네 사람들이 그림의 소재로 등장하게 되는데, 이 무렵에 그려진 오지리 사람 초상화는 크게 두 부분으로 나누어진다. 먼저 1980년대 중반에 제작된 인물화는 대부분 부대비닐에 그려져 있으며, 배경이 생략되고 인물만 단독으로 그려지고 있다. 그렇지만 1980년대 후반부터는 표면이 비교적 매끈한 부대종이가 사용된다. 인물과 함께 소가 나타나기도 하고, 배경에 논과 밭 등이 추가되면서 서술적인 내용이 조금씩 더해진다.

〈아우〉와 〈명환 아저씨〉는 대표적인 초기 인물화로 부대비닐에 그려졌으며, 한 개인의 모습을 증명사진처럼 극사실적으로 묘사하고 있다. 이와는 다르게 〈대산리 할머니〉와 〈9월〉은 부대종이에 인물을 재현하고 거울의 틀을 그림의 액자처럼 사용한다. 그리고 그 나무틀에 오지리 마을 풍경을 그려 넣어 작품에 회화적인 성격을 가미시키고 있다. 〈오지리 장씨〉와 〈오지리 안씨〉는 1980년대 말의 특성을 그대로 보여주는 수작으로 인물과 배경이 거의 같은 비중을 가진다. 〈오지리 장씨〉에서 농부는 무참히 메말라 갈라 터진 땅에 구부정한 허리에 뒷짐을 진채 낫을 들고 서 있다. 황폐화된 땅은 농민의 무너진 마음이며, 낫은 그들의 저항과 항거를 표시한다. 마찬가지로 〈오지리 안씨〉에서 농부는 돌로 가득한 밭에 힘없이 서 있다.

이종구는 오지리라는 농촌 마을을 벗어나 보다 큰 영역인 서산이라는 지역 공동체로 그 시각을 확대하며, 더불어 개인사 차원에서 벗어나 광범위한 차원으로 농촌에 접근하기 시작한다. 1984년에 그린 〈대한민국 전도〉는 여러 계층의 인물을 통해 당시 사회상을 포괄적으로 암시한다. 농부를 지칭하는 작가의 아버지를 비롯해서, 갑오농민운동을 주도했던 전봉준, 한국 천주교 200주년 기념으로 방문한 교황, 분단국가를 표상하는 헌병, 프로야구 선수 이만수 등이 그림 안에 배치되어 있다. 무척 사실적으로 그린 〈지금 지방에선〉은 1984년 6월 18일 중앙일보 기사를 차용하여, 결혼을 못해 자살한 농촌 총각을 다룬다. 이 사건은 농촌의 심각한 상황을 사회에 알린 충격적인 것이었다.

지방 중소도시의 기차역 앞에는 그 지역을 안내하는 풍물도나 관광도가 있게 마련이다. 〈서산풍물도〉와 〈어서 오십시요, 항상 약진하는...〉은 서산군을 소개하는 일종의 지역 안내도이다. 수영복 입은 여인과 박카스는 농촌까지 침투한 상업주의를 지칭하고, 'D지구 기공식'과 정주영 현대그룹 회장은 서산방조제 개발을 뜻한다. 서산방조제는 오로지 농경지를 확보한다는 개발 논리로 밀어붙였던 대표적 사례이기도 하다. 생태계 파괴가 고려되지 않았음은 물론이다. 그 결과 할머니가 들고 있는 서산 지역의 유명한 간월도 어리굴젓은 우리들 식탁에서 점차 사라져 갔다.

〈대산에서〉와 〈오지리에서〉는 각각 1985년에 치러진 12대 국회의원 선거와 1987년에 치러진 13대 대통령 선거 포스터를 배경으로 하고 있다. 선거 때가 되면 정치인들은 농촌의 발전을 위해 무수히 공약을 쏟아내지만, 선거가 끝나면 그것은 공허한 메아리가 되고 만다. 〈대산에서〉의 농부는 이러한 농촌을 애도하기 위해 상장(喪章)을 가슴에 달고 있으며, 농민의 생명은 농민 스스로 지켜야 한다는 본능적 징표로 방독면을 착용하고 있다.

〈고부에서 여의도까지〉는 1989년 2월 13일 여의도 광장에서 열린 '수세폐지 및 고추전량수매 쟁취를 위한 농민대회'를 소재로 한다. 100여 년 전 고부 군수 조병갑이 둑을 막고 물세를 징수한 것을 계기로 동학농민운동이 촉발되었다. 이 작품을 그러한 역사가 지금도 똑같이 되풀이 되고 있다고 이야기하고 있다. 힘없는 농민들의 분노와 절규가 화면을 가득 채우고 있다.

1991-1994년 : 고개 숙인 농민의 분노

1990년대에 들어 이종구의 회화에는, 그림의 형식적인 측면에서 좀더 많은 것을 이야기하려는 '서술적 경향'과 좀더 많은 것을 내포하려는 '은유적 경향'이 동시에 일어난다. 부대종이와 비닐이라는 매체는 우리의 시대상을 적나라하게 보여 줄 수 있는 효과적인 오브제이지만, 다른 한편으로 인쇄된 글자와 로고가 찍혀 있어, 그것 자체로 고정적이고 강한 인상을 전달할 수 있으며, 결론적으로 서술적인 내용과 회화적인 요소가 뒷전으로 밀릴 위험이 있었다. 이종구는 이 때부터 점차 쌀부대의 사용 빈도를 줄이고, 장지, 한지 등 전통 회화재료에 눈을 돌린다. 또한 그는 이전에는 인물에 부수적으로 등장시켰던 낫, 삽, 호미 등을 작품 전면에 내세우게 된다. 이것은 정헌이(한성대 교수)가 지적하듯이, "편입된 리얼리티로서의 양곡 부대라는 표면을 포기한 대신에 구체적인 상징이 필요해지고 삽이나 낫 등의 농기구가 그 상징으로서의 역할을 확대"(가나화랑 개인전 도록, 1996)하게 되는 것으로, 이 도상들은 은유적인 기능을 수행한다. 물론 그는 이러한 암시적 · 내포적 경향을 1990년대 중후반 더욱더 발전시켜 씨앗, 그릇 등으로 그 흐름을 이어간다.

내용적인 측면에서도 작업의 변화를 읽을 수 있다. 1990년대 초반 우루과이 라운드 협상과 쌀 시장 개방이 한국 농촌을 강타하고, 농민들의 삶은 1980년대에 비해 더 피폐해진다. 그러한 농촌의 현실은 곧바로 그의 그림에 투사되는데, 이 시기에 그려진 농민들은 그 이전과는 다르게 몹시 비장하고 절망적이며, 농촌 현실에 격분한 그들의 항거가 전면에 나타난다. 1990년대 초 이종구의 작품 세계는 '농민화', '농기구', '소' 등 세 가지로 분류된다.

〈국토-1990년 가을〉을 보면 미국을 의미하는 델타 항공사 비행기가 푸른 하늘을 날고 있고, 노동에 지친 노부부가 맥없이 쉬고 있다. 농산물 수입 개방을 강요하는 거대한 자본주의의 힘과 그것에 속절없이 무너지는 농민상이 극명하게 대비되고 있는 것이다. 〈수몰지의 마지막 여름〉, 〈UR〉, 〈UR-권씨〉, 〈논두렁〉 등의 작품에는 델몬트 박스라는 오브제가 등장한다. 델몬트 바나나는 남대문과 같은 곳에서 은밀하게 유통되던 수입 바나나였지만, 1990년대 초부터 농산물 수입 개방에 따라 합법적으로 수입되어 과일가게에서 버젓이 팔리게 되었다. 국내 바나나 농가가 큰 타격을 받았음은 물론이다. 작가는 이러한 사실에 대단한 충격을 받았고, 델몬트 박스를 뜯어 콜라주로 부대종이에 붙여 작품에 등장시켰다. 델몬트 박스는 UR이라는 역사적 상황을 표시하는 증거물인 것이다.

〈수몰지의 늦가을〉은 경북 안동에 임하댐을 세울 때 물에 잠기게 된 지역을 그린 그림이다. 수확을 포기하고, 자신의 옛날 땅을 허탈하게 바라보는 농부들의 모습에서 무력감이 진하게 느껴지지만, 그들 손에 쥐어진 낫을 통해 그들의 설움이 의미심장하게 다가온다. 〈UR-권씨〉와 〈수몰지의 권씨〉의 주인공 권노인은 비운의 인물이다. 그는 농산물 수입 개방으로 인해 더 이상 농사를 지을 수 없으며, 게다가 임화댐 건설로 평생 살아온 자신의 땅을 떠나야 한다. 〈오지리 사람들〉을 보면 다섯 명의 농부들이 빈 지게를 지고 걷고 있다. 후면을 감싸고 있는 저녁노을과 먹구름이 농촌을 더욱 애처롭게 하지만, 이종구는 그림 전체에 은은한 빛을 뿌려놓아 새 시대의 농촌을 어렴풋이 암시하고 있다.

이종구의 회화에서 등장하는 낫, 삽, 호미와 같은 농기구의 의미도 바뀌게 된다. 작가는 1980년대부터 이 농기구들을 농부와 함께 그려 왔는데, 이제는 이 농기구들이 단독 도상으로 등장해 농민들의 울분과 저항을 표현한다. 낫은 농사일에 꼭 필요한 일상적인 연장이면서, 동시에 역사적으로 질곡의 시대를 뛰어넘고자 했던 민중들이 죽창을 깎던 연장이다. 따라서 낫은 우리에게 풍요를 가져다주는 도구이자 인간다운 삶을 회복시켜 주는 도구인 셈이다. 〈아버지의 낫〉에서 낫은 한평생 농민과 함께하는 '동반자'로서의 낫이고, 〈길〉에서 낫은 외지 사람들의 마을 출입을 막고 농촌을 지키는 '수호'의 낫이다. 〈겨울-들불〉의 삽은 불에 타서 금속만 남았는데, 그것은 검게 타버린 우리 농촌의 자화상이다.

〈보리밭〉은 운주사 입구의 1월 보리밭을 그린 것이다. 화면 아래 작은 호미가 버려져 있기는 하지만, 전반적으로 보면 자연의 모습을 담은 풍경화 양식이다. 이종구는 그간 농부들이나 농기구를 통해 저항의 이미지를 주로 표출해 왔다. 그러나 이 작품은 온전한 땅의 기운을 통해서도 상업주의에 항거할 수 있다는 색다른 가능성을 보여주고 있다. 땅의 능력에 대한 이러한 관심은 땅의 힘을 중시하는 1990년대 중후반의 작업과 연관된다.

마지막으로 이 시기를 대표하는 소재 중의 하나는 소이다. 소는 농민을 대변한다. 소는 농민과 동거동락하며, 작가는 소를 의인화하여 농민의 희로애락을 이야기한다. 분노로 가득 찬 소를 통해 농민의 격분을 드러내고, 상처난 소를 통해 농민의 아픔을 고스란히 드러내는 것이다.

1995-2000년 : 희망의 씨앗을 뿌리며

이종구의 작업은 1990년대 중반 다시 한 번 전환기를 맞는다. 지난 10년 동안 그려온 인물화가 거의 사라지고, 그 자리를 그릇, 신발, 씨앗 등의 사물이 이어 받는다. 그와 함께 그림의 배경도 농촌의 정경이라는 원경에서 흙과 땅이라는 근경으로 바뀐다. 이러한 변화는 결과적으로, 작품에 내재되어 있던 내러티브를 눈에 띠게 약화시키고, 은유적 경향을 점점 강하게 드러내게 된다. 작가는 그간 농민들이 겪는 수난과 절망을 직접적으로 표현해 왔는데, 이 시기에서는 흙과 땅의 형상을 전면에 내세워 대지가 가지는 생명력과 그 안에서 피어나는 푸른 희망의 싹을 집중적으로 조명한다. 작가는 그간 취해 왔던 직접적인 어법을 피하고, 은유적이고 단순화된 어법으로 우리 농촌이 가져야 할 새로운 대안과 긍정적인 힘을 보다 뚜렷이 발견하고자 한다. 이 시기의 작품은 밥상을 지지체로 도입한 '밥상' 시리즈, '땅'을 소재로 한 작품, 사람의 얼굴과 땅을 초현실적으로 합성한 '대지' 시리즈로 나눌 수 있다.

먼저 밥상이라는 독특한 오브제를 활용한 일련의 작업을 살펴보자. 농민은 궁극적으로 쌀을 얻기 위해 일을 한다. 그들은 땀 흘려 생산한 쌀로 밥을 지어 온 가족이 모여 밥상을 펼치고 식사를 한다. 농민에게 밥상은 쌀을 얻기 위한 노동과 가족이라는 공동체가 서로 마주하는 지점이다. 도시민과 달리, 농민들에게 밥상은 농촌 생활의 의미가 축약된 아주 특별한 것이다. 작가는 더 나아가 밥상을 땅과 동일시한다. 밥상 표면에 땅을 그리고, 그 안에 다양한 상징물들을 배치시킨다. 작품에 자주 나타나는 그릇 파편은 붕괴해 가는 우리의 농경 문화와 농촌 경제를 지시한다. 〈봄 1995〉에는 깨진 콜라병이 보이는데, 이는 서구의 자본주의를 대표한다. 그렇지만 작가는 낫과 식칼을 그려 넣어, 우리의 식단을 스스로 지키려는 결연한 의지를 표방한다. 또한 작가는 그림마다 볍씨와 씨앗을 포함시켜 새 생명에 대한 기대를 소중히 담고 있다.

다음으로 작가는 땅의 이미지를 배경으로 신발, 씨앗 등을 아주 사실적으로 그린다. 이 때 작가는 부대비닐이나 종이가 아닌 장지와 캔버스를 주로 사용한다. 1995년 작가의 아버지가 세상을 떠난다. 아버지로부터 오랫동안 창작의 중요한 모티브를 취했던 작가는 아버지의 죽음을 애도하기 위해 〈아버지의 한세상〉, 〈유산-아버지〉 등의 작품을 그린다. 그는 아버지가 유언처럼 써놓은 글을 땅에 낙서하듯이 그대로 배열하였으며, 신발, 낫, 호미, 옷 등의 유품을 땅 위에 올려놓았다. 〈땅-유물〉 역시 같은 맥락의 작업으로, 땅에는 사람의 이름이 적혀 있고, 그 위로 고무신이 놓여 있다. 그것은 그 신발을 쓰던 사람이 세상을 떠났다는 것을 지칭한다. 그러나 작가는 화면 가운데 볍씨를 그려 놓았다. 볍씨를 통해 인생의 순환과 새로운 희망을 내포하고 있는 것이다.

〈부부〉는 흙냄새가 날 정도로 땅을 정교하게 묘사하고 있고, 그 땅 위에 신발 두 짝이 놓여져 있다. 이 그림의 주인공인 부부는 거룩하고 경건한 땅으로 노동하기 위해 걸어 들어갔다. 고무신을 벗어 놓은 채로 말이다. 덧붙여 이 작품에서 보이는 호박씨 세 개과 〈종자〉에서 그릇에 담긴 각종 씨앗들 역시 땅의 생산력과 삶의 희망을 말하고 있는데, 그 씨앗이 발화된 것이 바로 〈대지-봄〉이다. 밭이랑에 푸른 무 싹이 싱그럽게 돋아 있으며, 가운데에는 생명의 물 한 그릇이 놓여 있고, 푸른 하늘이 그 물에 비치고 있다.

끝으로 '대지' 시리즈는 사람의 얼굴과 농토가 결합된 형태를 띠고 있다. 농부에게 땅은 곧 농부의 육체이며, 대지는 모든 것을 생산하는 어머니이다. 〈대지-모내기〉, 〈대지-여름〉, 〈대지-가을〉, 〈대지-겨울〉 연작에는 모두 작가 아버지의 초상이 그려지고, 그 아래로는 농촌의 사계절이 비장하게 펼쳐진다. 봄에 모내기를 하고, 여름에는 홍수로 논이 물에 잠기고, 가을에는 추수를 한 후 불태우고, 눈보라 속에 겨울을 이겨내는 새싹들이 차례로 이어진다.

2001-2005년 : 우리 땅, 우리 겨레

이종구는 1990년대 중후반 인물보다는 사물에 초점을 맞추며, 직설적이고 서술적인 표현보다는 함축적이고 절제된 표현을 구사하였다. 그런데 2000년대에 들어 그의 작업은, 마치 날개를 단 새처럼, 자유롭고 유연해지는 특징을 보여 준다. 물론 그가 지속적으로 다루었던 농촌 문제를 포기한 것은 아니지만, 좀더 넓은 시각에서 우리의 국토와 겨레를 바라보는 확장된 시각이 형성된다. 1990년대 중반부터 중단했던 농민화가 다시 그려지며, 더불어 백두대간, 국토, 생명, 환경 등 거시적인 주제가 부각된다. 표현 방법에 있어서도, 한지, 석고, 인쇄물, 부대종이 등 재료를 폭넓게 활용하고, 작품의 규모도 커지며, 처음으로 입체, 설치 작업이 도입된다. 이 시기는 '백두대간', '물', '다시 오지리에서', '진혼' 등의 4개의 소주제로 구분될 수 있다.

'백두대간' 시리즈는 우리의 국토를 그리는 대규모 프로젝트인데, 이 아이디어는 1997년 우연히 나왔다. 당시 지방 신문에 '연중 대하 기획-산천을 닮은 사람들' 이라는 코너가 있었고, 임옥상, 강요배 등 여러 작가들이 각 지역을 나누어 그 지방의 산하를 그렸다. 그 중 이종구는 충청도를 담당하여 계룡산을 그렸는데, 그렇게 탄생한 것이 〈계룡춘색〉이다. 작가는 이를 계기로 우리의 국토를 광범위한 시각에서 바라보게 되었으며, 때마침 2000년에 압록강, 두만강, 백두산을 답사할 기회를 갖게 되고, 본격적으로 우리 나라의 산과 강을 그린다. 작가는 1년 반 이상의 시간을 투자해서 〈영토-압록강에서 두만강까지〉라는 대작을 그린다. 이 그림은 일반 풍경화와는 다르게, 인간의 역사, 문화, 생태, 환경 등을 모두 포함한 소위 '역사풍경화' 이자, 한 편의 장대한 서사시이다. 먼저 화면의 오른쪽 위에 두만강의 일출이 있고, 그 옆으로 백두산 천지가 장엄한 자태를 선보이며, 그 아래

왼쪽에는 고구려가 개국한 오녀산성, 오른쪽에는 개마고원이 있다. 그리고 그 사이로 굽이굽이 이어진 압록강과 21개의 골짜기가 경이롭게 펼쳐져 있다.

〈백두대간-아, 지리산〉과 〈백두대간-덕유산 향적봉에서〉는 모두 파노라마 형식으로 산의 전경을 보여 준다. 하지만 이종구는 단지 지리산과 덕유산의 풍광을 묘사하는 것을 넘어서, 마치 조정래의 대하소설 『태백산맥』에서 거론되는 빨치산의 근거지로서, 역사의 거대한 숨결이 느껴지는 현장감 있는 산을 그리고자 한다.

두 번째 경향은 그릇에 담긴 '물'에 대한 것이다. 농촌에서 물은 대지의 모든 생명을 자라게 하는 필수불가결의 조건이며, 때론 우리의 장수와 행복을 기원하는 신성한 정안수가 되기도 한다. 장수와 남자를 의미하는 〈물-壽〉는 밥그릇에 그려져 있고, 복과 여성을 의미는 〈물-福〉은 국그릇에 그려져 있다. 지지체로서 다시 한 번 부대종이를 이용하는데, '신품종쌀'이라는 선명한 문구는 새롭게 변모되는 농촌 환경을 우리에게 환기시킨다. 같은 맥락에서 〈국토-福〉과 〈국토-壽〉는 각각 대동여지도와 동국여지지도라는 고지도를 이용하여 작가의 국토 사랑을 재천명하고 있다. 최근작 〈국토 오지리 210번지〉와 〈국토 오지리 산 13번지〉에는 플라스틱 양동이에 담긴 물이 등장한다. 이것은 현실에 존재하는 물이다. 특히 강렬한 원색인 빨간색과 파란색을 선택함으로써, 음양의 기운을 대비시킬 뿐만 아니라 키치적인 싸구려 이미지를 함께 보여 준다.

세 번째 경향은 '다시 오지리에서' 연작이다. 이종구는 1990년대 중반 이후 잠정적으로 오지리 사람의 초상을 중단하고, 다소 추상적인 '백두대간' 시리즈 작업을 했다. 그러나 그는 자칫하면 농촌의 구체적인 현장감을 잃어버릴 수도 있다는 점을 염려하여, 다시 한 번 오지리로 돌아가게 된다. 1980년대 중반 이후 그가 그려 왔던 오지리 사람들, 즉 아버지 세대의 사람들은, 20년이 지난 지금 모두 세상을 떠났거나 은퇴했고, 작가의 친구 혹은 같은 또래가 그 자리를 채웠다. 작가는 이러한 사실에 자극 받아 다시금 농촌의 실상을 바라보게 된다. 그러나 쌀부대가 아닌 한지를 사용하며, 오늘의 세태를 나타내는 상징물로 유흥업소 포스터, 정치 포스터, 광고 선전물 등을 화면에 붙이고 있다.

2002년 작품 〈다시 오지리에서〉는 16대 대통령 선거와 연결되는데, 1988년 작 〈오지리에서〉와 연속성을 가지는 작품이다. 앞선 그림에 등장했던 세 명의 마을 사람 중 한 1명은 이미 세상을 떠났고, 그가 차지했던 자리는 빈자리로 처리되어 있다. 포스터 속 정치인들의 사진은 그때에 비해 더 화려해지고 당당해졌지만, 실상 농부들은 여전히 가난하고 어려운 환경 속에서 하루를 버티며 살아가고 있다.

네 번째 경향은 이종구가 야심차게 시도하는 최신작으로 입체의 형식을 가진다. 〈대지의 손〉은 현대 산업사회에 있어 노동의 신성함을 되새긴다. 사회가 점차 전자화, 디지털화되면서 인간의 노동은 지식과 정보 위주의 노동으로 전환되고, 상대적으로 노동의 가치는 약화되고 있다. 사람이 손을 써서 해야 할 일을 기계가 대신하게 되고, 사람은 손이 아닌 머리가 중심으로 노동을 하게 되었다. 원시적인 농경사회는 손에 의한 사회였다. 손의 가치를 되돌아보는 차원에서 이종구는 농부의 손을 작품화하였으며, 그 속에 돌멩이, 못, 호미, 삽 등 손이 겪었던 인생의 역정과 상처를 고스란히 담았다.

〈진혼가〉는 돼지가 트럭에 실려 팔려가는 순간을 포착한 것이다. 광우병, 구제역, 조류독감 등으로 인간들과 밀접하게 생활해 왔던 소, 돼지, 닭 들이 생매장되고 있다. 이는 불행한 일이며, 잔인한 일이다. 그 가축들도 엄연히 생명을 지닌 존재이기 때문이다. 이종구는 돼지 설치작업을 통해 이러한 인간 중심적 사고를 고발하고, 축생들의 영혼을 달래 주고자 한다.

아직도 농촌을 그리며

이종구의 회화는 쉽고 친근해 보이는 매력이 있다. 작품 묘사도 정교하고 꼼꼼해 사실적이며, 우리 주변에서 흔히 볼 수 있는 친숙한 유형의 인물 초상을 그리고, 특히 농촌을 소재로 삼고 있어서 더욱 그렇다. 그러나 그의 그림을 잘 들여다보면, 결코 가볍게 지나칠 수 없는 내용들로 가득하다. 그의 그림에는 지난 시절 한국 농촌이 운명적으로 겪어 온 고뇌, 통한, 절망, 좌절, 분노, 희망 등 온갖 감정들이 복잡하게 얽혀 있기 때문이다. 이종구는 어느 작가보다도 농촌 문제에 대해 일관성을 가지고 지속적으로 작품을 해 왔다. 그러나 그는 단지 농민의 모습을 극사실적으로 묘사하는 뛰어난 기법의 소유자로 그치지 않는다. 그는 누구보다도 농민들을 깊이 이해했으며, 그들의 삶과 애환을 다양한 재료와 매체에 실험하고 담아냈다. 새로운 21세기가 시작되었다. 그러나 농촌이 처한 현실은 더욱 어둡다. 칠레와의 FTA 체결이 말해 주듯이 농산물 수입 개방은 점점 드세질 것이며, 우리 농촌은 뚜렷한 돌파구도 마련하지 못한 채 점점 막다른 골목으로 몰리고 있다. 예술가 이종구는 이러한 절망적인 상황에서도 미래에 대한 기대를 저버리지 않는다. 작가는 볍씨, 씨앗, 파란 이파리, 할미꽃, 제비꽃, 푸른 싹, 송죽 등을 작품에 자주 등장시켜 미래에 대한 희망을 이야기한다. 예술가는 그가 처한 현실을 회피하지 않고, 누구보다도 섬세한 감성으로 그러한 현실을 인지해야 한다. 더 나아가 예술가는 새롭게 도래할 시대를 위해 한줄기 희망의 메시지를 던질 수 있어야 한다. 그것은 예술가에게 부여된 독특한 임무이며 특권이기도 하다. 앞으로도 이종구는 우리의 땅과 그 속에서 살아가는 사람들과 동행할 것이다. 그에게 부여된 예술가적 소명을 자처하며 평생 그 길을 걸어갈 것이다.

E S S A Y

Artist of the Year 2005 – Lee Jong-gu

Ryu Han-seung assistant curator, National Museum of Contemporary Art, Korea

Lee Jong-gu is an agrarian painter of our generation who has continually painted upon the subject of Korean rural life in its original form for the past twenty years. He is a painter who does not produce paintings that depict the image of farmers and that of the rural landscape romantically. He portrays the immanent anger, struggle as well as the hope that many farmers harbor with a critical sense of realism. In addition, in order to reveal the inner thoughts of the Korean farmer in finer detail as well as more effectively, Lee has been on the constant lookout for new mediums in his pursuit to harmonize subject and form. By these attempts, he tries to incorporate vividly the sincere voice of the farmer into his works.

The Korean agricultural communities are tragically collapsing due to their struggles with industrialism, urbanization, and globalization. Many events during the 1980' s such as the decline of the cost of rice, the bovine-value crisis, tax-enforcement, the Uruguay Round, and the treaty between Chile and the FTA, systematically shook the Korean agricultural economy to the point where structural conflict within rural communities reached an all time high. Within this situation, that is, this society that Lee faces as an artist, and as an artist who is persistently suffering and thriving in the interest of his artistic duties and functions, Lee' s work is multifarious in that it not only has reached a level of creative value, but it shows levels of social, political, economic, historical aspects as well.

This comprehensive exhibit begins with his first rural work executed in 1984 to his most recent masterpiece. His works can be divided into four movements according to the development and trend of each piece.

His first period was from 1984 to 1990 and it is titled "My Hometown, Oji-ri" . All his works from this period were painted on a very unique variety of rice-sack called 'government stock' . Set on the surroundings of the backcountry, the struggle that farmers face in their emotional conflict between their love of the land and the hope that they gradually begin to lose are set in motion in Lee' s works. The artist' s father becomes his chief motif and in order to efficiently embrace his father' s life, mentality and soul in his works, he used rice-sacks as his canvases. As a symbol that clearly stands for the life of a

Korean farmer, the rice-sack itself is also perceived as evidence of the phases of that period. Meanwhile, the interest that first developed from the emotions that he felt towards his father gradually moved towards family and then towards neighbors. And from there, the Oji-ri person' s portrait appeared and moving on into a farther-reaching dimension, he began the series of works that commanded prospects of the Korean farmlands.

Lee' s second period was from 1991 to 1994 and it is titled: "Dejected Anger of the Farmers". In Lee' s works that were executed at the beginning of the nineties, in order to say more from a conventional aspect, a narrative tendency appeared within his works. At the same time a metaphoric tendency also began to materialize in order to take on more connotative aspects. For the sake of a better portrayal of the continuous breakdown of the Korean farmer' s existence due to the Uruguay Round negotiations and the lifting of the import-ban, Lee also moved away from the use of the symbolic rice-sacks and progressively moved towards sliding doors, Korean paper, and other traditional materials. He did this in order to place more emphasis on the narrative. Through his new choice of materials, the distress, frustrations, anger, rebellion that the infuriated farmers felt towards the harsh realities of their impoverished lives were depicted in every piece. The independent appearances of the sickle, shovel, hoe, and other farming utensil in addition to the portrayal of the cow figuratively also alluded to the resentment and anger of the farmers.

During Lee' s third period, "1995-2000: Planting the Seed of Hope" he stopped drawing figure paintings which he had been doing for the past ten years and focused on objects such as plates, shoes, seeds, and spoons. And the backdrops of his works switched from images of farming communities to a closer-view of the earth. As a consequence of this change, although the inherent structure of the story within the painting was weakened, the metaphoric tendency was noticeably strengthened. And if in the past Lee generally depicted the suffering and despair of the farmer, beginning from the mid to late nineties, by setting the view closer to the ground, he illuminated within his works the life-force at work inside the earth and the green sprouts of hope that germinated forth. The kernel, rice seed, and new sprouts that frequently appeared during this period all signified high expectations held towards the future.

The last period of Lee' s overall collection is "2001-2005: Our Land, Our People". Upon entering the year 2000, Lee' s artistic inclinations moved in the direction of being mush more liberated and flexible in all aspects including subject and form. Needless to say, this does not mean that Lee no longer deals with the problems of the rural communities; it just means that he has developed a larger perspective from which he views and takes in the Korean country and nation, as well as the problems that concern the environment and life in general. The 'Baekdu Mountains' series that depicts the Korean mountains and the 'Repose of the Soul' series that developed so as to comfort livestock that were being cruelly buried alive due to epidemics appeared during this last movement. Also, during this period, Lee' s means of expression and his use of materials such as Korean paper, plaster, printing materials, and burlap broadened while the scale of his works also became larger. Last of all, for the first time he attempted to create 3-dimensional and installation art.

During the last century, Korean rural communities have reached an impasse without much of a breakthrough. Nevertheless, the artist Lee Jong-gu continually tries to tell of the hope that the future holds despite negative and hopeless conditions. This is what one artist has grasped from the situation which he has faced during this generation, and it is his will in trying to overcome the harshness of this reality. Henceforth, for the remainder of his life, Lee Jong-gu will continue to breathe with the Korean land with the people who live upon it as he walks down his chosen path in order to fulfill the artistic mission he has required upon himself.

도 판
PLATES

1

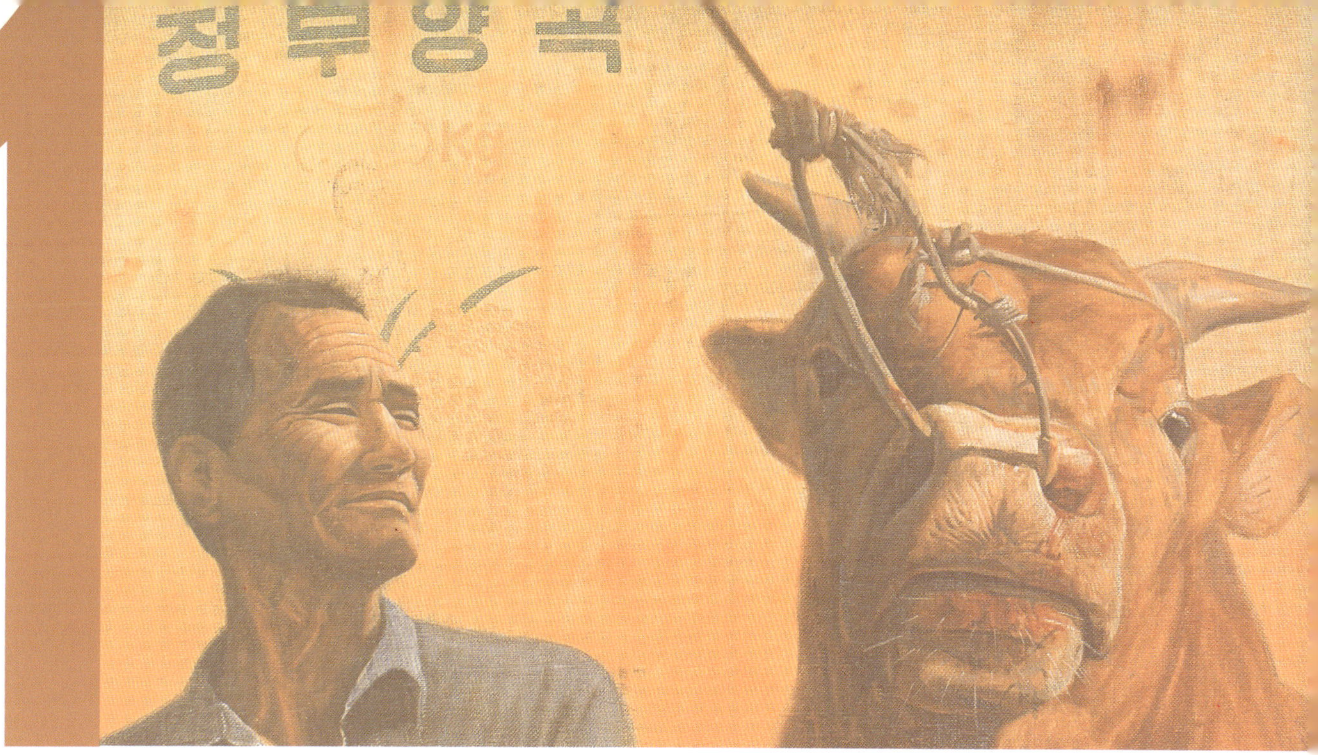

고향 땅 오지리
My Hometown, Oji-ri

1기(1984~1990)

1980년대, 나는 우리 시대의 농촌 '오지리'를 그리면서 '화가'가 되었다. '오지리'는 나의 고향이다. 우리 나라의 농촌이란 역사 이래 한번도 풍요로운 삶을 누리지 못해 왔고, 생명의 양식을 만드는 땅으로 대접을 받아보지 못한 장소이다. 내 고향 오지리 또한 예외가 아니어서, 우리 시대의 농촌으로서 보편성을 가지는 가난한 농촌의 전형적인 곳이라 할 수 있다. 그런 탓에 나는 부친과 아우가 농사를 짓고 있던 척박한 땅 오지리에서, 80년대 '민중미술'의 이름으로 내 그림의 노동을 시작하게 되었다(이종구 글, 「오지리 사람들이 만난 민중미술」, 『민족의 길 예술의 길』, 창작과 비평, 서울, 2001, p.295).

I became an 'artist' in the 1980's when I began to paint "Oji-ri", a rural community that best represented the state of our generation's agricultural existence. "Oji-ri" is my hometown. The rural villages of our generation were not places where abundant lives were lived, and where the land was not considered to be fertile enough to raise the staff of life. My hometown of "Oji-ri" was not an exception, and for that reason, it can be said as a typical poverty-stricken village, it holds all the universal qualities of the rural villages of our time. Due to this, in the same location where my father and younger sibling tilled the crude earth, in the name of 'Minjung art' of the eighties, I began my labor of creating art in Oji-ri(Lee Jong-gu, 'Minjung Art in Oji-ri', *The Way of People, The Way of Art*, Changjak-kwa-Bipyong, Seoul, 2001, p.295).

아버지
Father

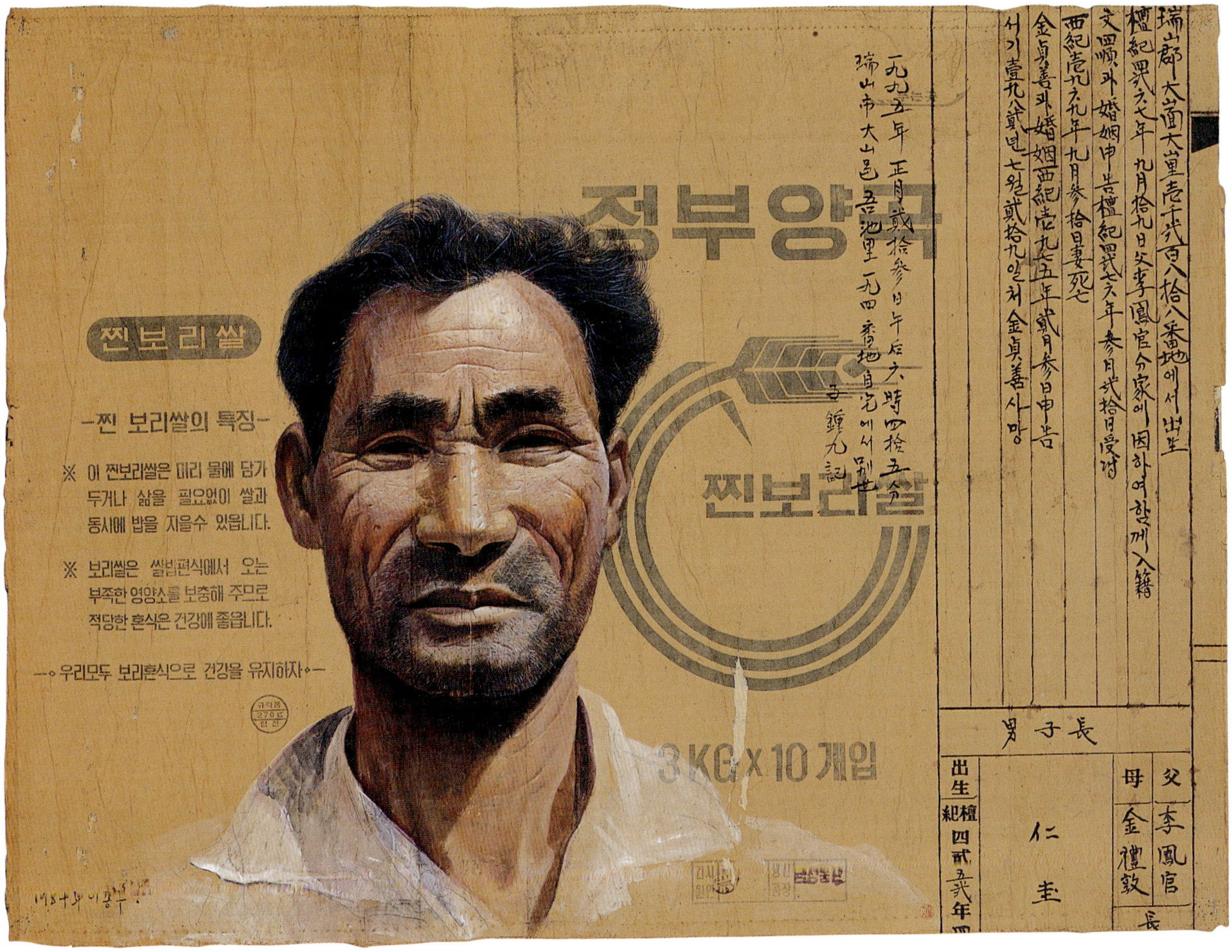

01 연혁－아버지 History-My Father
1984 부대종이에 아크릴릭 Acrylic on Rice Paper Sack 85×110
작가 소장 Collection of the Artist

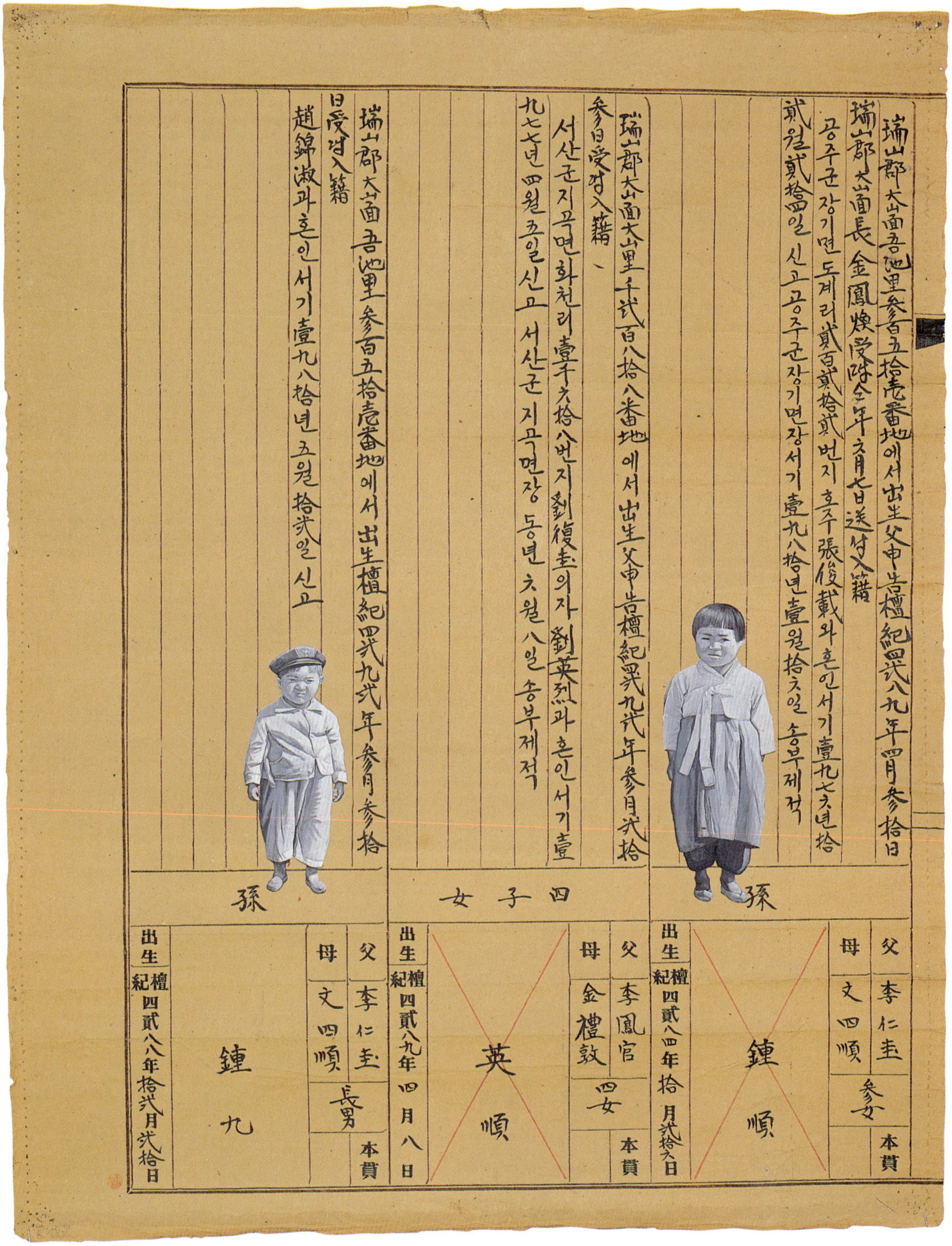

02 연혁 History
1984 부대종이에 먹, 아크릴릭 Ink, Acrylic on Rice Paper Sack 110×80
작가 소장 Collection of the Artist

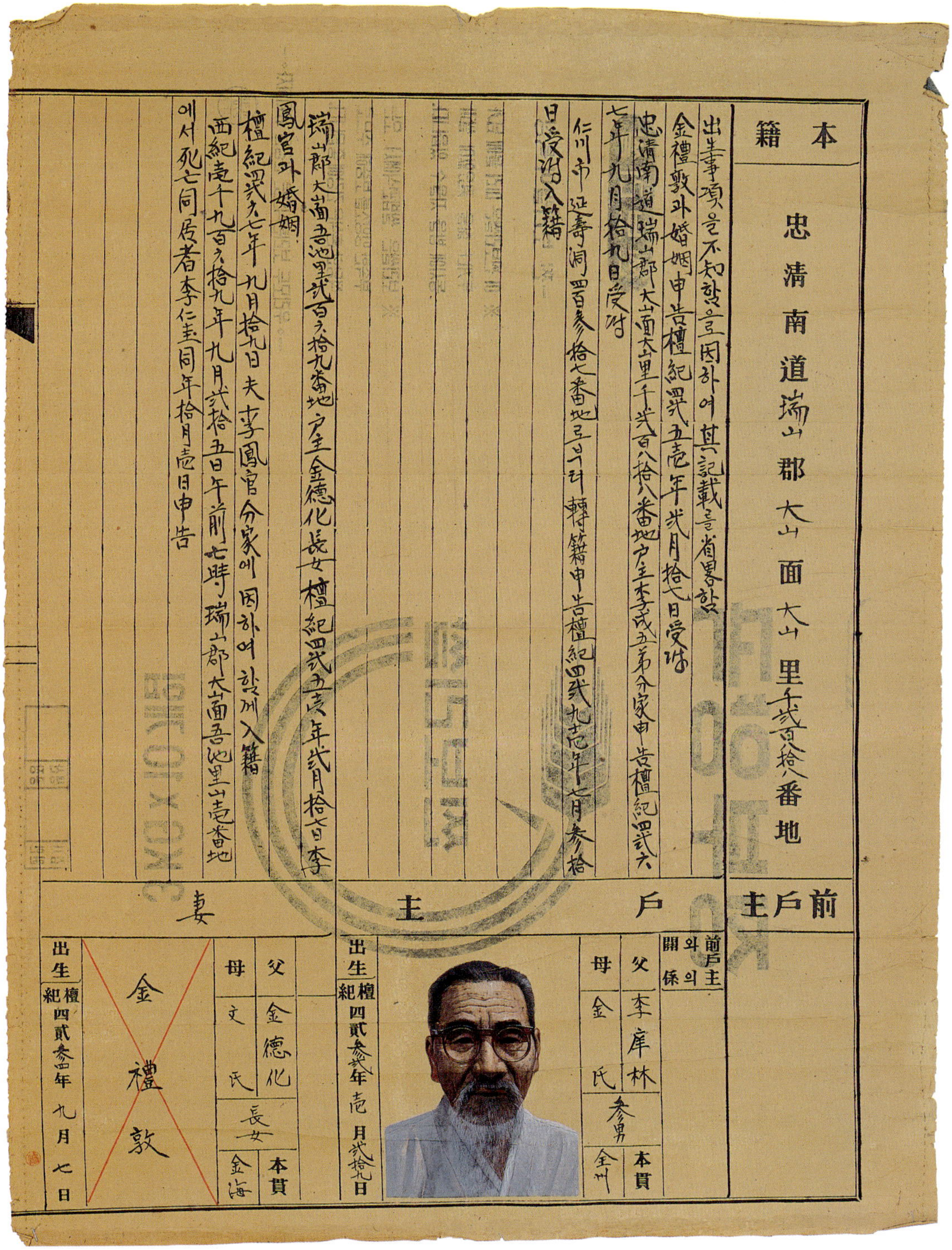

03 연혁 History
1984 부대종이에 먹, 아크릴릭 Ink, Acrylic on Rice Paper Sack 110×80
작가 소장 Collection of the Artist

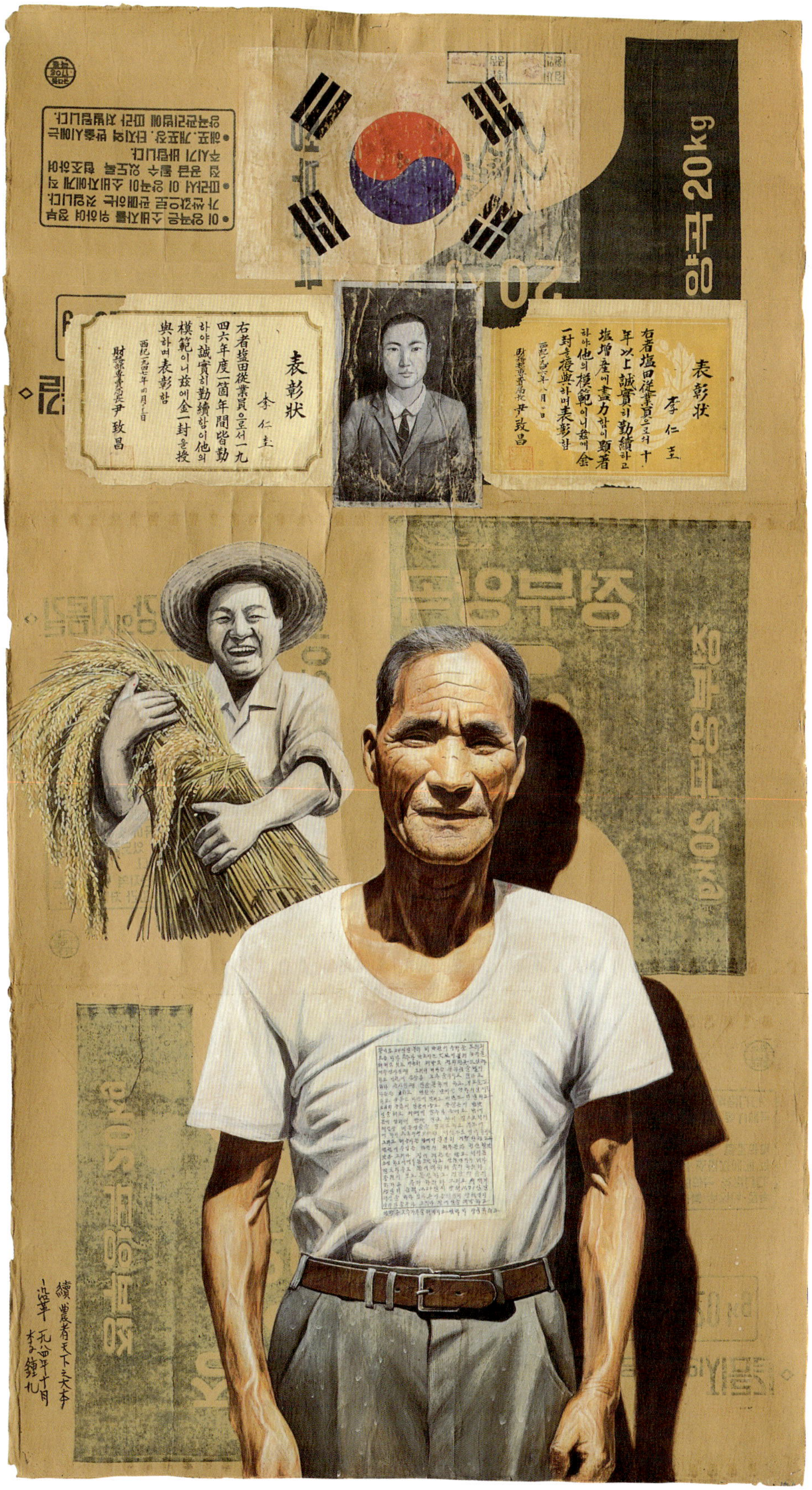
表彰狀
表彰狀
20kg

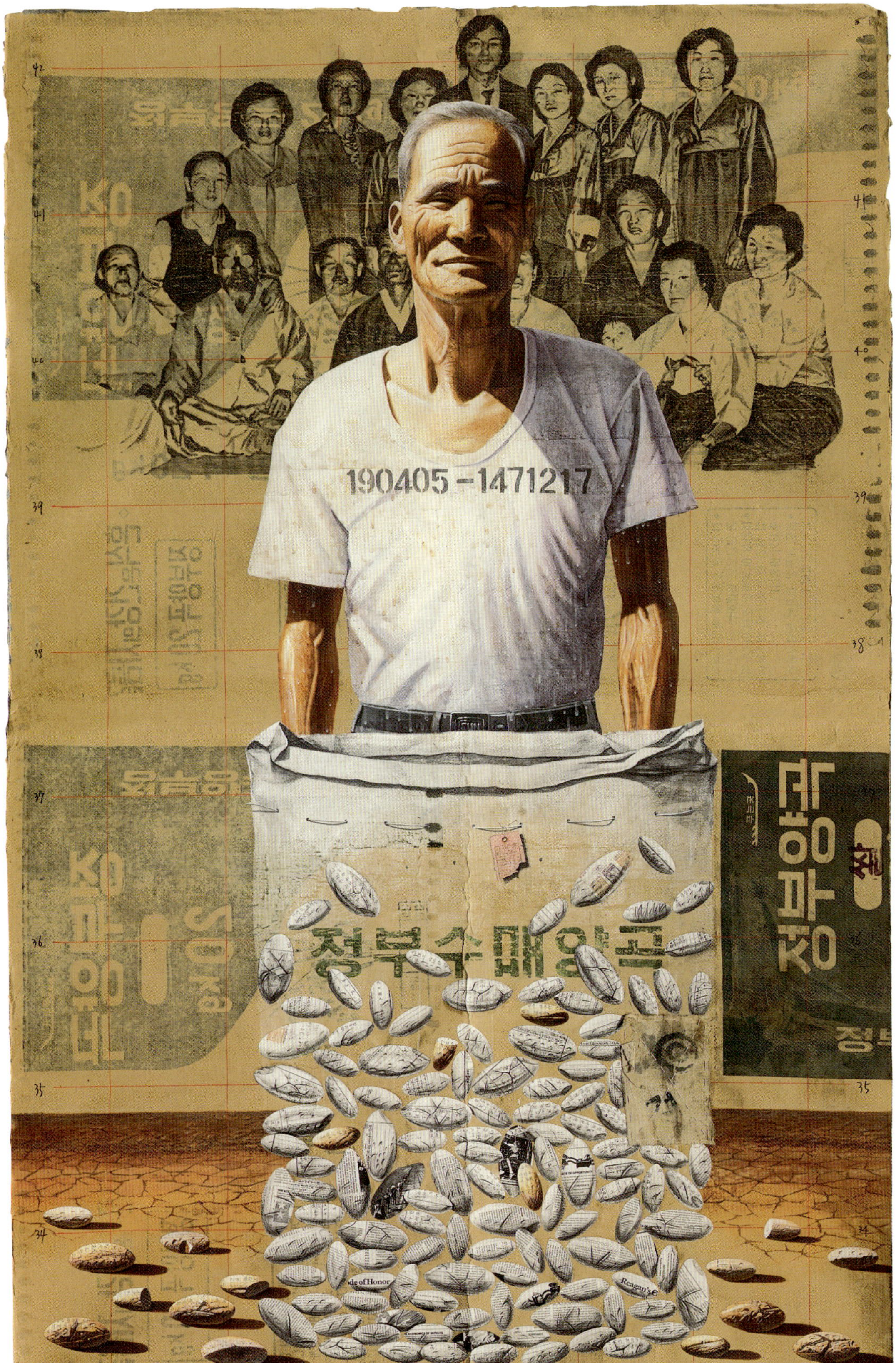
190405 - 1471217
정부수매양곡

04 · 28쪽 속 농자천하지대본–연혁 A Sequel to Agriculture Is the Foundation of a Nation-History
1984 부대종이에 아크릴릭 Acrylic on Rice Paper Sack 170 × 100
서울시립미술관 소장 Collection of Seoul Museum of Art

05 · 29쪽 속 농자천하지대본–아버지의 땅 A Sequel to Agriculture Is the Foundation of a Nation-The Land of My Father
1984 부대종이에 아크릴릭 Acrylic on Rice Paper Sack 200 × 120
맥향화랑 소장 Collection of Gallery Maek-Hyang

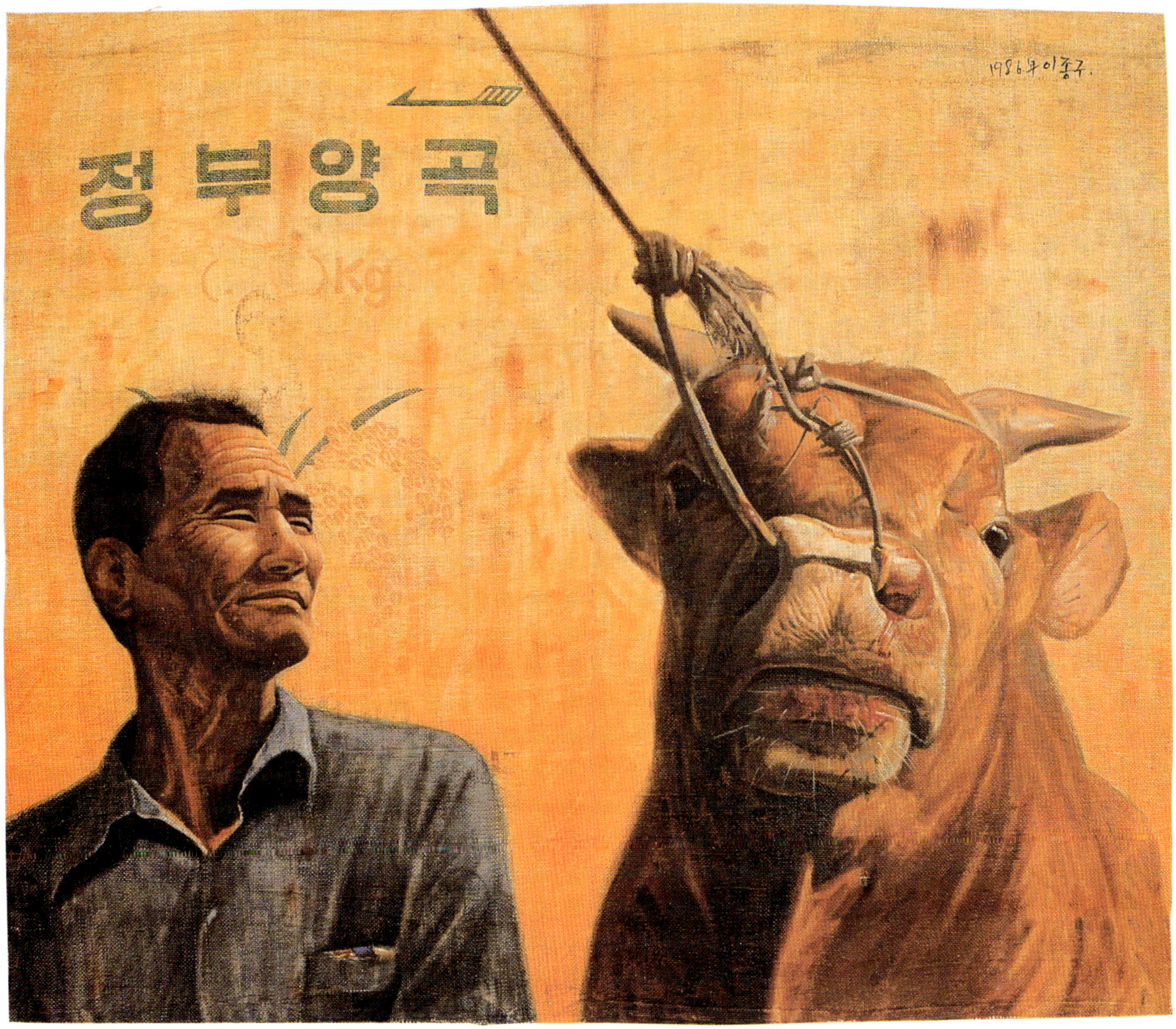

06 아버지의 소 My Father's Ox
1986 부대비닐에 유채 Oil on Rice Plastic Sack 80 × 100
맥향화랑 소장 Collection of Gallery Maek-Hyang

오지리 사람들
People from Oji-ri

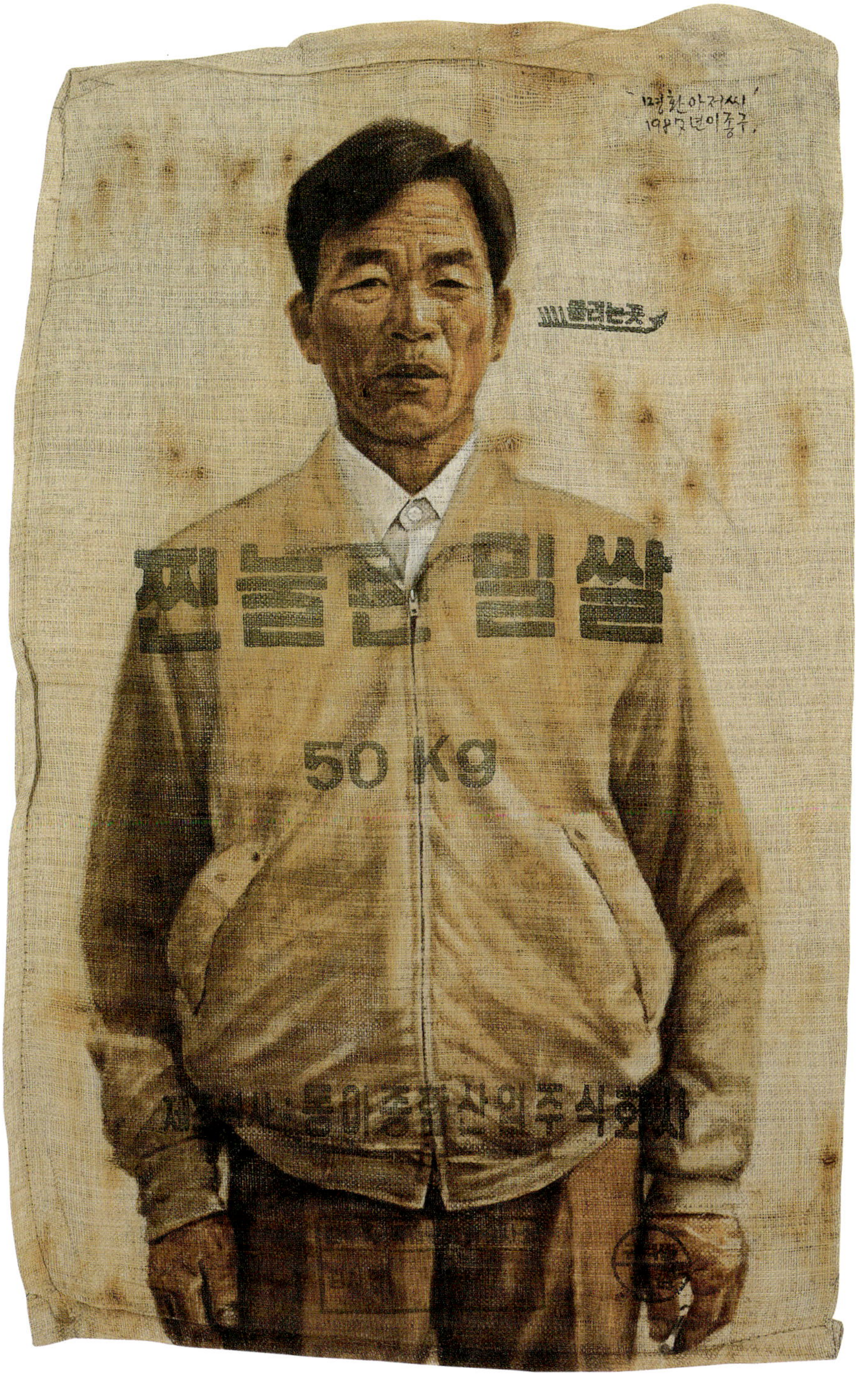

07 명환 아저씨 Mr. Myeonghwan
1987 부대비닐에 유채 Oil on Rice Plastic Sack 85×60
고려대학교 박물관 소장 Collection of Korea University Museum

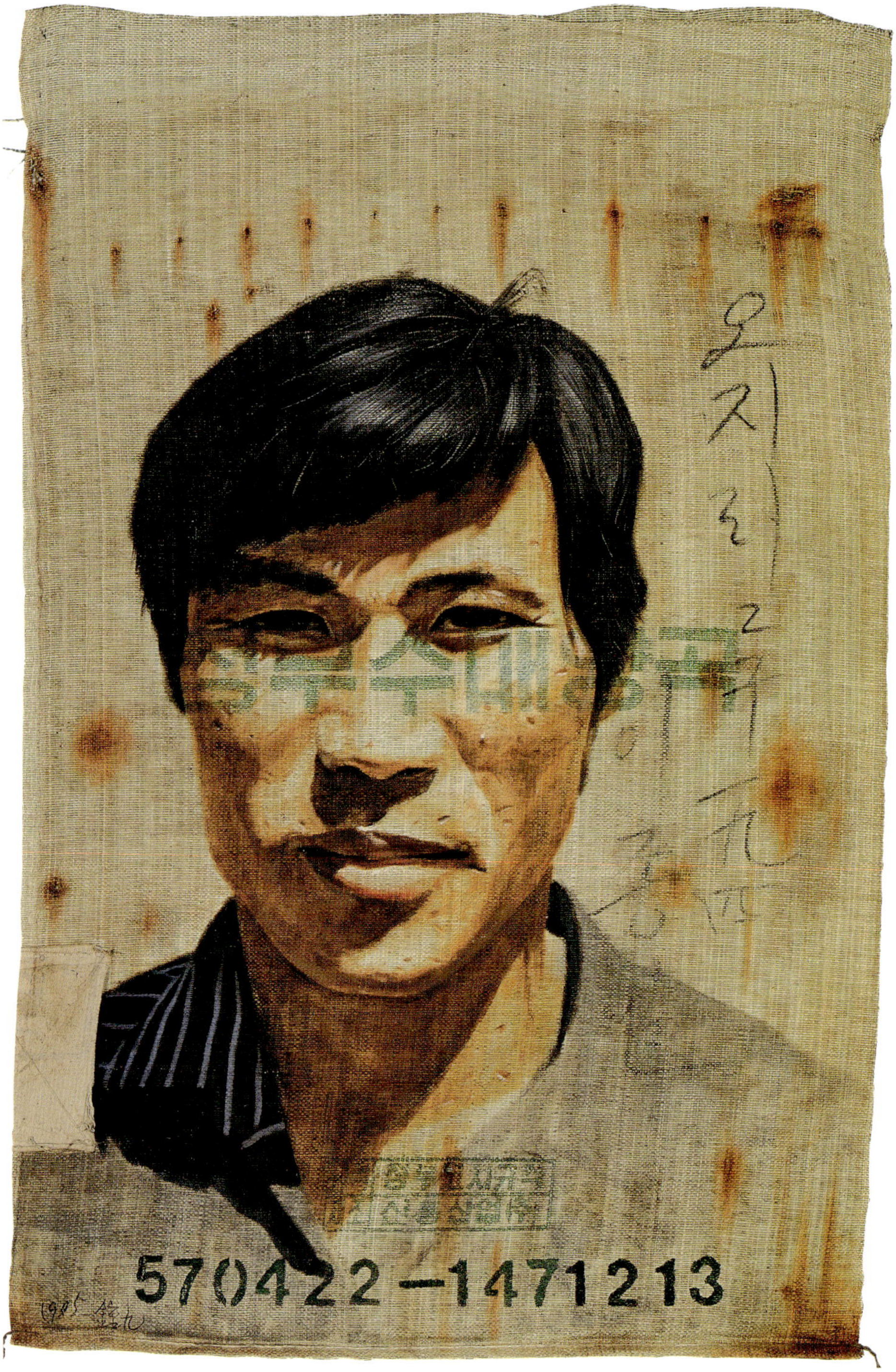

08 아우 My Little Brother
1985 부대비닐에 유채 Oil on Rice Plastic Sack 108×69
작가 소장 Collection of the Artist

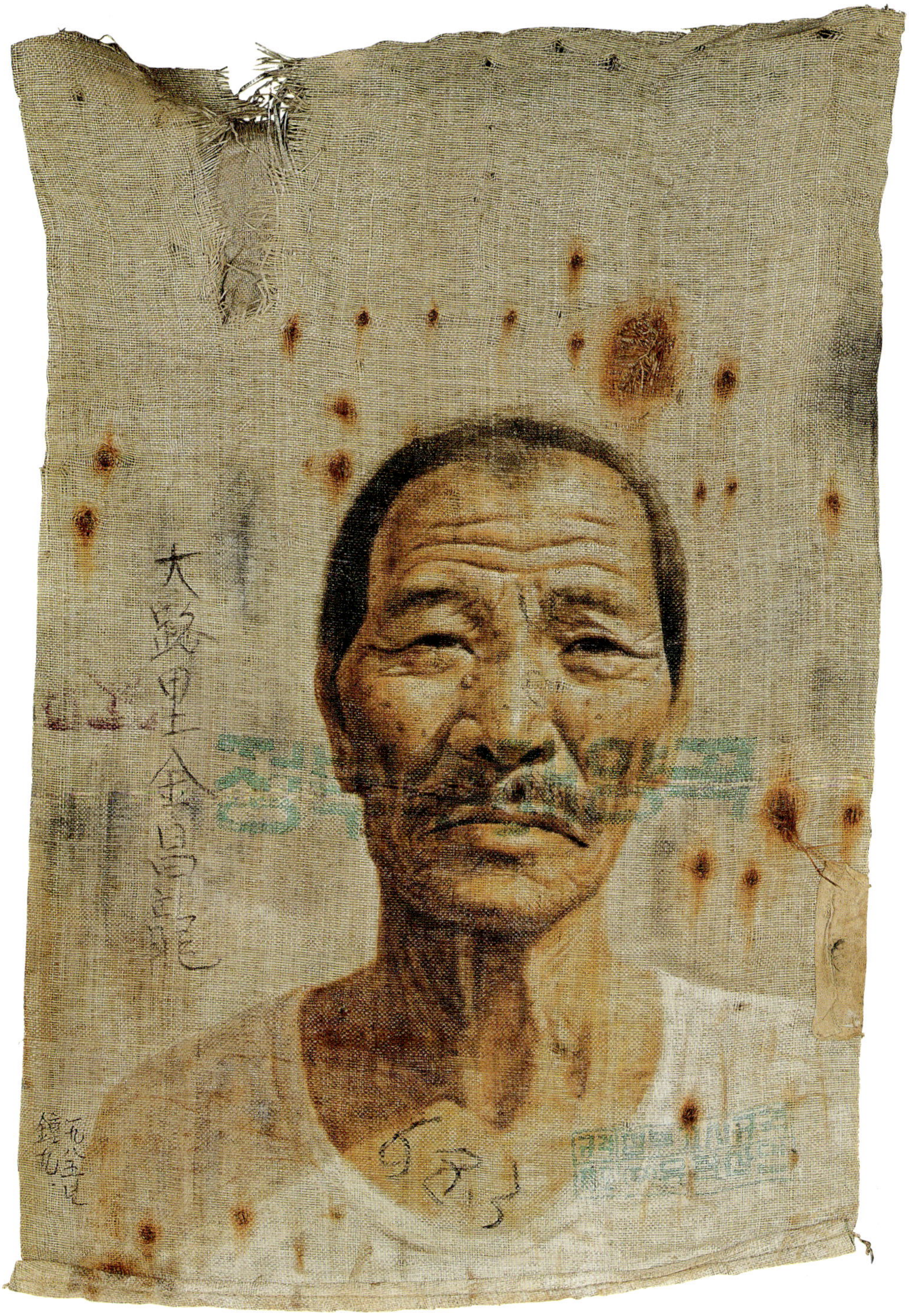

09 창용 아저씨 Mr. Changyong
1984 부대비닐에 유채 Oil on Rice Plastic Sack 110×70
개인 소장 Private Collection

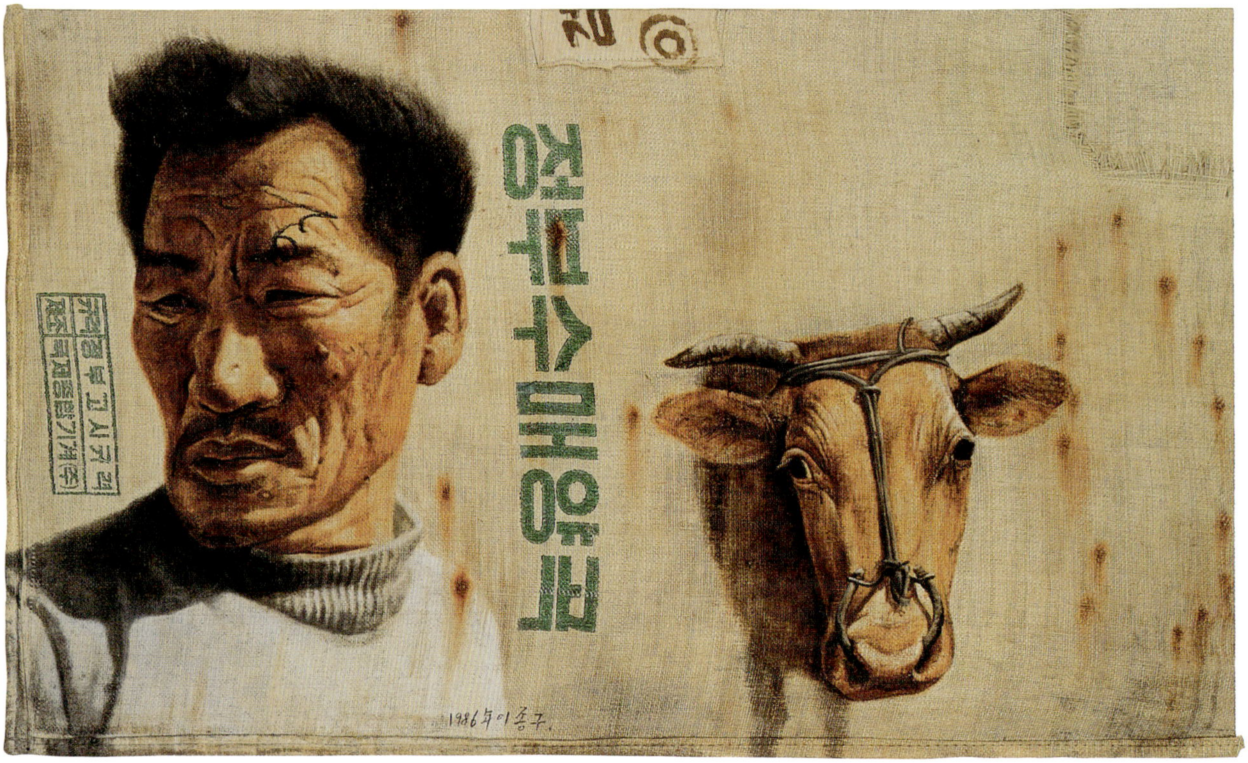

10 오지리 김씨 Mr. Kim from Oji-ri
1986 부대비닐에 유채 Oil on Rice Plastic Sack 70 × 107
개인 소장 Private Collection

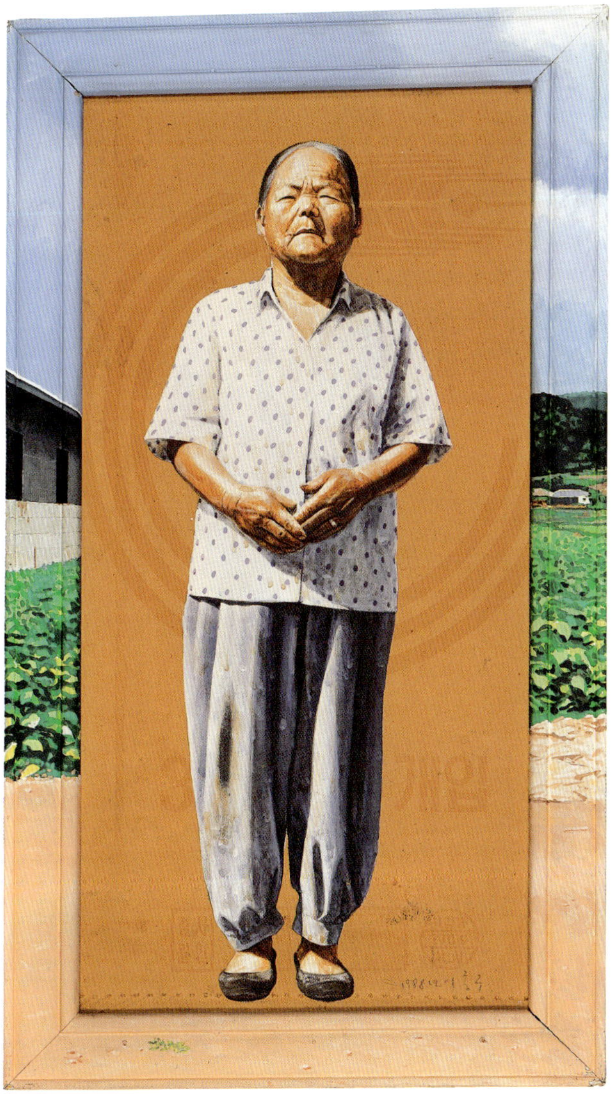

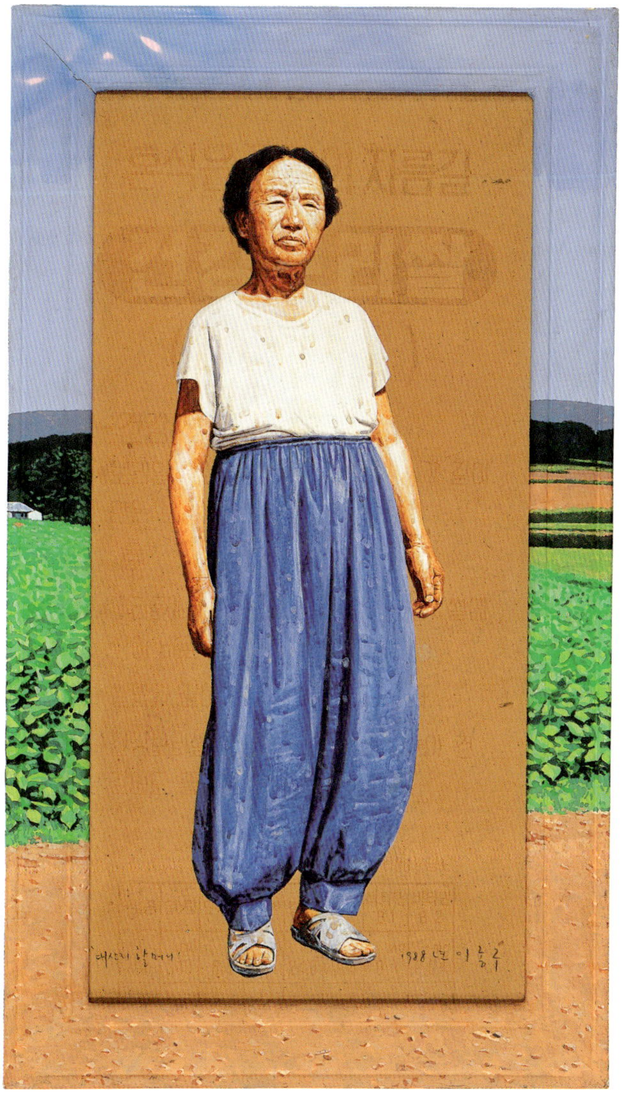

11 · 왼쪽 9월 September
1988 부대종이에 아크릴릭 Acrylic on Rice Paper Sack 68 × 38
작가 소장 Collection of the Artist

12 · 오른쪽 대산리 할머니 An Old Woman from Daesan-ri
1988 부대종이에 아크릴릭 Acrylic on Rice Paper Sack 68 × 38
작가 소장 Collection of the Artist

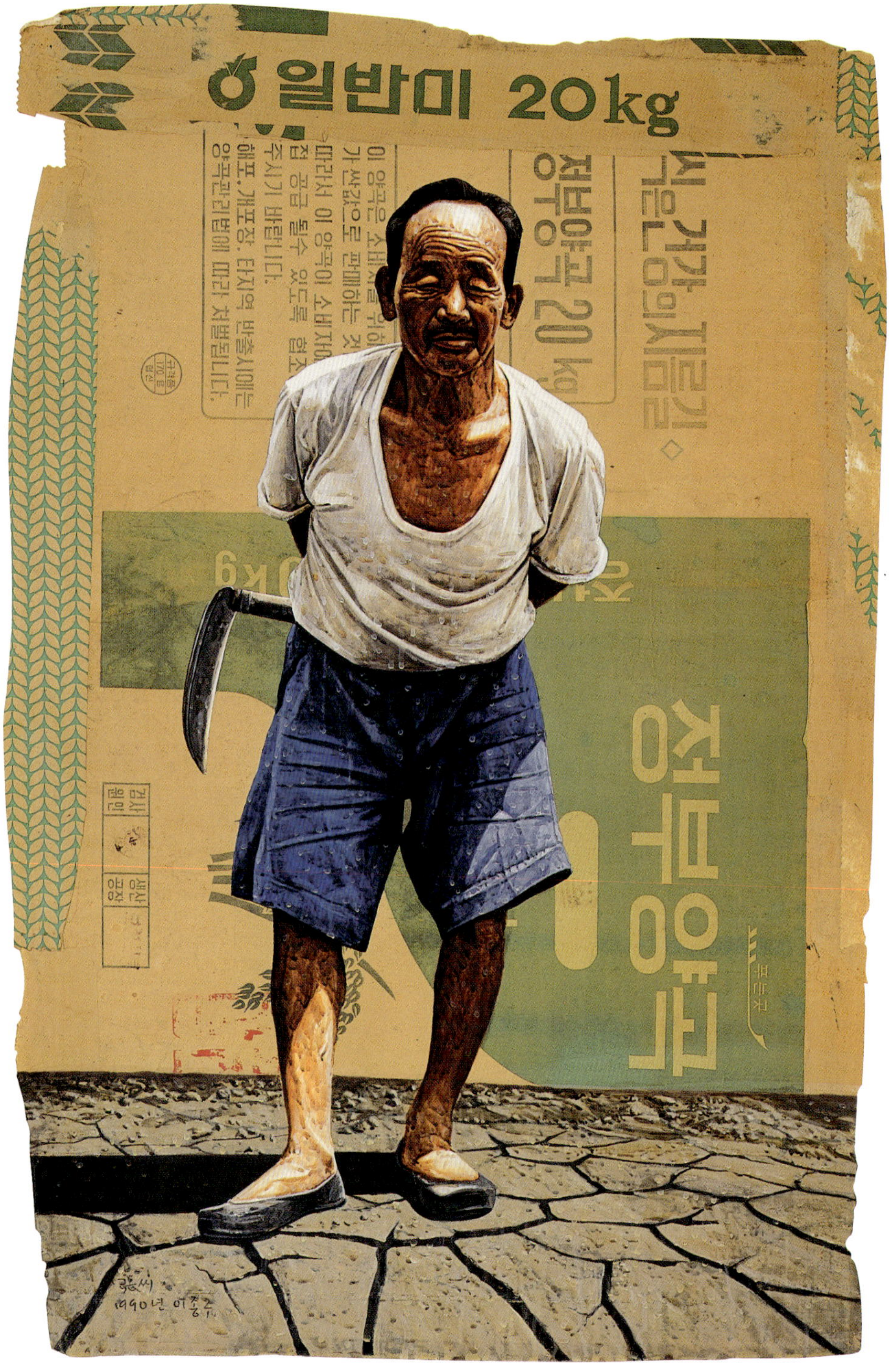

13 오지리 장씨 Mr. Jang from Oji-ri
1990 부대종이에 아크릴릭 Acrylic on Rice Paper Sack 110×70
작가 소장 Collection of the Artist

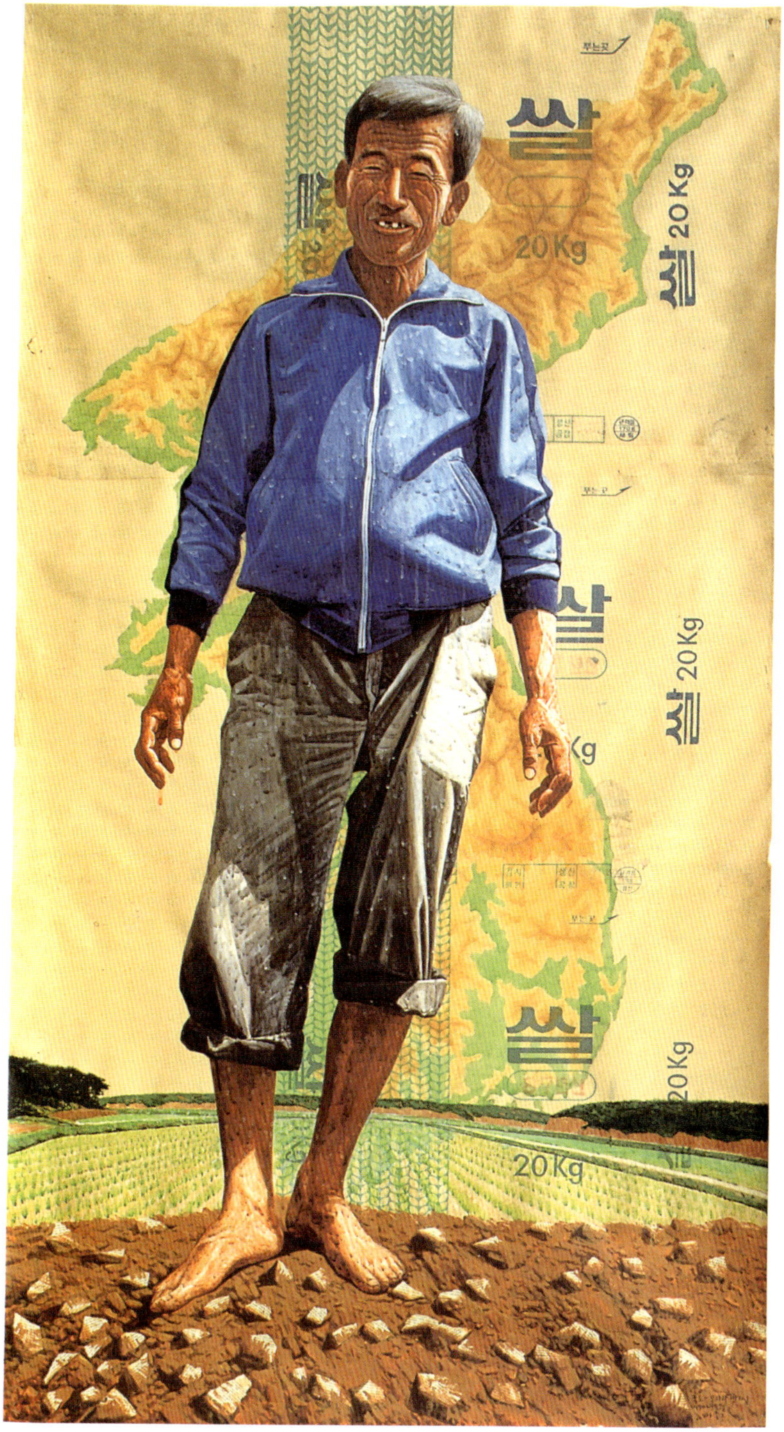

14 오지리 안씨 Mr. Ahn from Oji-ri
1990 부대종이에 아크릴릭 Acrylic on Rice Paper Sack 200 × 110
개인 소장 Private Collection

농촌과 사회
The Rural Community and the Society

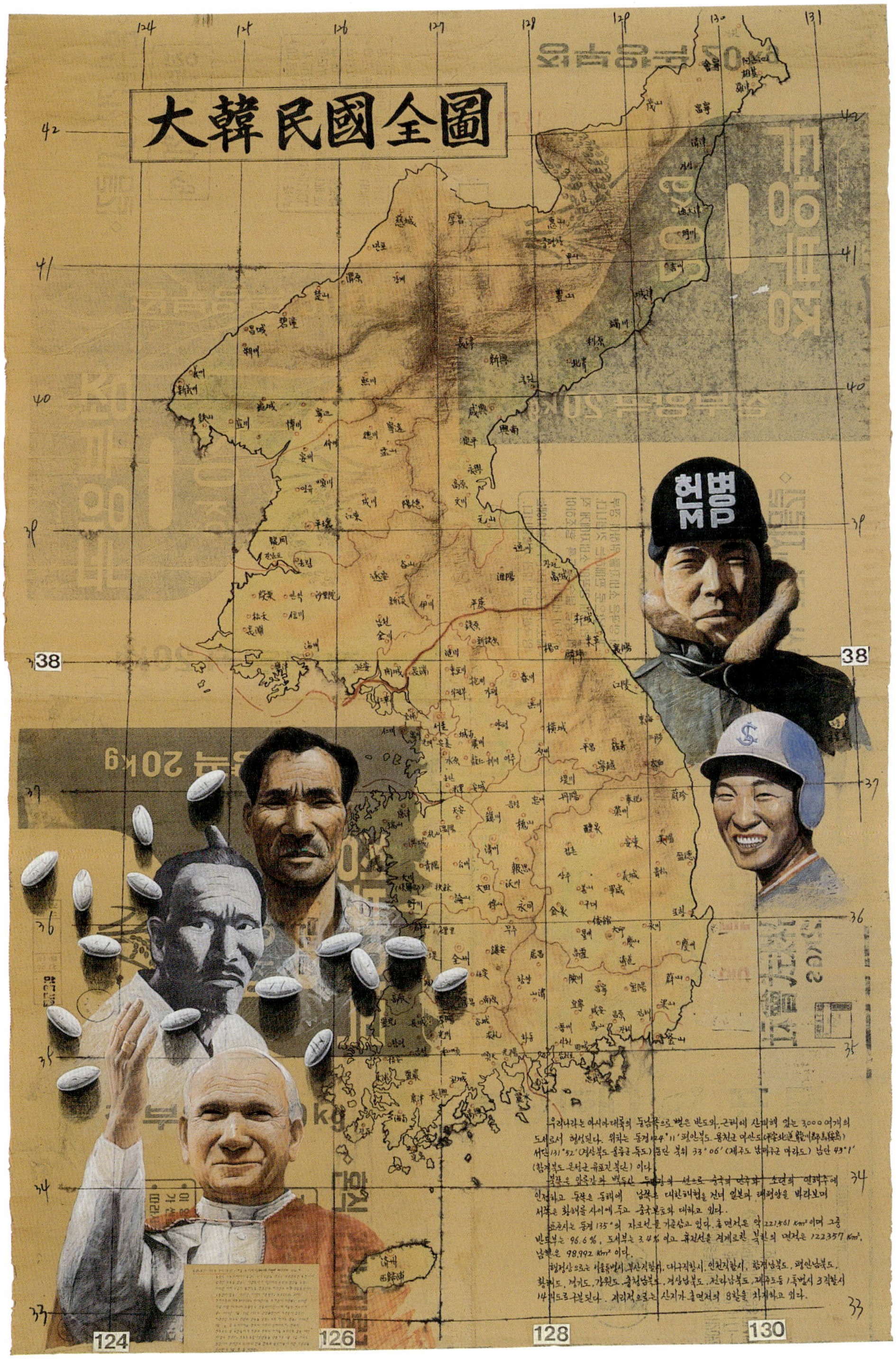

15 대한민국전도 Map of the Korean Peninsula
1984 부대종이에 아크릴릭 Acrylic on Rice Paper Sack 195 × 120
서울시립미술관 소장 Collection of Seoul Museum of Art

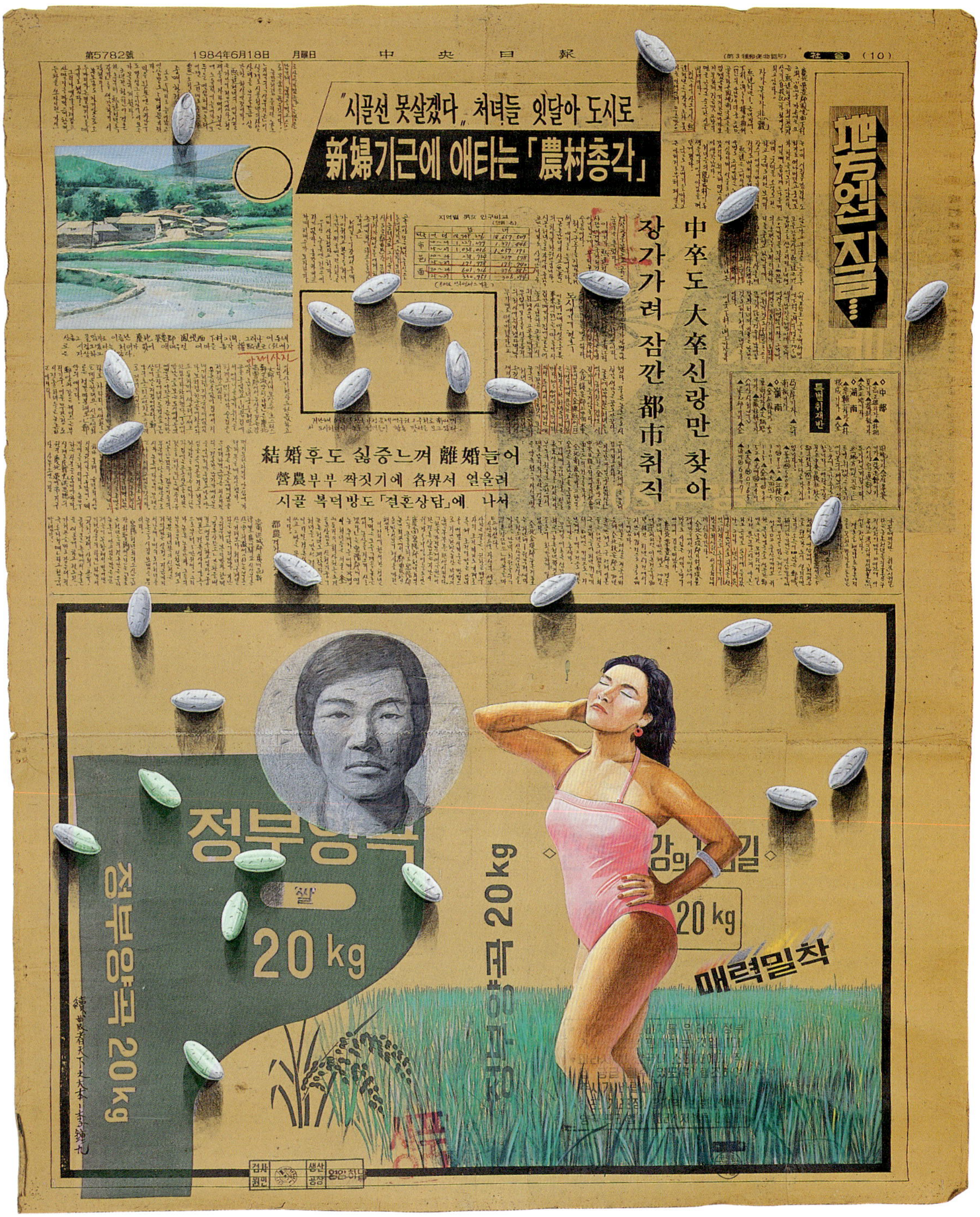

16 지금 지방에선 Now in the Provinces
1984 부대종이에 아크릴릭 Acrylic on Rice Paper Sack 160 × 110
작가 소장 Collection of the Artist

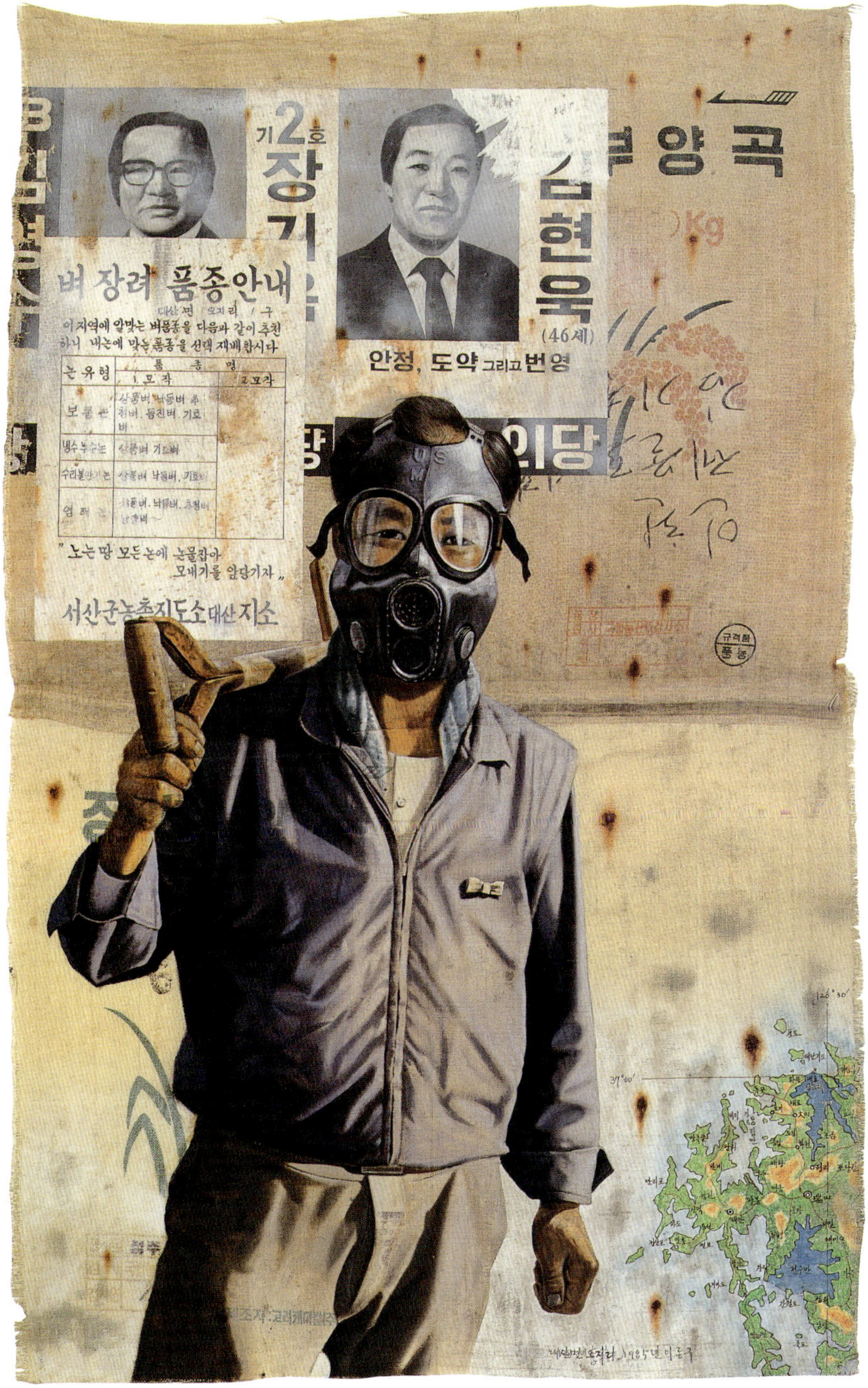

17 대산에서 At Daesan
1985 부대비닐에 유채 Oil on Rice Plastic Sack 170×110
서울시립미술관 소장 Collection of Seoul Museum of Art

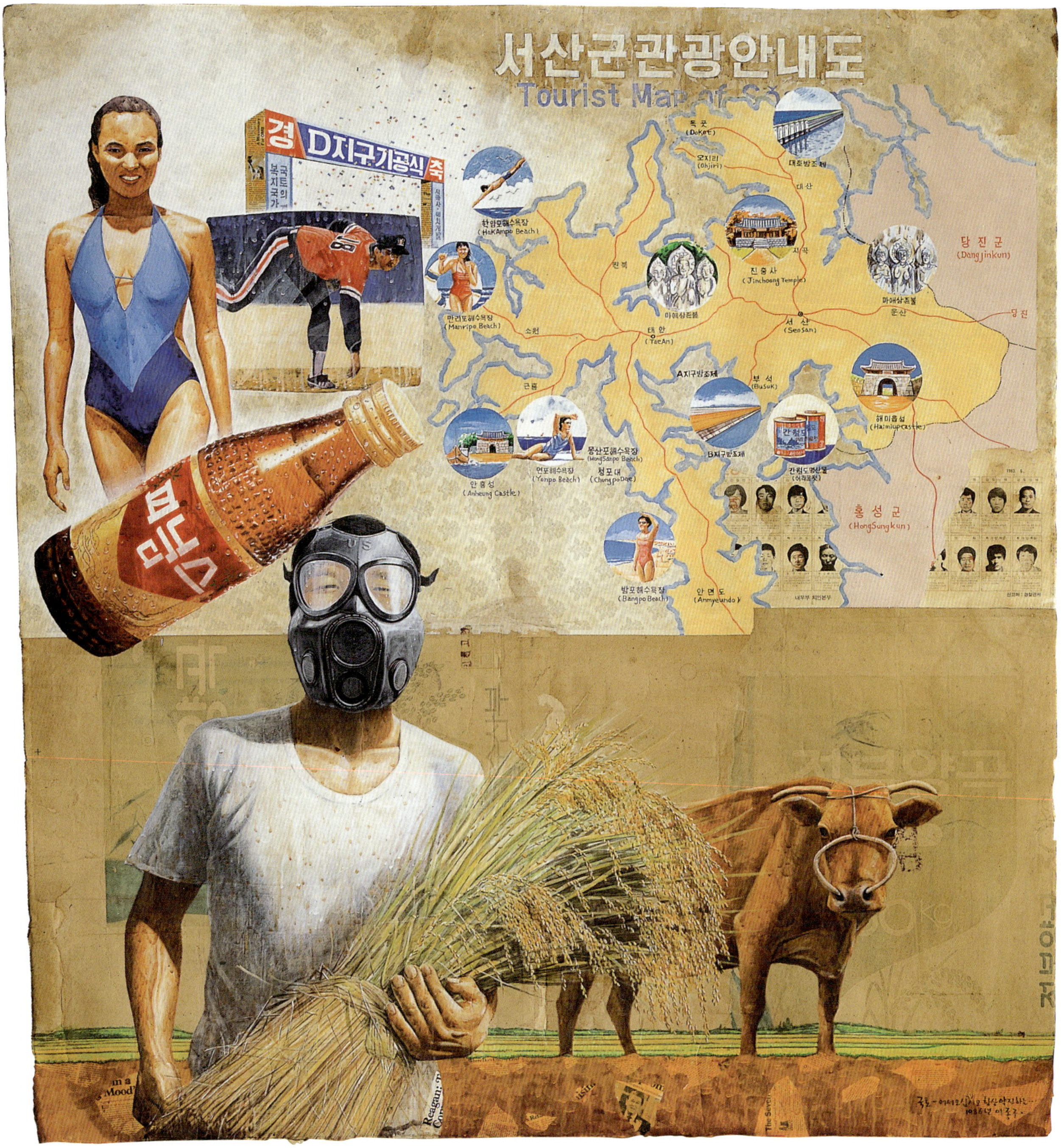

18 · 왼쪽 어서 오십시오. 항상 약진하는… Welcome. Always Advancing…
1986 부대종이에 아크릴릭, 색연필 Acrylic, Color Pencil on Rice Paper Sack 185 × 180
개인 소장 Private Collection

19 · 오른쪽 서산 풍물도 A Cultural Map of Seosan
1986 부대비닐에 유채 Oil on Rice Plastic Sack 215 × 137
맥향화랑 소장 Collection of Gallery Maek-Hyang

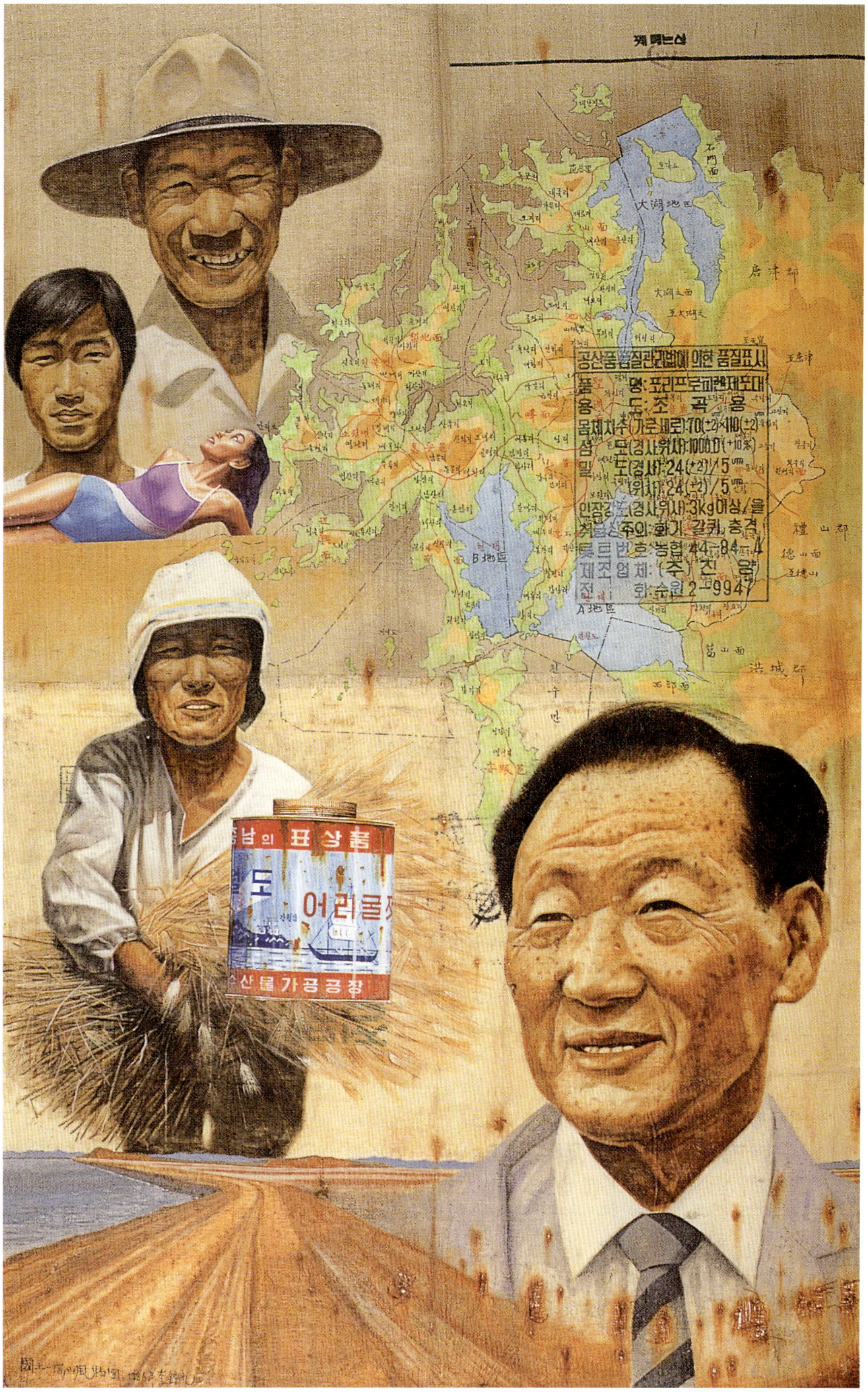
공산품품질관리법에 의한 품질표시
용 도: 조 곡 용
취급상 주의: 화기, 칼끝, 충격
로트번호: 농협 44-84-4
제조업체: (주) 진 명
전 화: 수원 2-9947
표상품
어리굴젓
산물가공공장
大湖地區
B地區
A地區
唐津郡
禮山郡
洪城郡

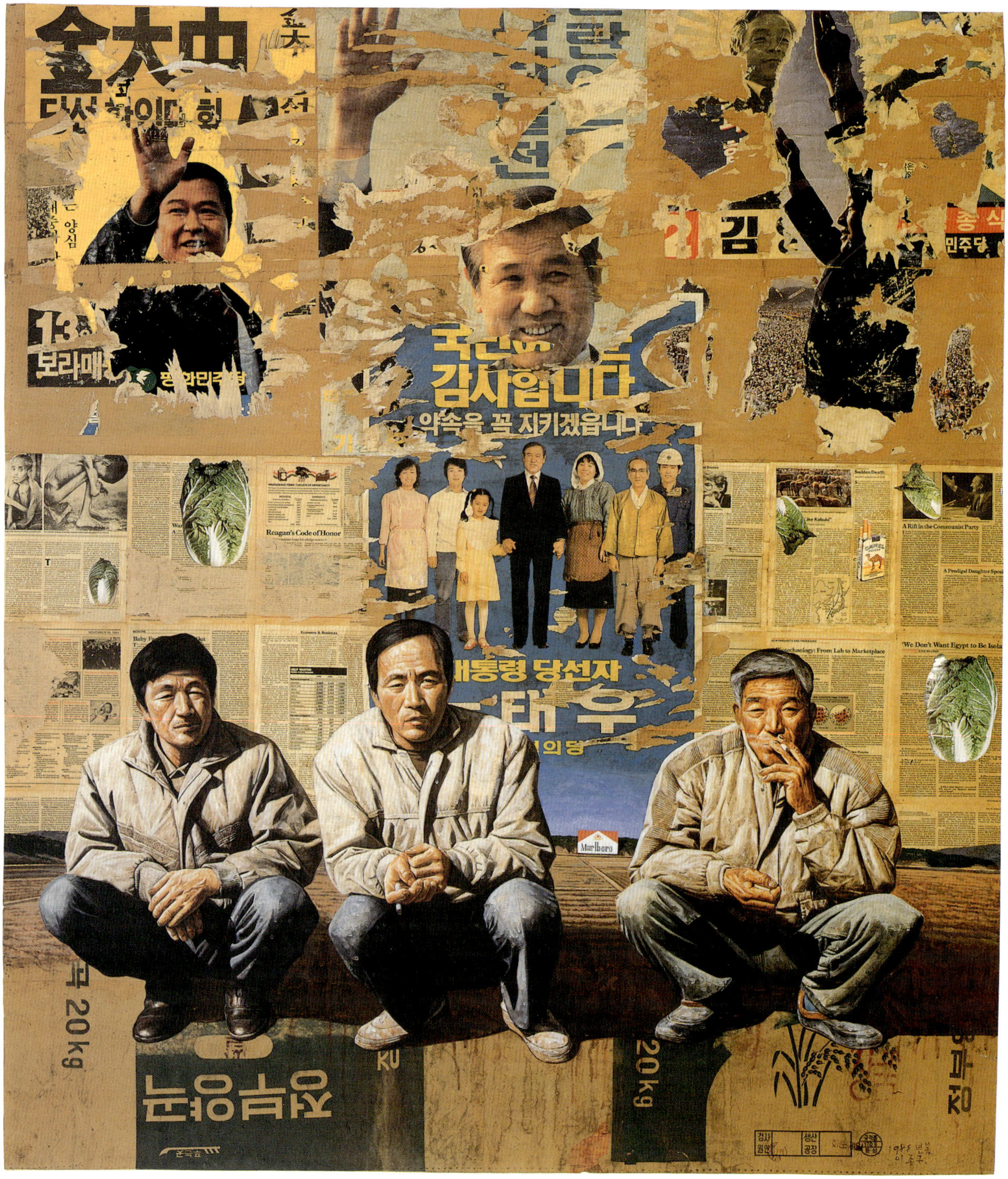

20 오지리에서 At Oji-ri
1988 부대종이에 아크릴릭, 포스터 Acrylic, Posters on Rice Paper Sack 200×180
국립현대미술관 소장 Collection of National Museum of Contemporary Art, Korea

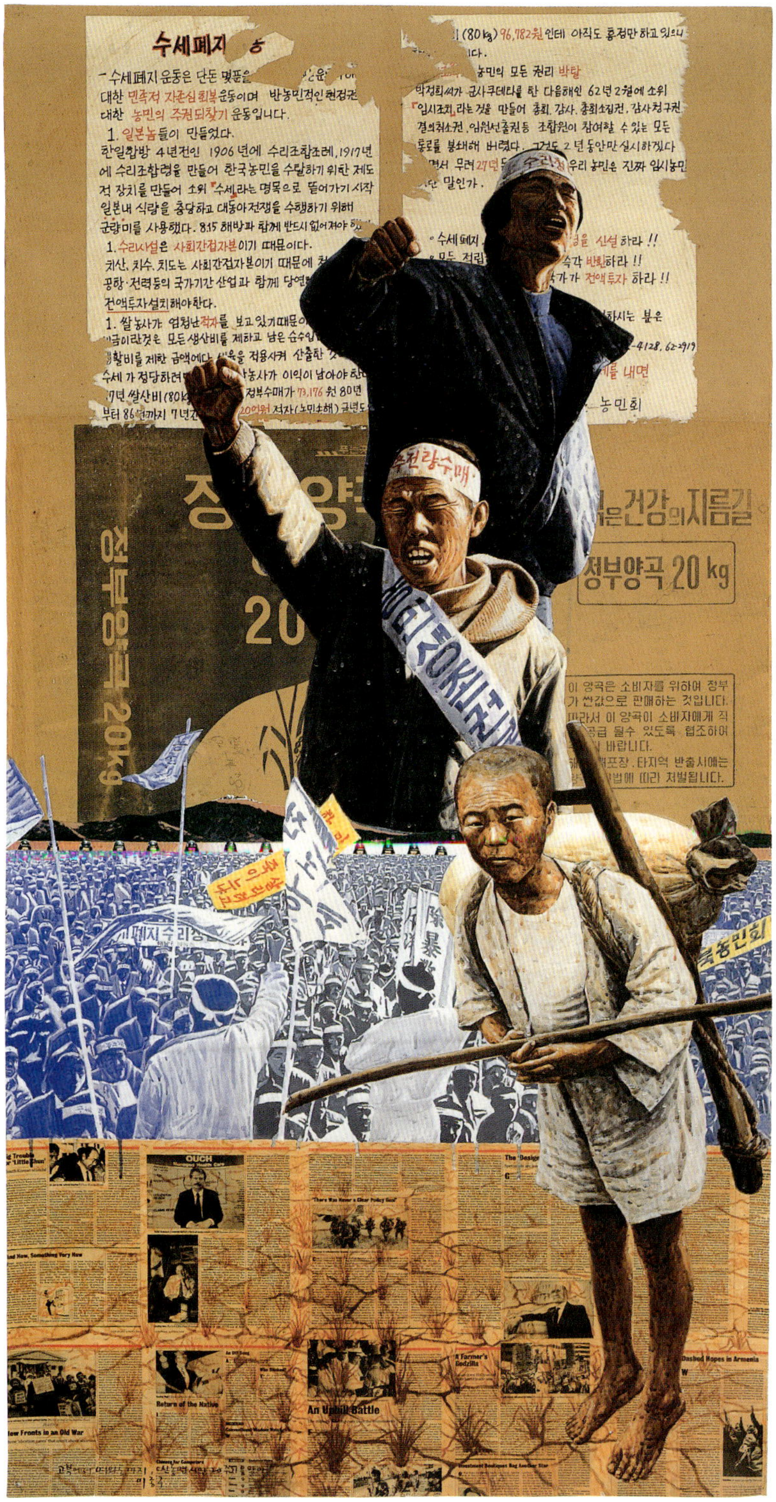

21 고부에서 여의도까지 From Gobu to Yeouido
1989 부대종이에 아크릴릭 Acrylic on Rice Paper Sack 200 × 104
서울시립미술관 소장 Collection of Seoul Museum of Art

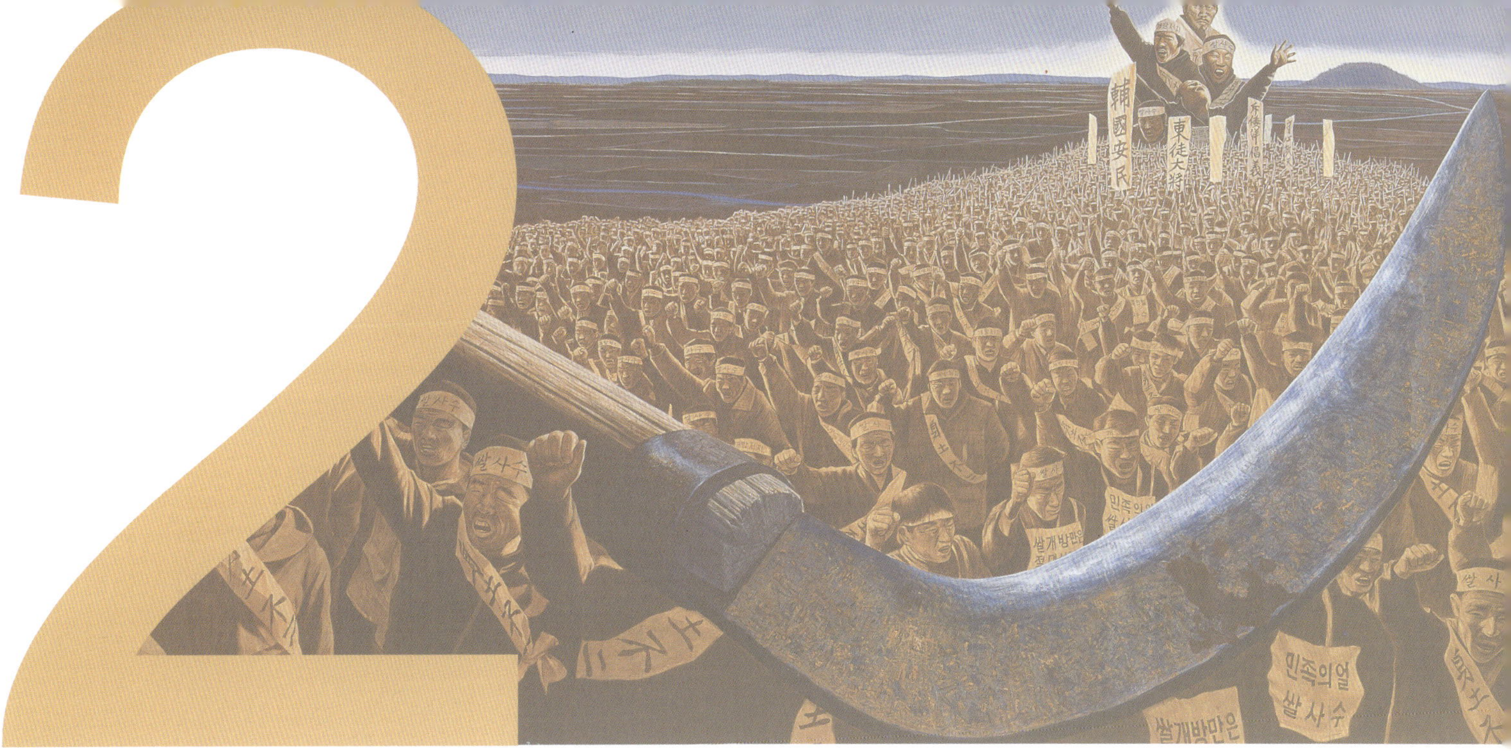

2

고개 숙인 농민의 분노
Dejected Anger of the Farmers

2기(1991~1994)

몇 해 전부터 나는 그림 속에 낫을 많이 그려 놓고 있다. … 그것은 저 참혹하게 처형당하듯 붕괴되고 있는 오늘의 농촌, 가난하고 쇠잔한 위기의 이 땅을 위해 내가 땀 흘려 바치는 헌사이자 분노이고 또 희망을 위한 내 양심의 표현이라 할 수 있다. 본능적 방어를 위한 저항의 몸짓인 것이다(이종구 글, 학고재 개인전 도록 후기에서 발췌, 1992).

I began to draw a scythe in my paintings ever since several years back.… This is a conscious expression of my sweat-poured dedication, my anger and the hope that I have for today' s farmlands which are brutally collapsing as if they were sentenced to death and which are also on the verge of decay. It is a gesture of defiance for the sake of an instinctive defense(Lee Jong-gu, catalogue for the solo exhibition of Lee Jong-gu, Hakgojae, Seoul, 1992).

상처받은 농민들
Wounded Hearts of the Farmers

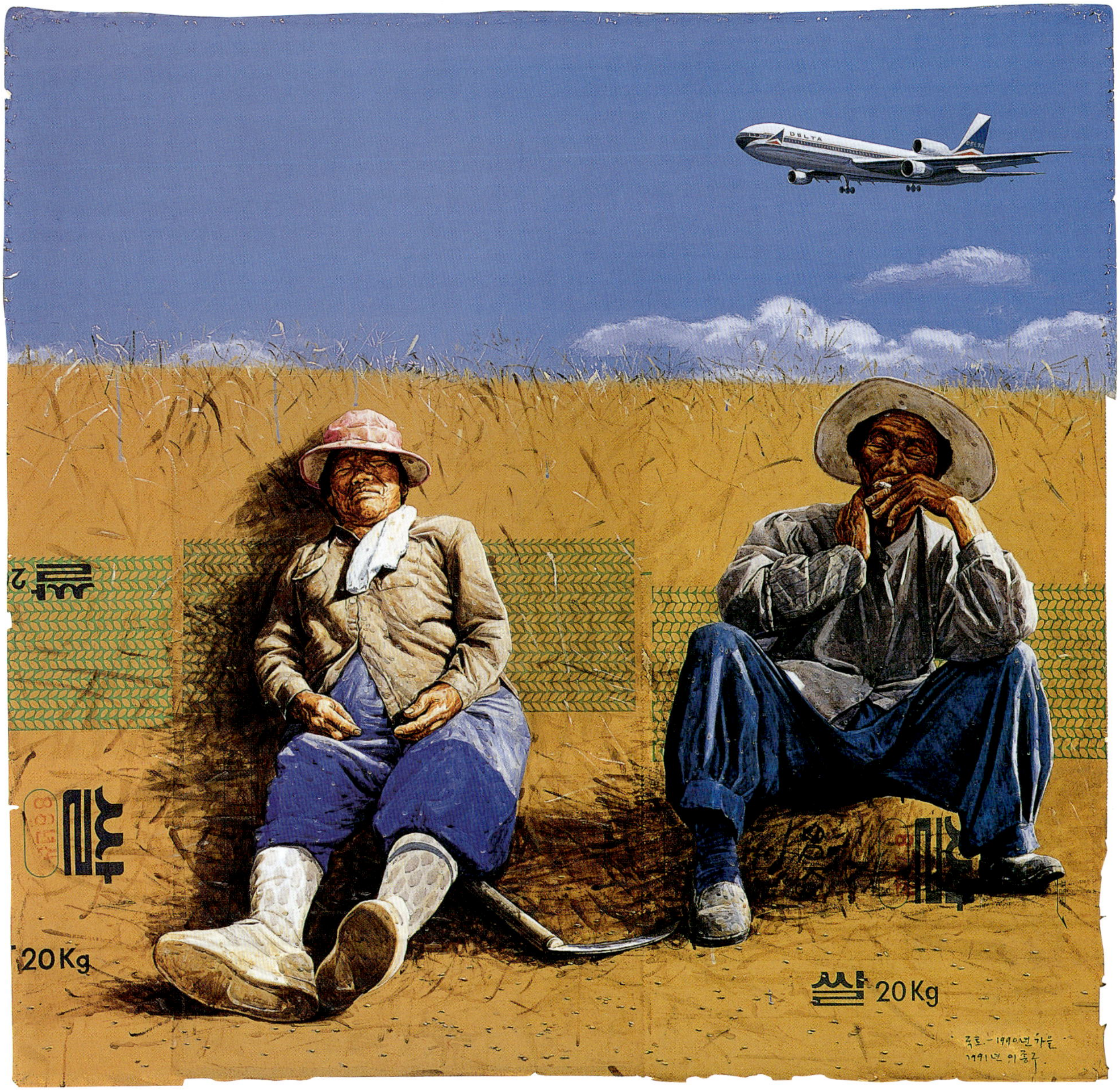

22 1990년의 가을 Autumn of 1990
1990 부대종이에 아크릴릭 Acrylic on Rice Paper Sack 150×146
작가 소장 Collection of the Artist

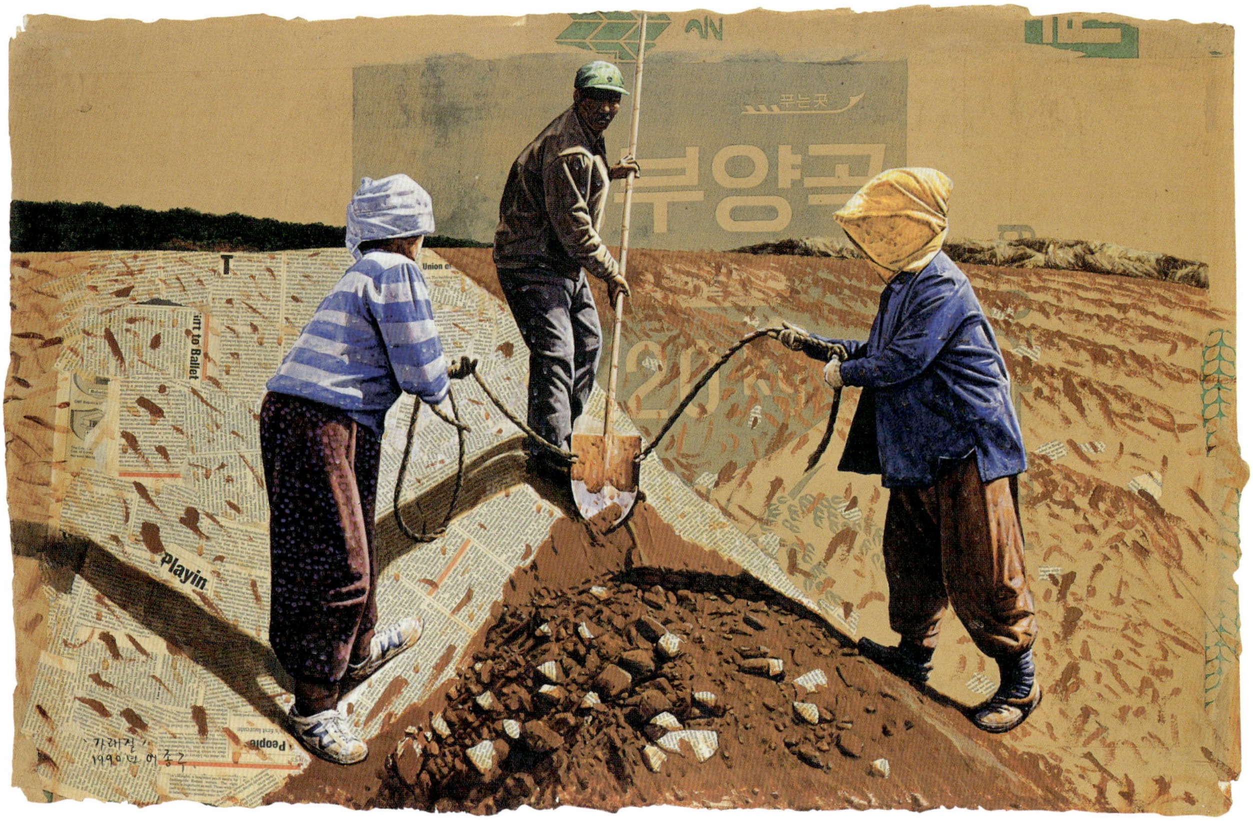

23 가래질 Spadework
1990 부대종이에 아크릴릭 Acrylic on Rice Paper Sack 70×110
작가 소장 Collection of the Artist

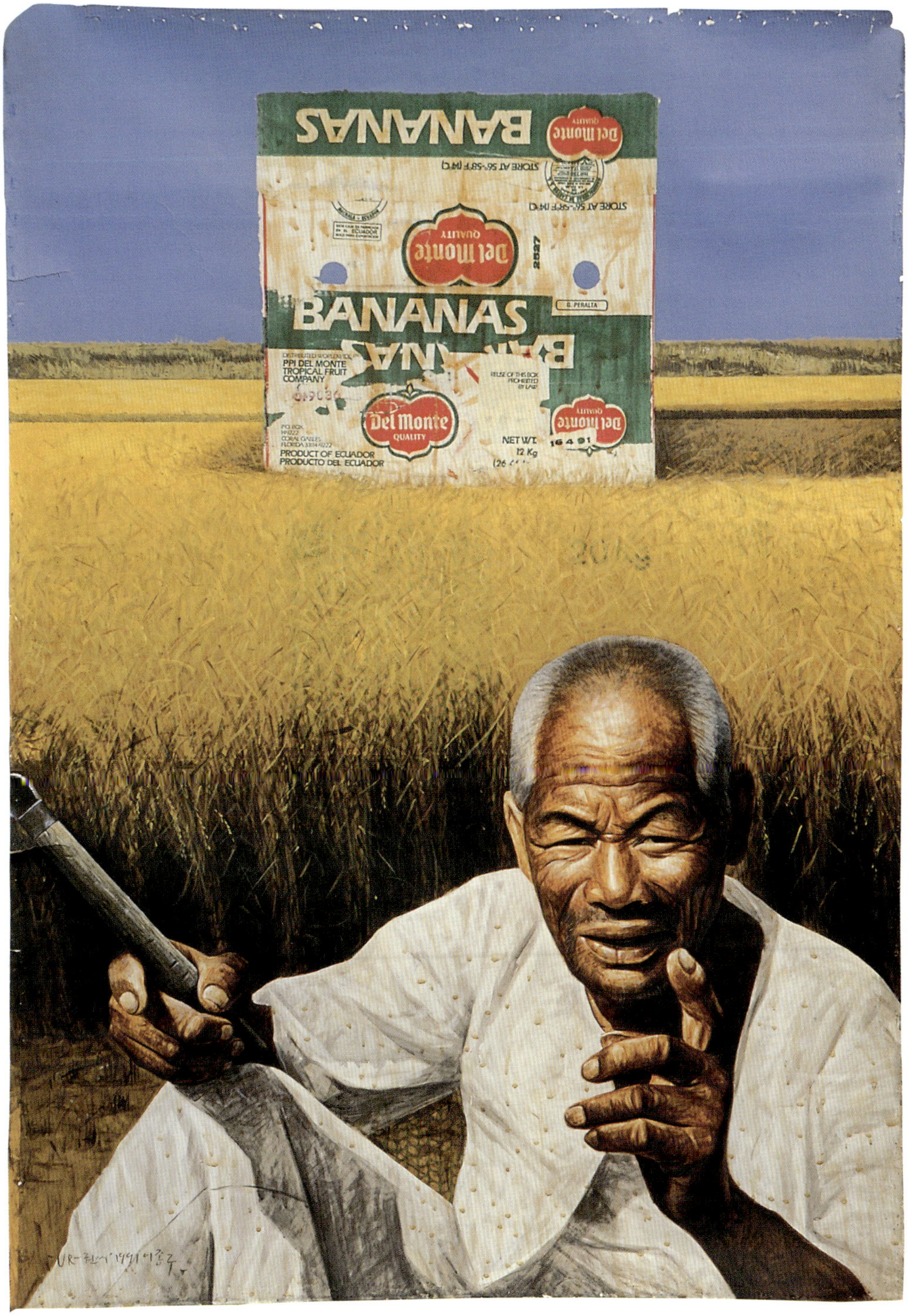

24 UR–권씨 UR-Mr. Kwon
1991 부대종이에 아크릴릭 Acrylic on Rice Paper Sack 150×105
고려대학교 박물관 소장 Collection of Korea University Museum

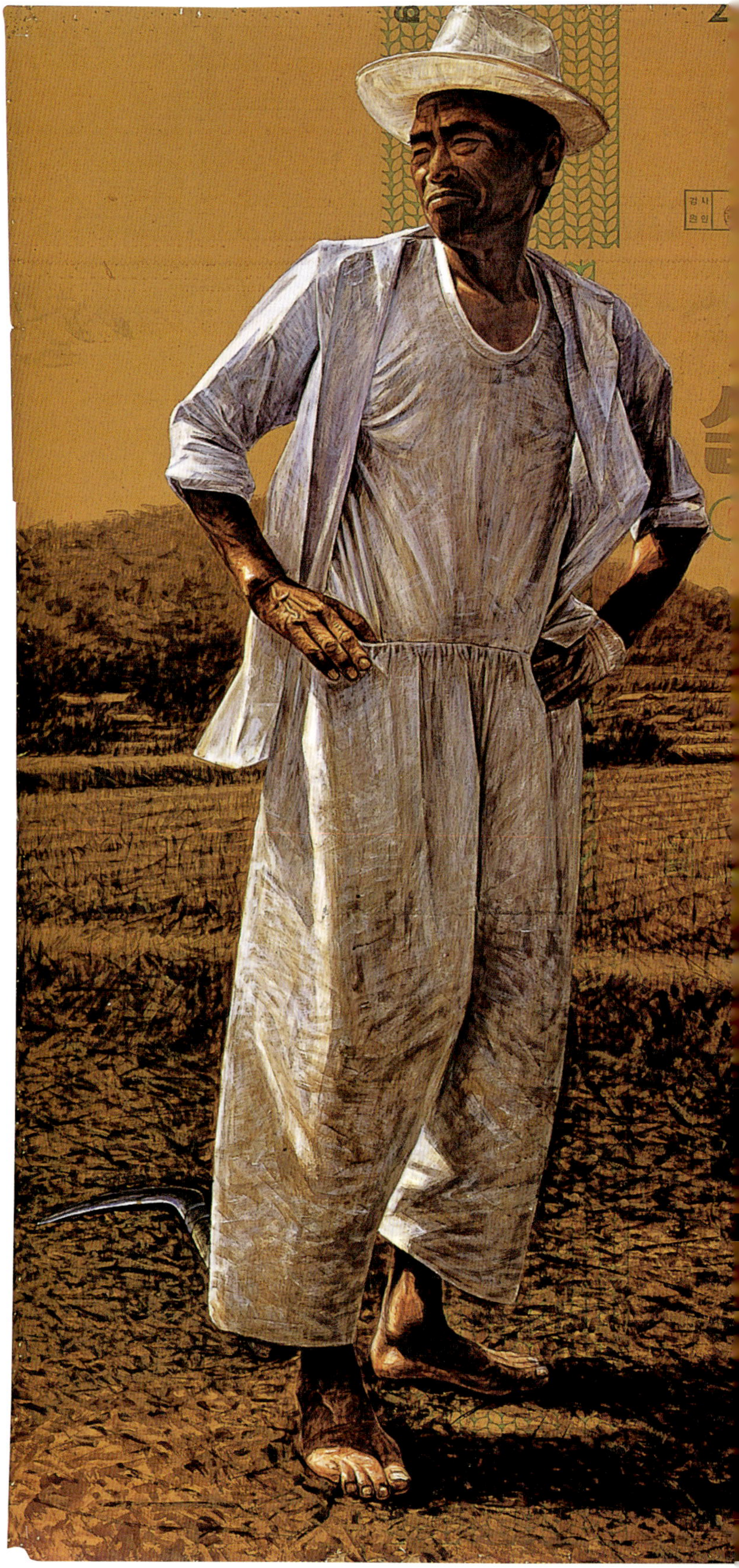

25 수몰지의 마지막 여름 The Last Summer in a Flooded Area
1991 부대종이에 아크릴릭, 콜라주 Acrylic, Collage on Rice Paper Sack 150×200
작가 소장 Collection of the Artist

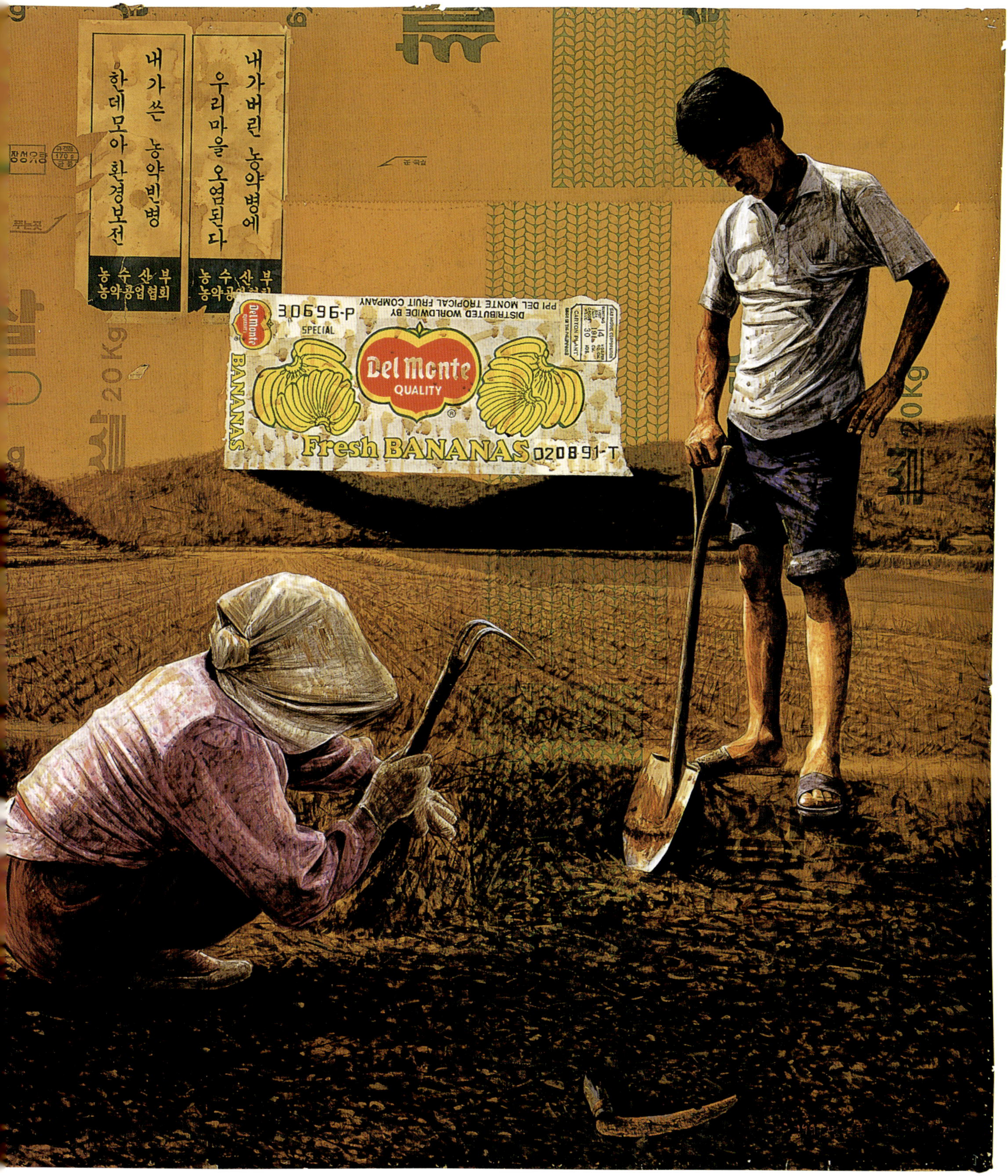

내가버린 농약병에
우리마을 오염된다
농수산부
농약공업협회
내가쓴 농약빈병
한데모아 환경보전
농수산부
농약공업협회
30696-P
SPECIAL
Del Monte
QUALITY
Fresh BANANAS
020891-T
BANANAS
20Kg

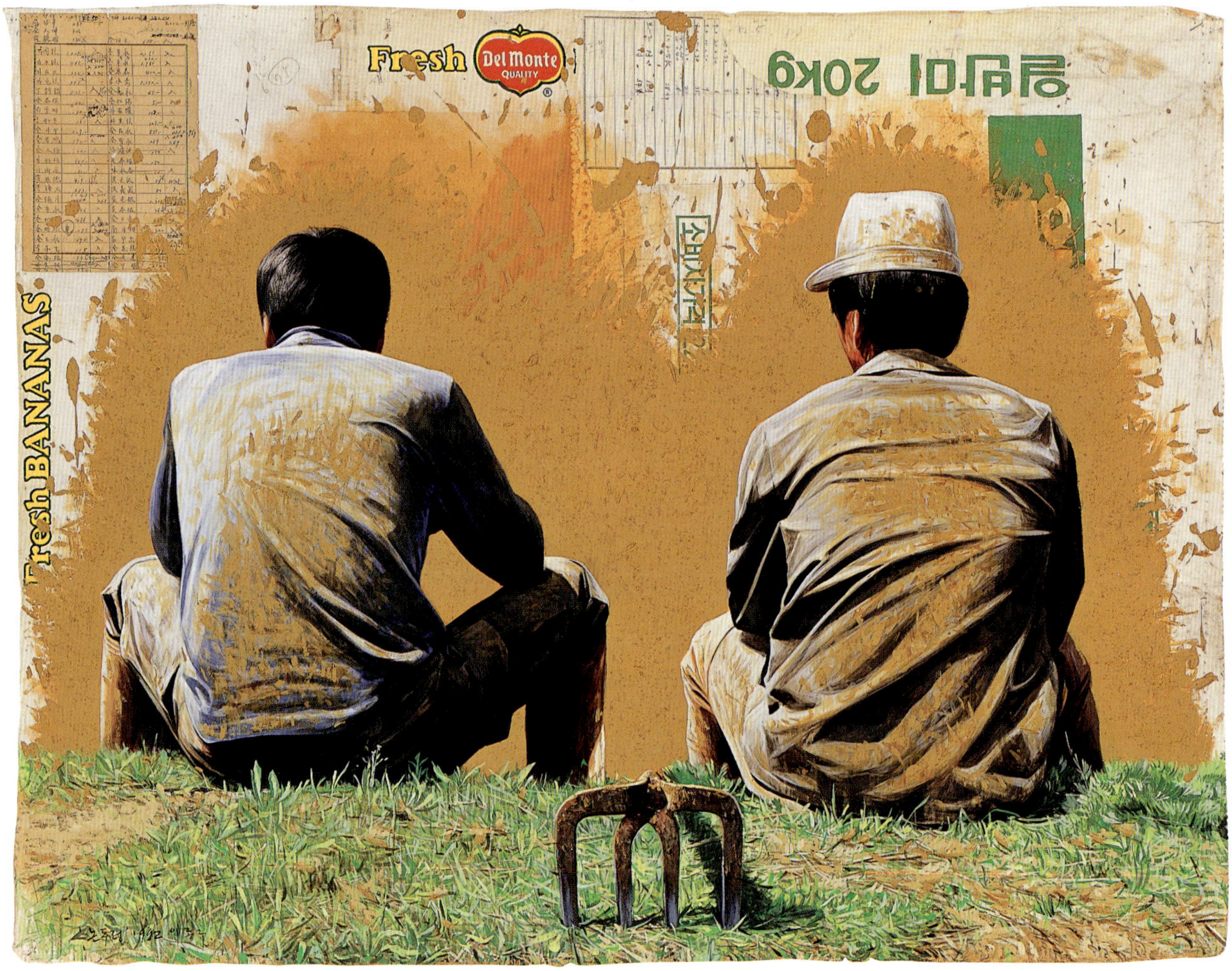

26 논두렁 The Levee of Rice Paddies
1992 부대종이에 아크릴릭 Acrylic on Rice Paper Sack 95×120
작가 소장 Collection of the Artist

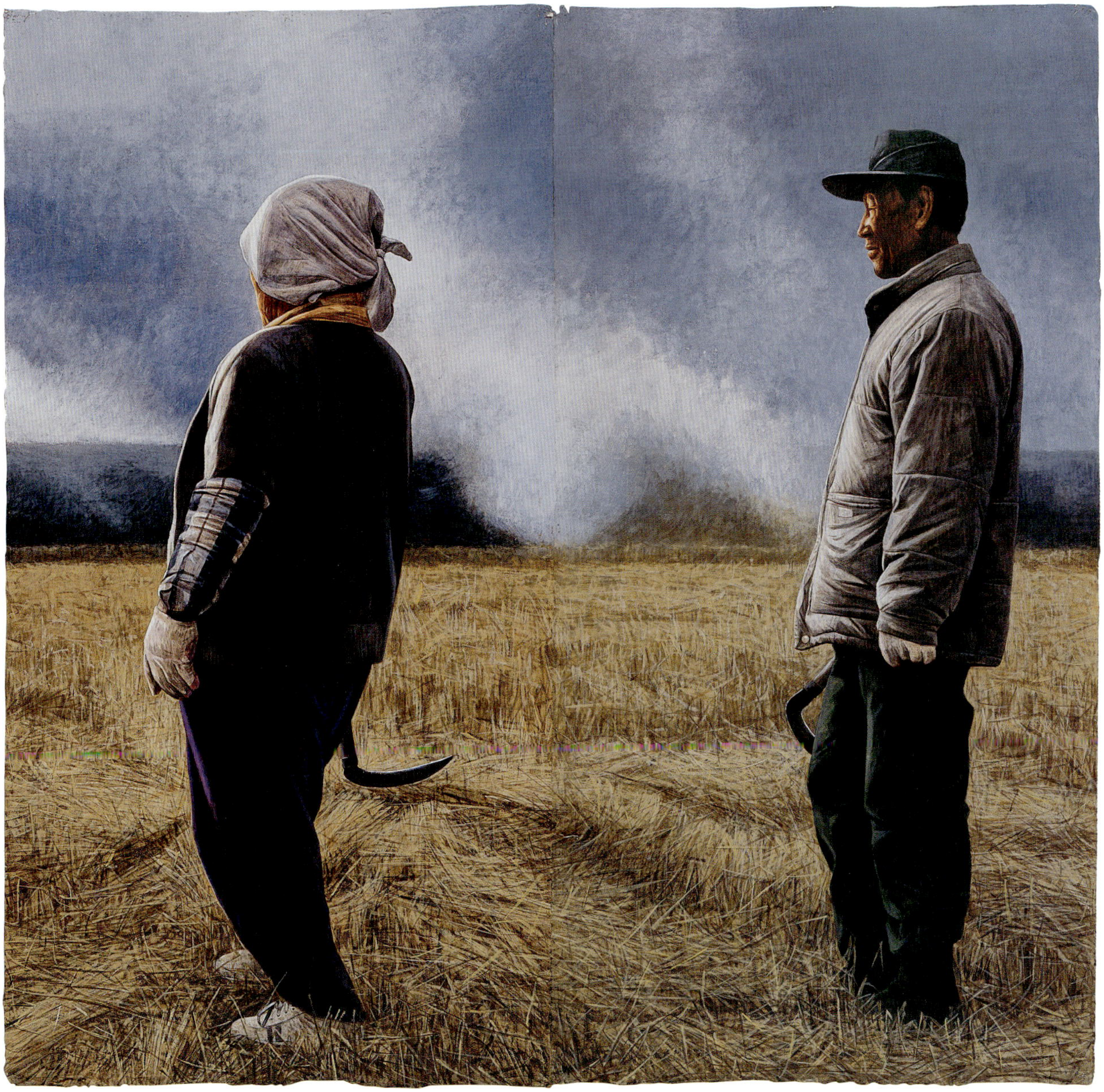

27 수몰지의 늦가을 Late Autumn in a Flooded Area
1992 장지에 아크릴릭 Acrylic on Thick Korean Paper 188 × 192
작가 소장 Collection of the Artist

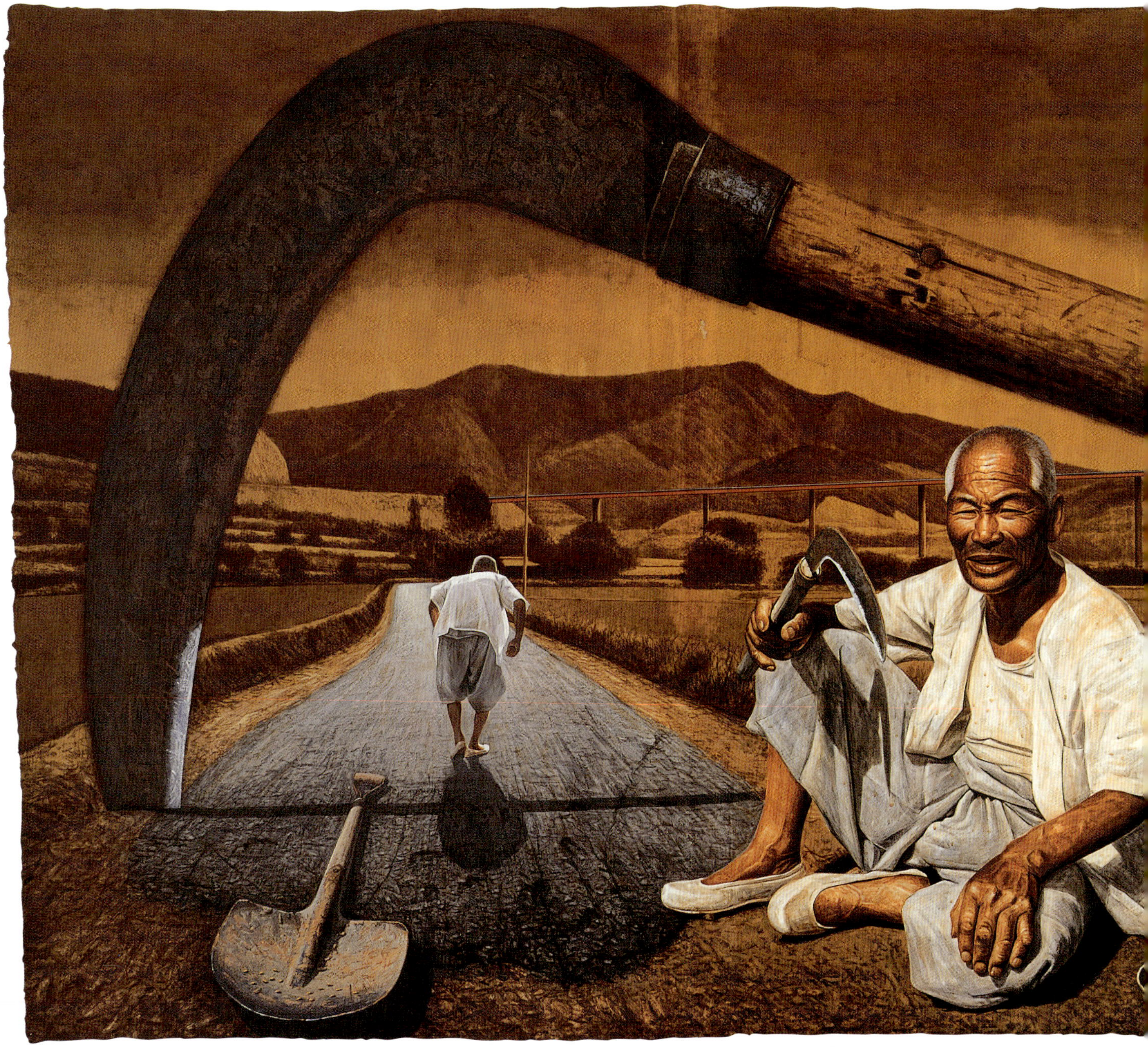

28 수몰지의 권씨 Mr. Kwon in a Flooded Area
1992 장지에 아크릴릭 Acrylic on Thick Korean Paper 184×365
개인 소장 Private Collection

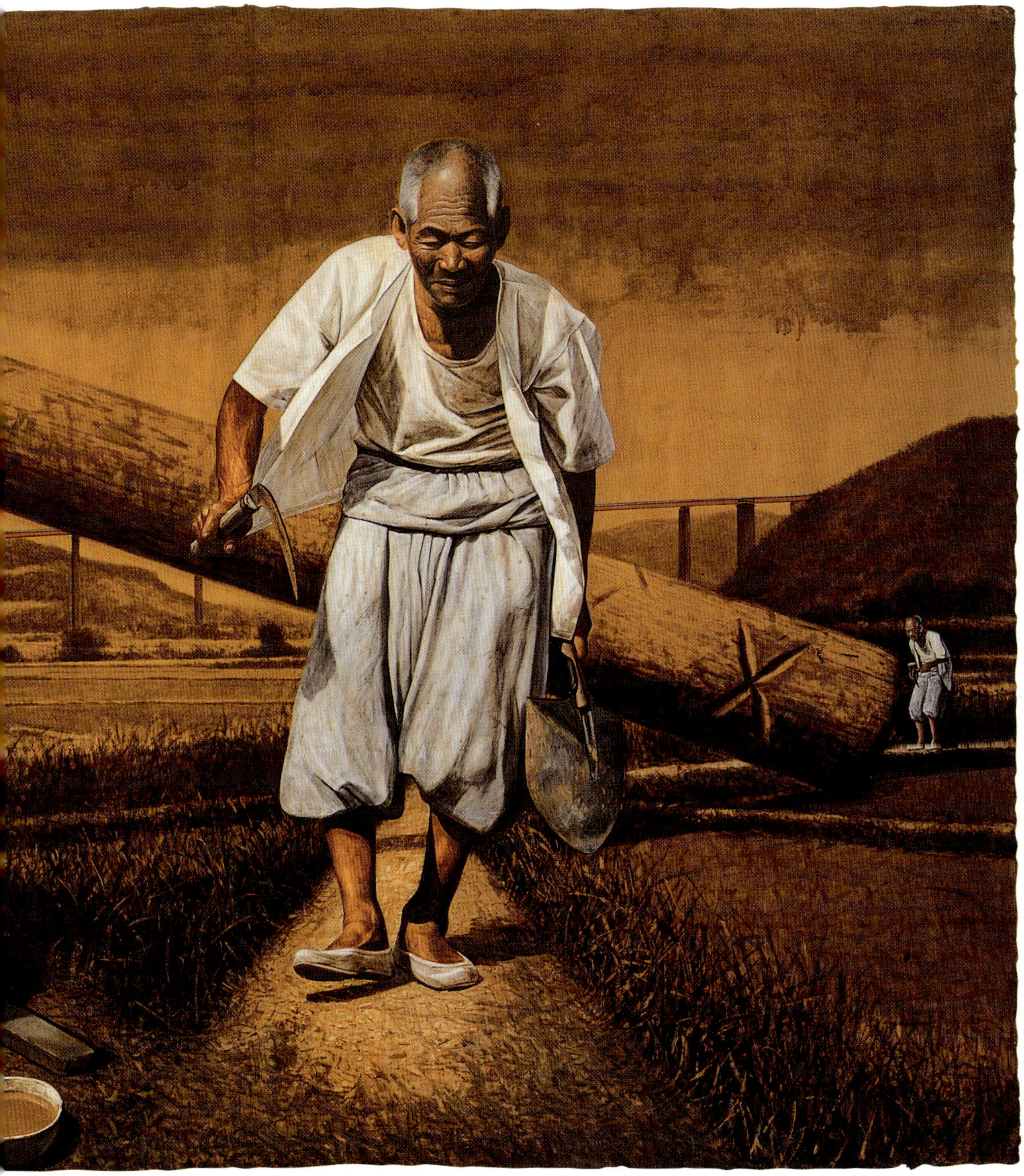

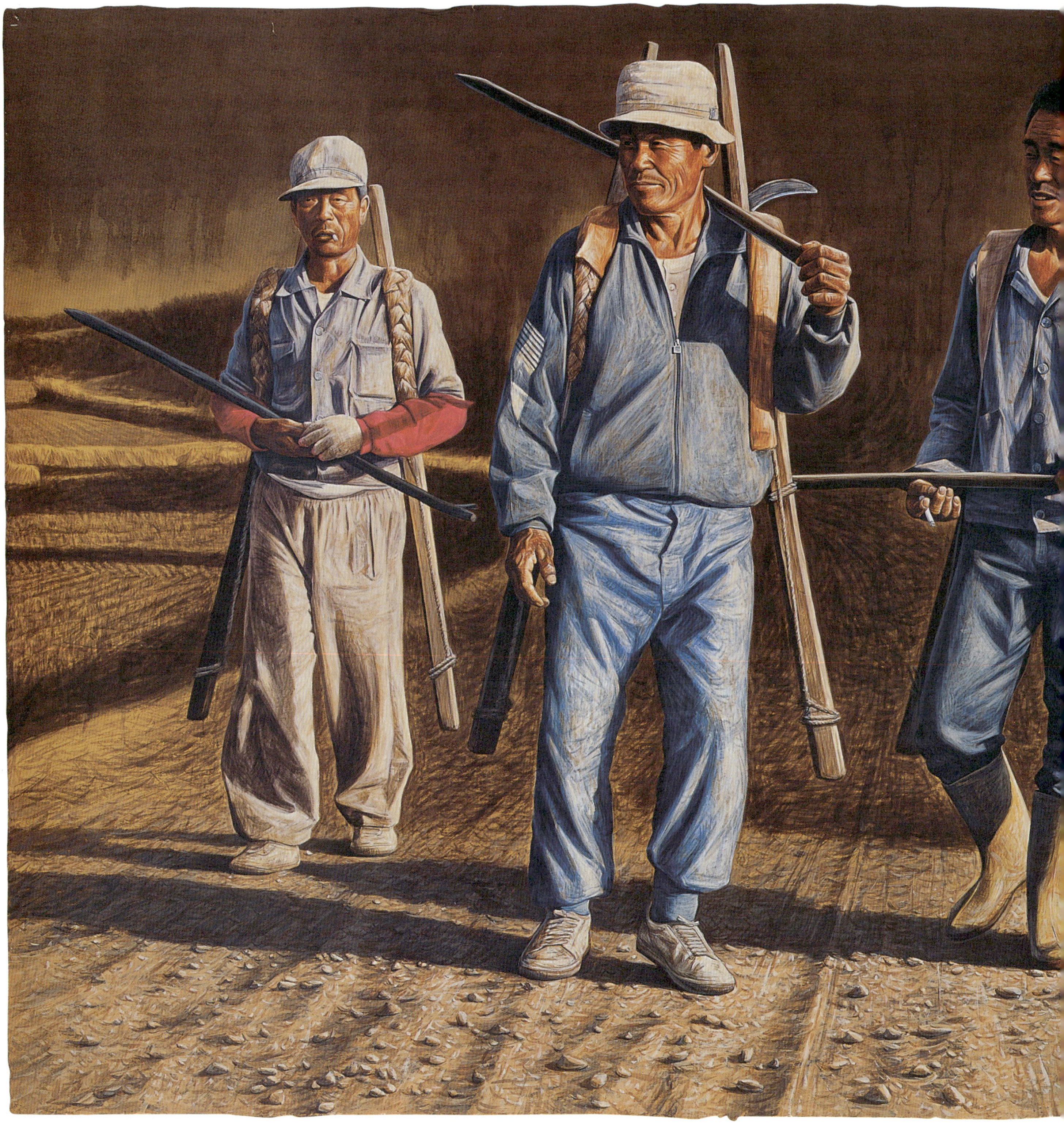

29 오지리 사람들 People from Oji-ri
1993 장지에 아크릴릭 Acrylic on Thick Korean Paper 184 × 365
작가 소장 Collection of the Artist

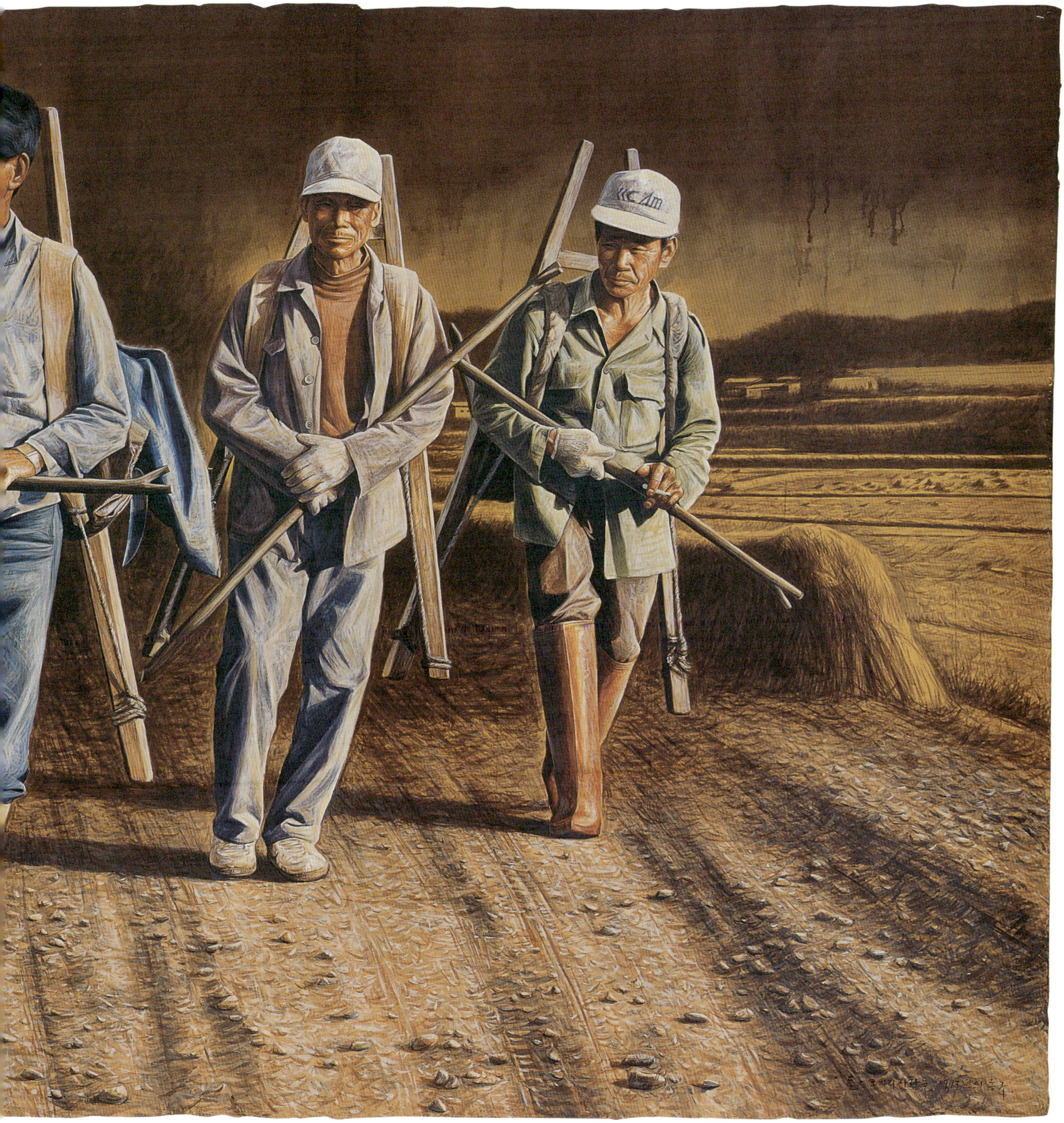

30 삼박골 할아버지 An Old Man from Sambakgol
1995 한지에 아크릴릭 Acrylic on Korean Paper 180×96
국립현대미술관 소장 Collection of National Museum of Contemporary Art, Korea

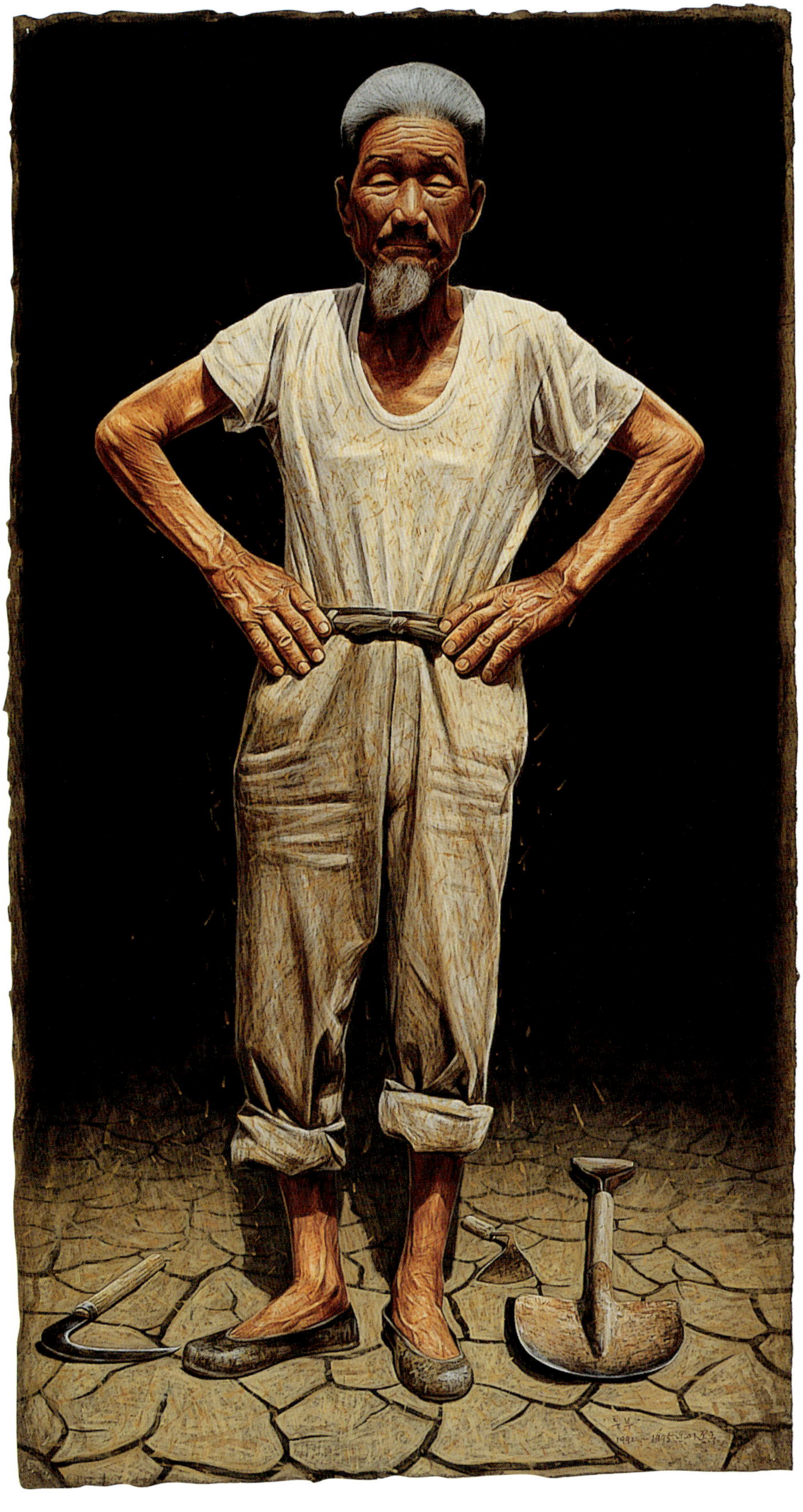

농기구
Farming Tools

31 · 왼쪽 삽 1 Shovel 1
1986 나무판에 흙, 유채 Earth, Oil on Wood Panel 115×30
작가 소장 Collection of the Artist

32 · 오른쪽 삽 2 Shovel 2
1986 나무판에 흙, 유채 Earth, Oil on Wood Panel 113×27
작가 소장 Collection of the Artist

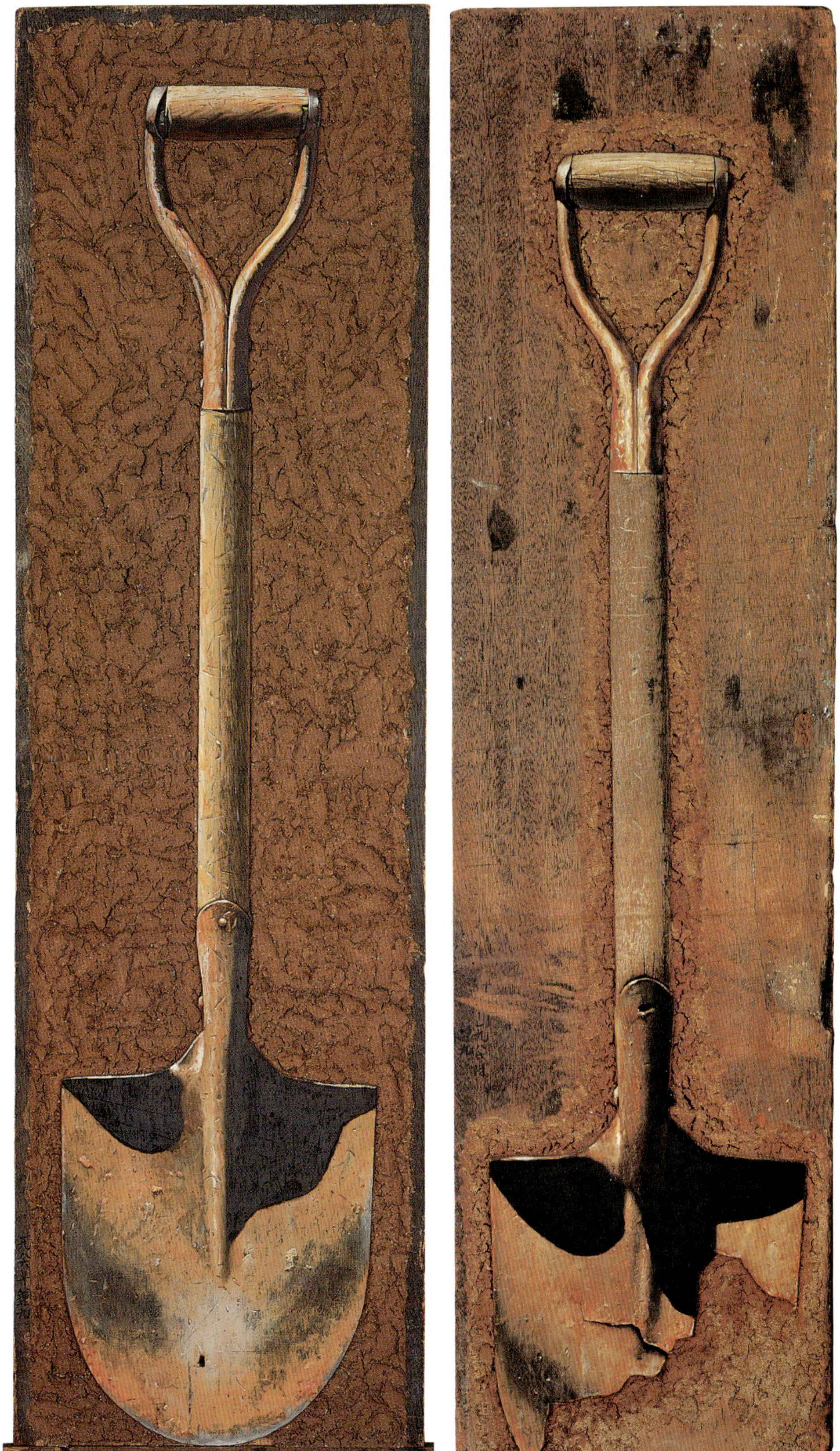

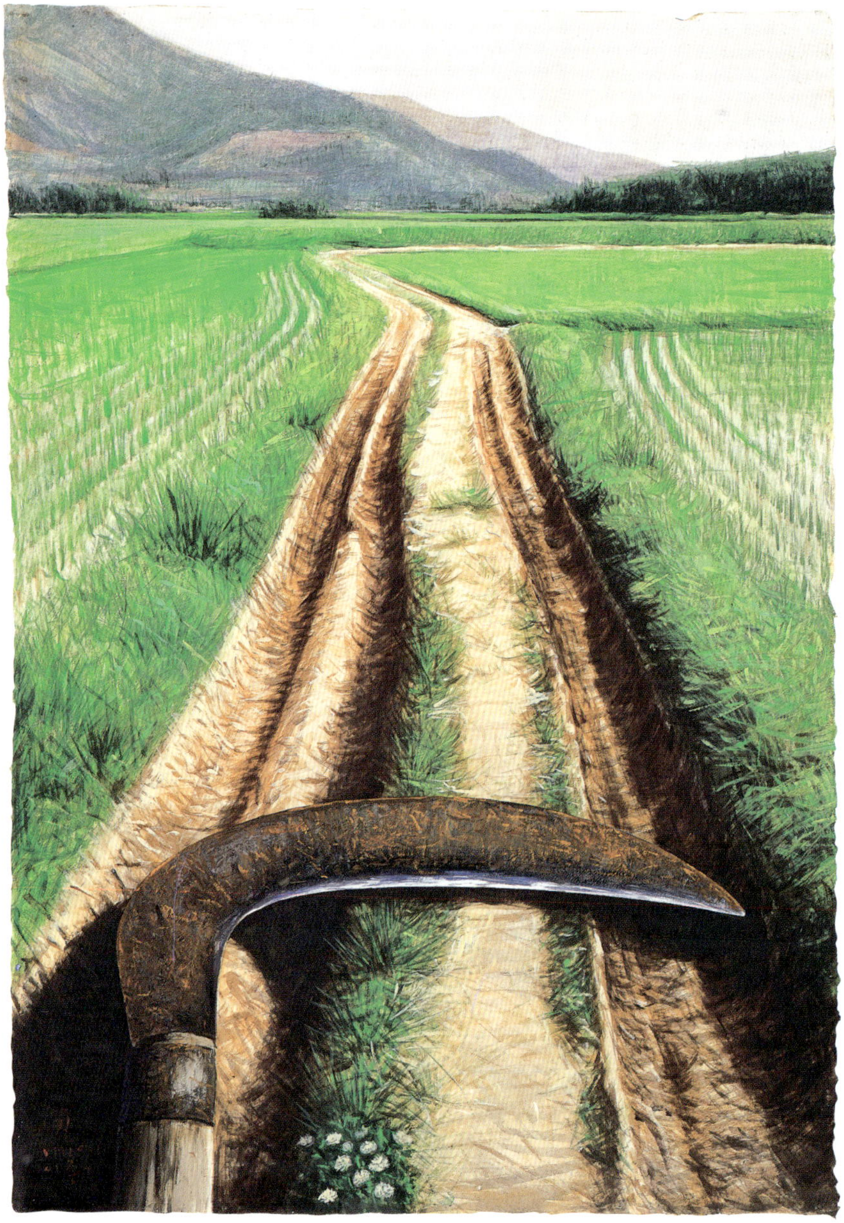

33 · 왼쪽 길 Road
1991 장지에 아크릴릭 Acrylic on Thick Korean Paper 94×65
작가 소장 Collection of the Artist

34 · 오른쪽 아버지의 낫 My Father's Sickle
1992 장지에 아크릴릭 Acrylic on Thick Korean Paper 188×96
작가 소장 Collection of the Artist

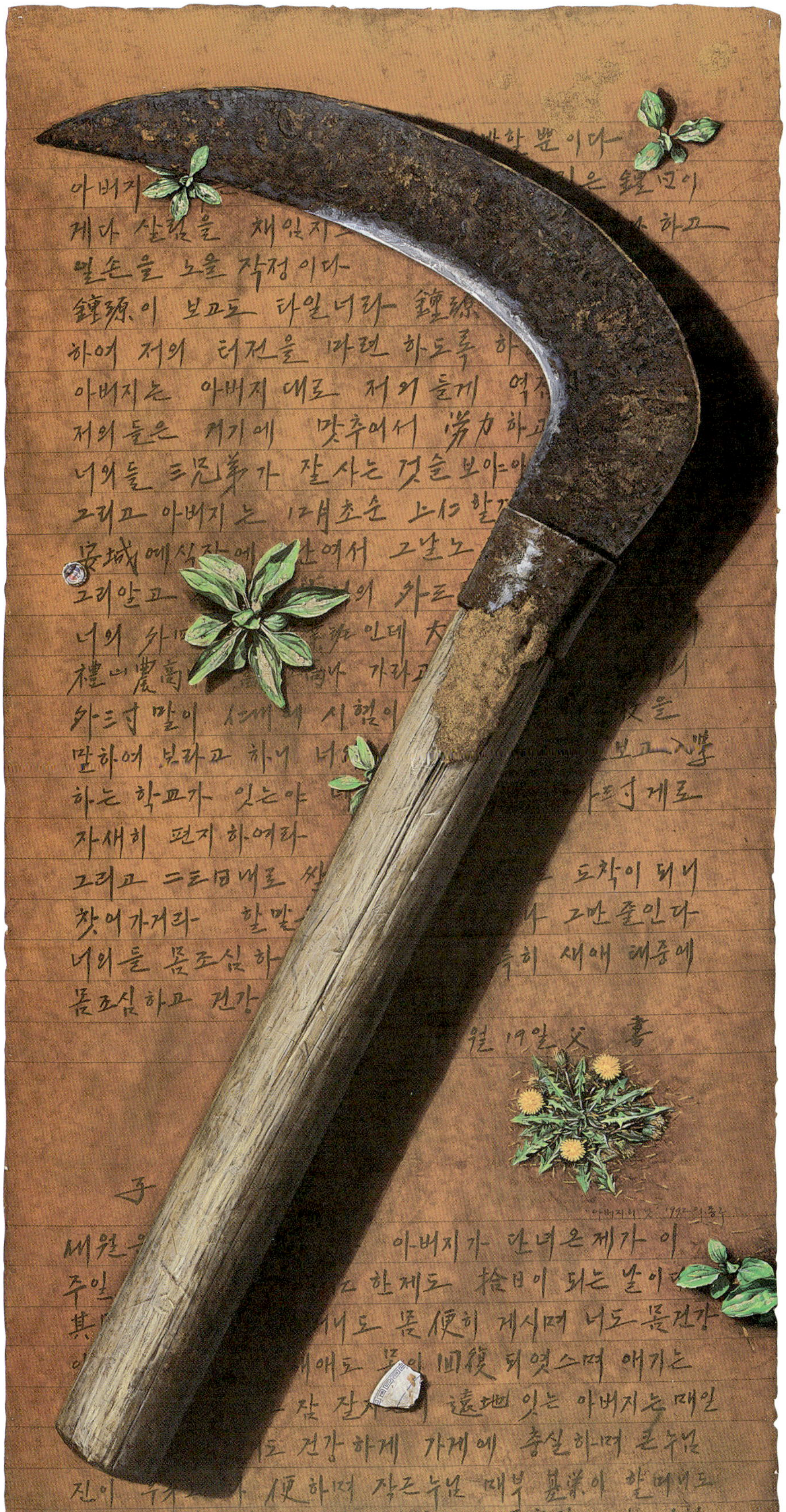

저의들은 거기에 맞추어서 勞力하고
너의들 三兄弟가 잘 사는 것을 보아야
자새히 편지 하여라
찾어가거라
너의들 몸조심하
몸조심하고 건강
월 19일 父 書
子
아버지가 다녀온 제가 이

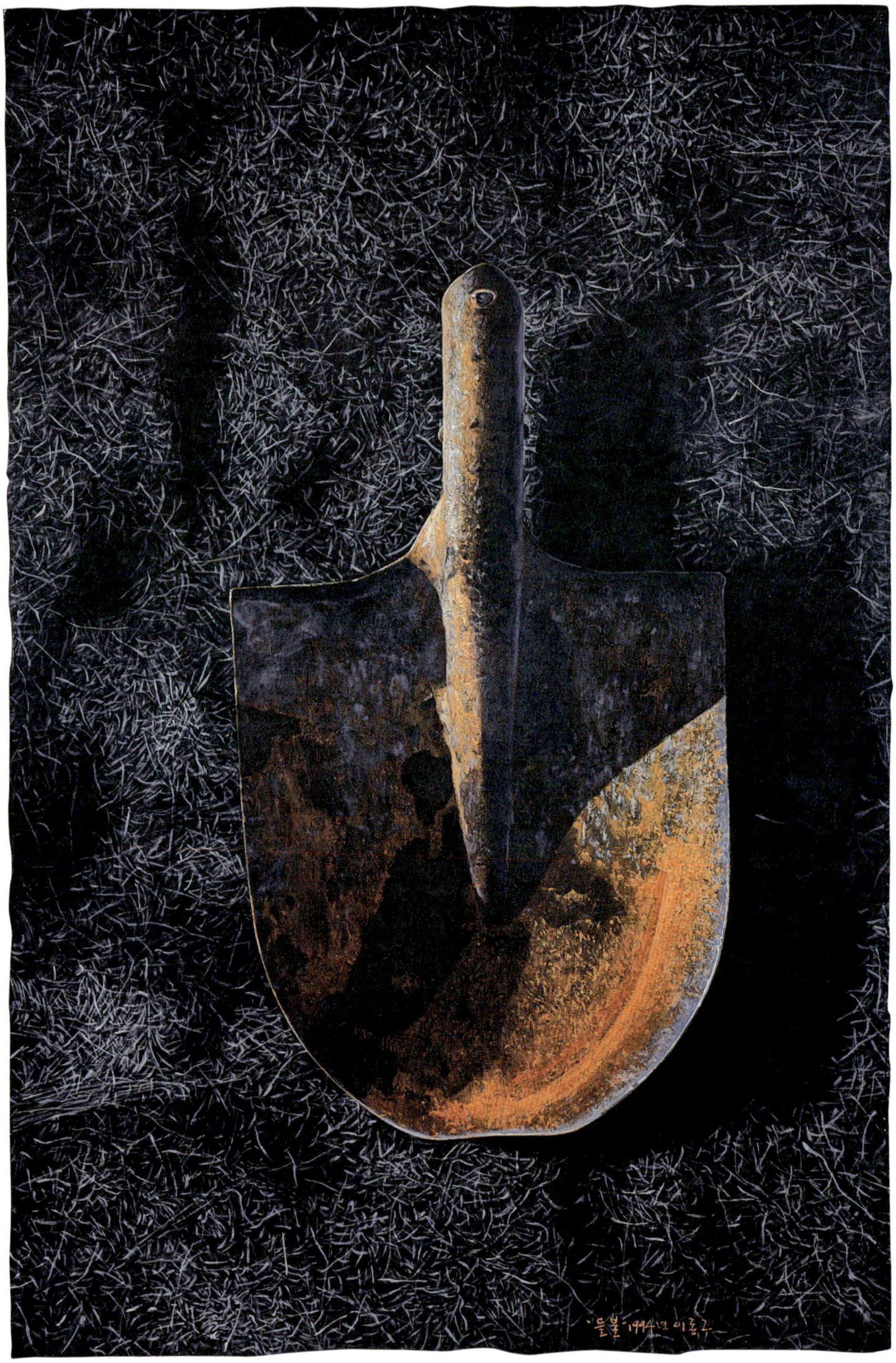

35 겨울–들불 Winter-A Field Fire
1994 장지에 아크릴릭 Acrylic on Thick Korean Paper 146×96
작가 소장 Collection of the Artist

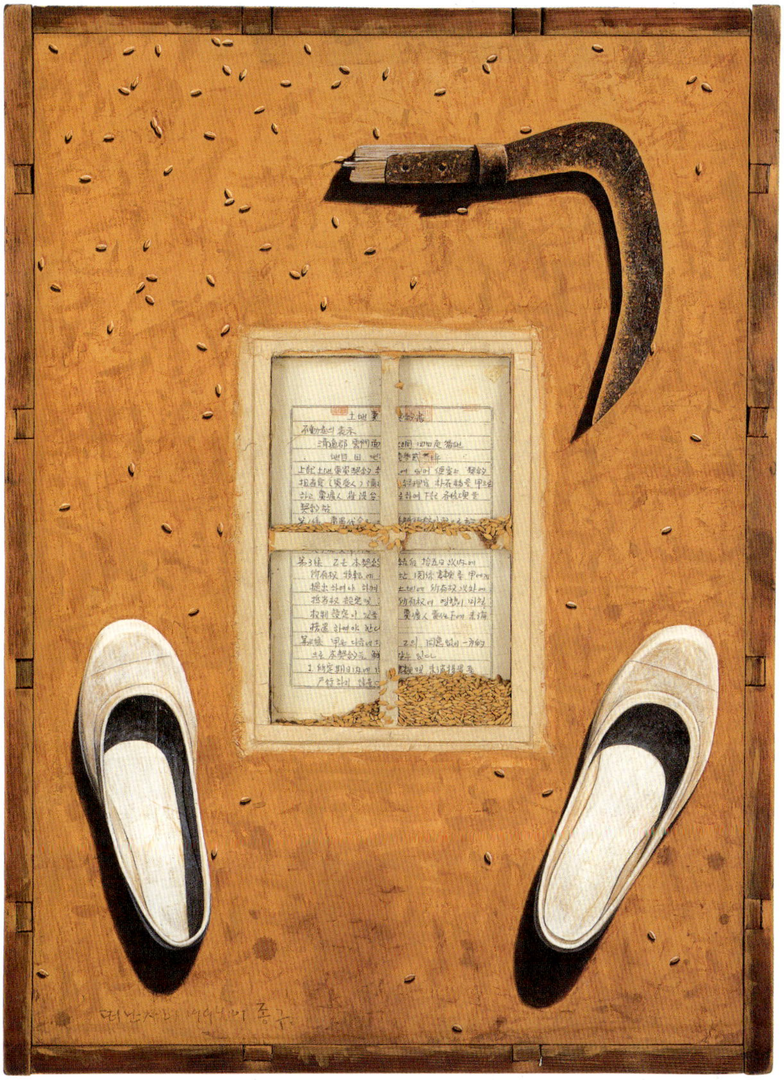

36 떠난 자리 He Is Gone
1994 판넬에 아크릴릭, 문서, 볍씨 Acrylic, A Document, Rice Seeds on Panel 77×56
작가 소장 Collection of the Artist

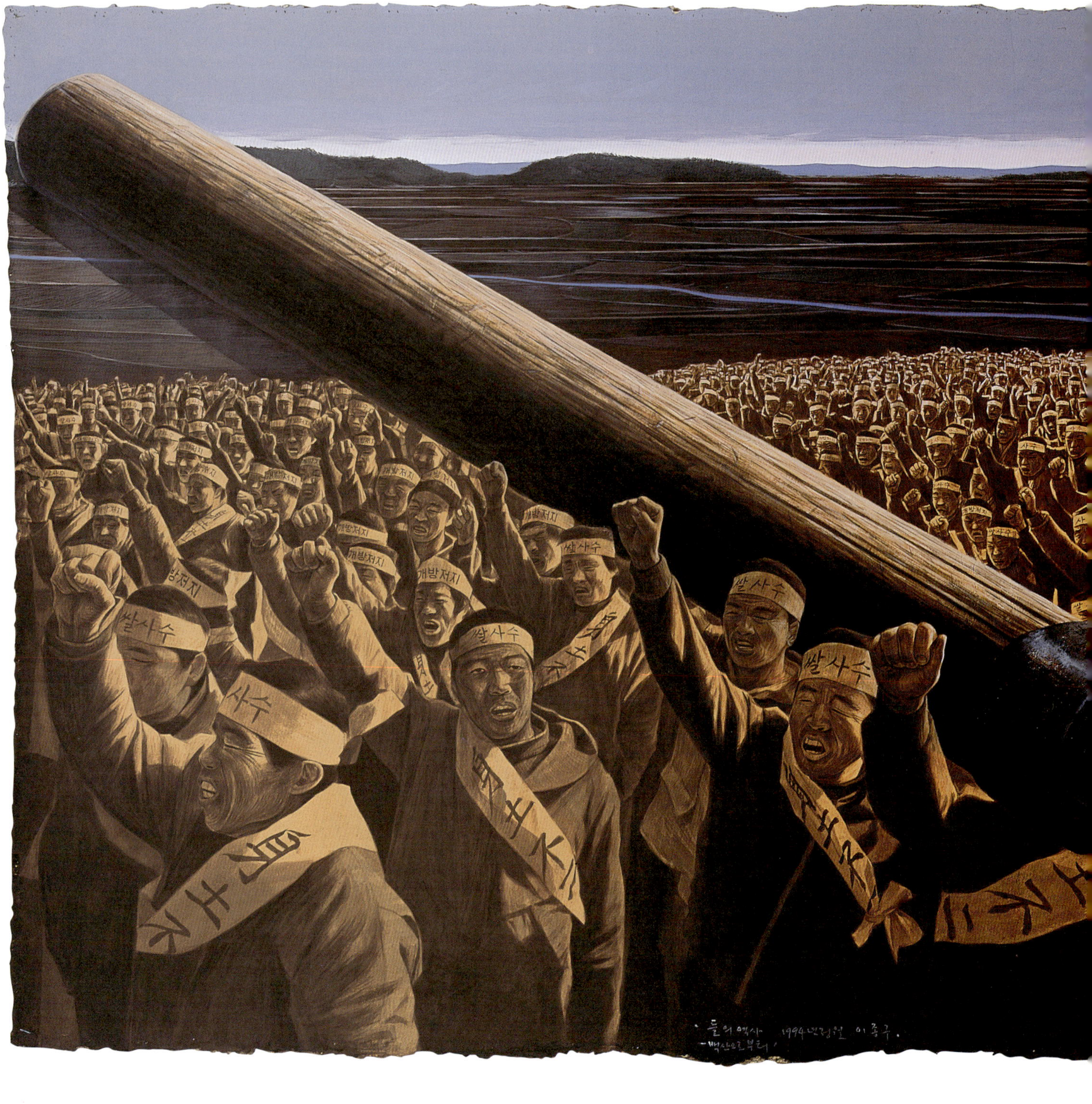

37 들의 역사 History of the Field
1994 장지에 아크릴릭 Acrylic on Thick Korean Paper 145×300
작가 소장 Collection of the Artist

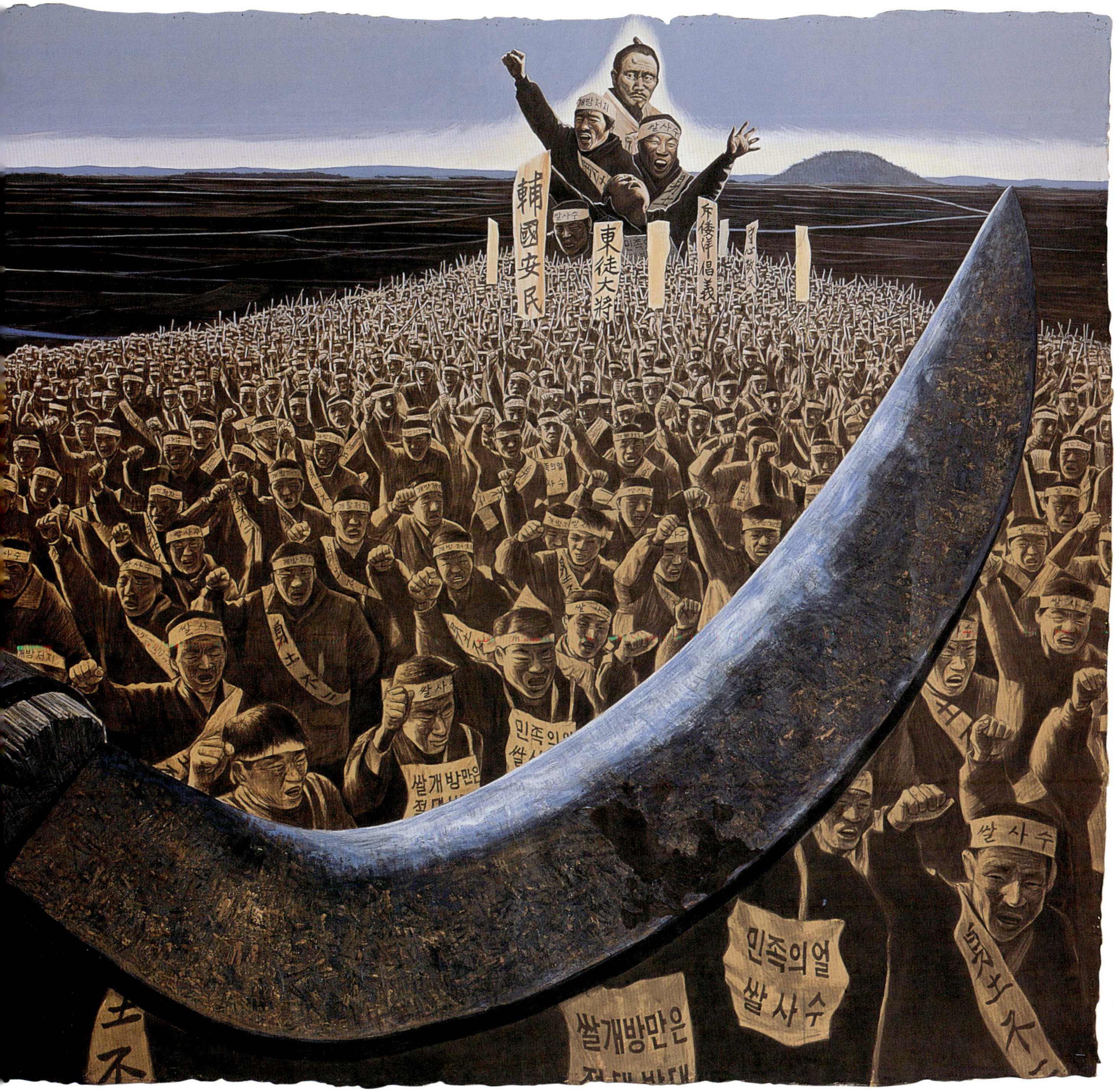

韓國安民
東徒大將
斥倭洋倡義
쌀사수
민족의얼
쌀사수
쌀개방만은

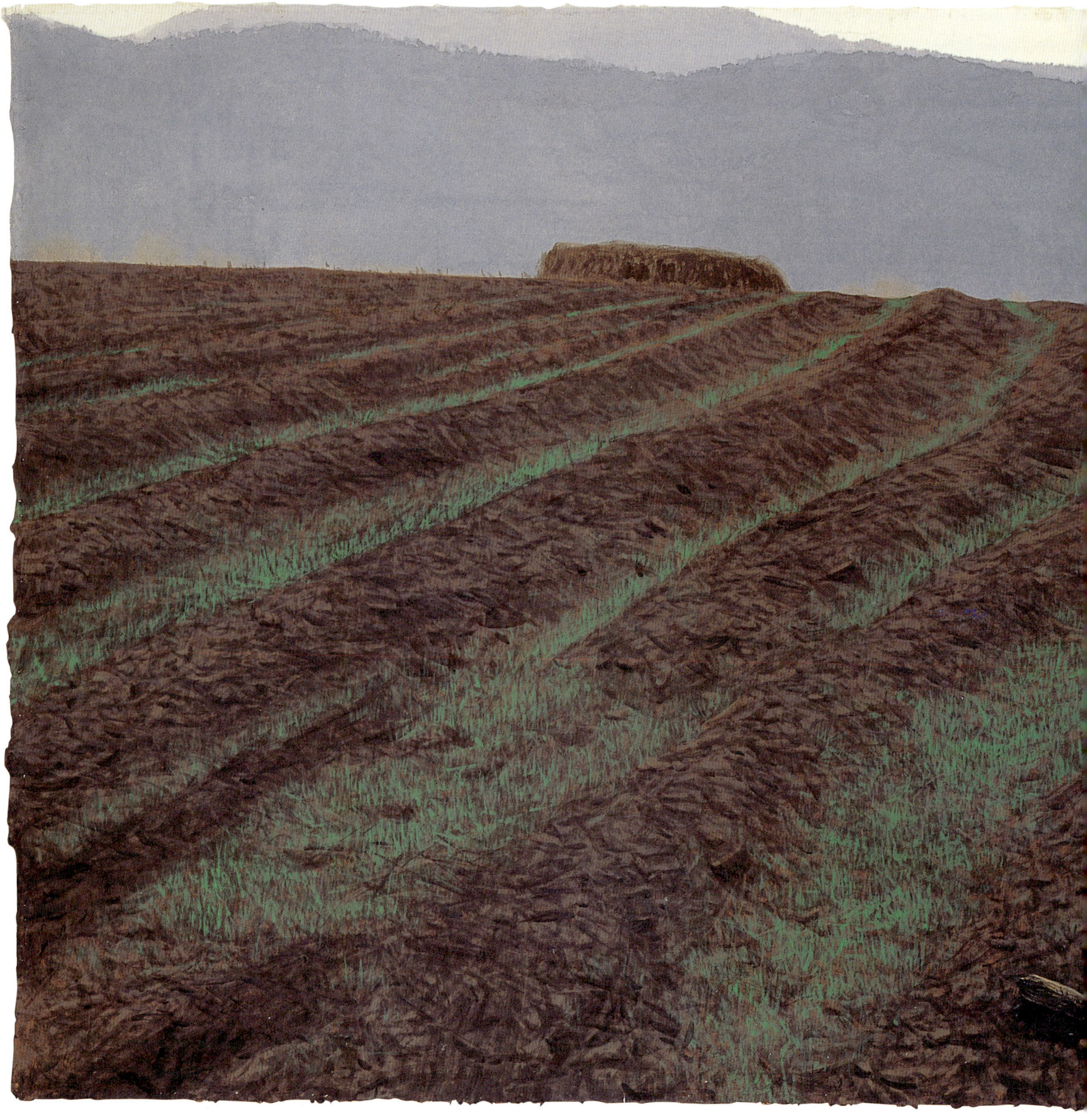

38 보리밭 Barley Fields
1992 장지에 아크릴릭 Acrylic on Thick Korean Paper 96×188
개인 소장 Private Collection

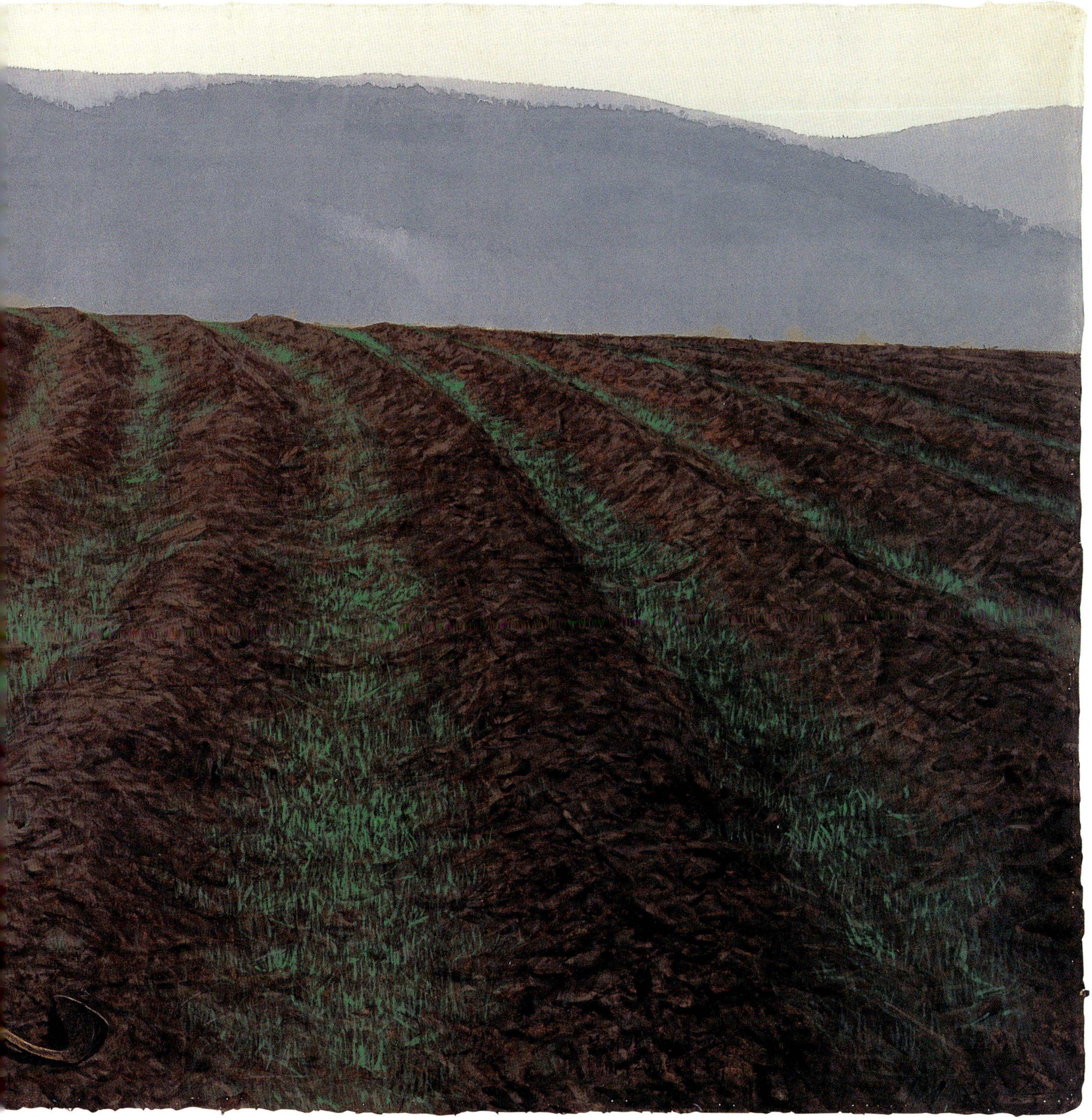

소
Ox

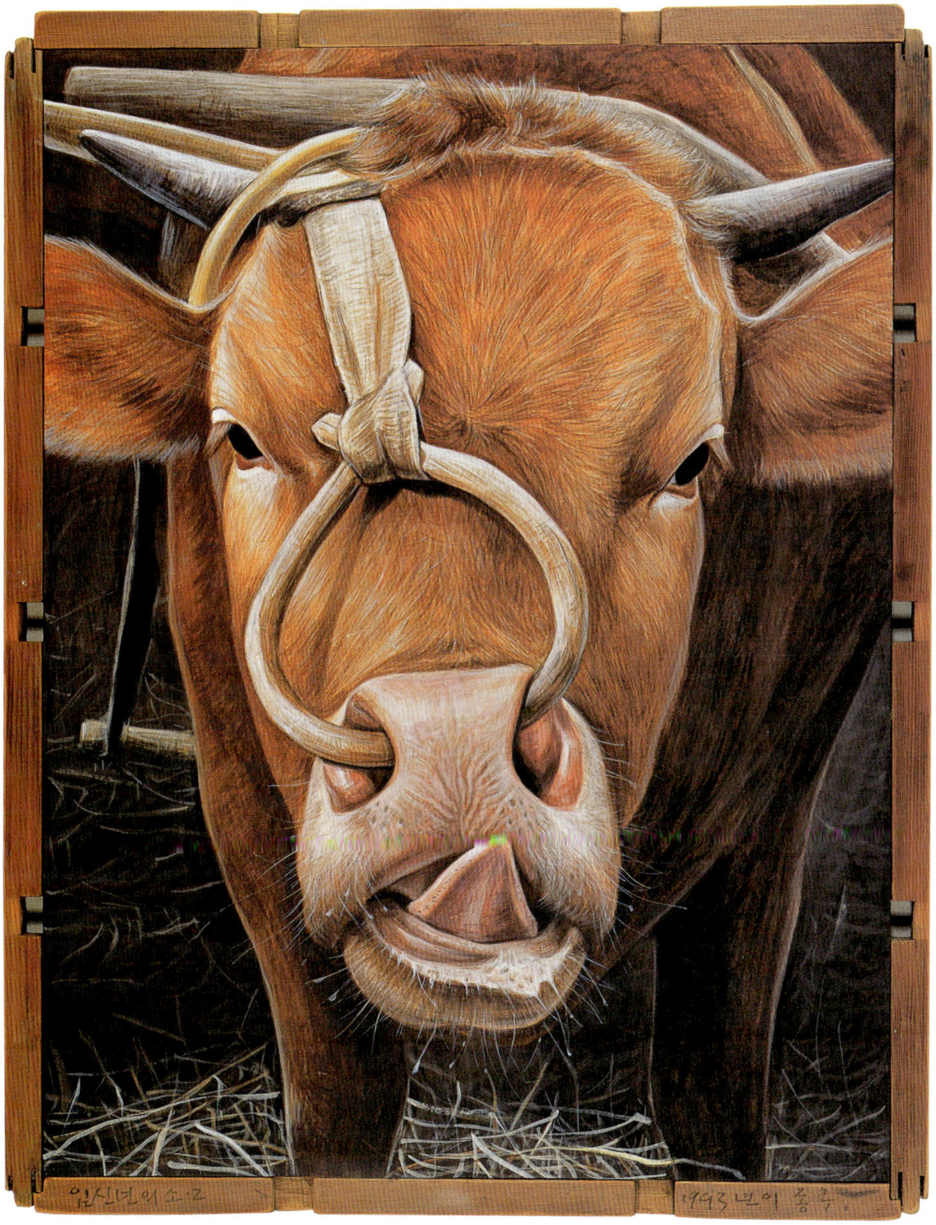

39 임신년의 소 2 The Ox of the Imsin Year 2
1993 한지에 아크릴릭 Acrylic on Korean Paper 65×45
해반 갤러리 소장 Collection of Gallery Hae-Ban

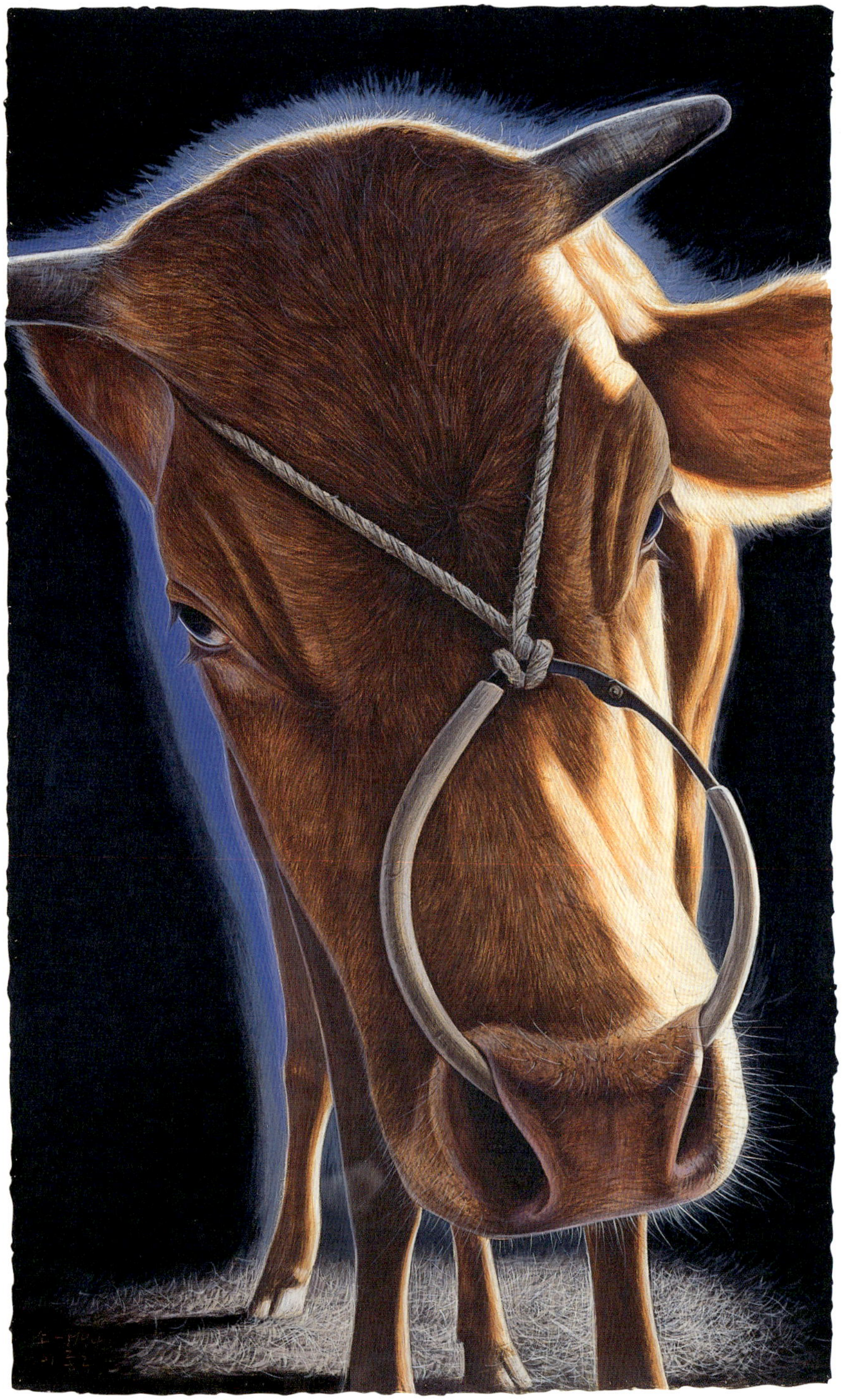

40 소-항거 Ox-Resistance
1994 한지에 아크릴릭 Acrylic on Korean Paper 100×60
작가 소장 Collection of the Artist

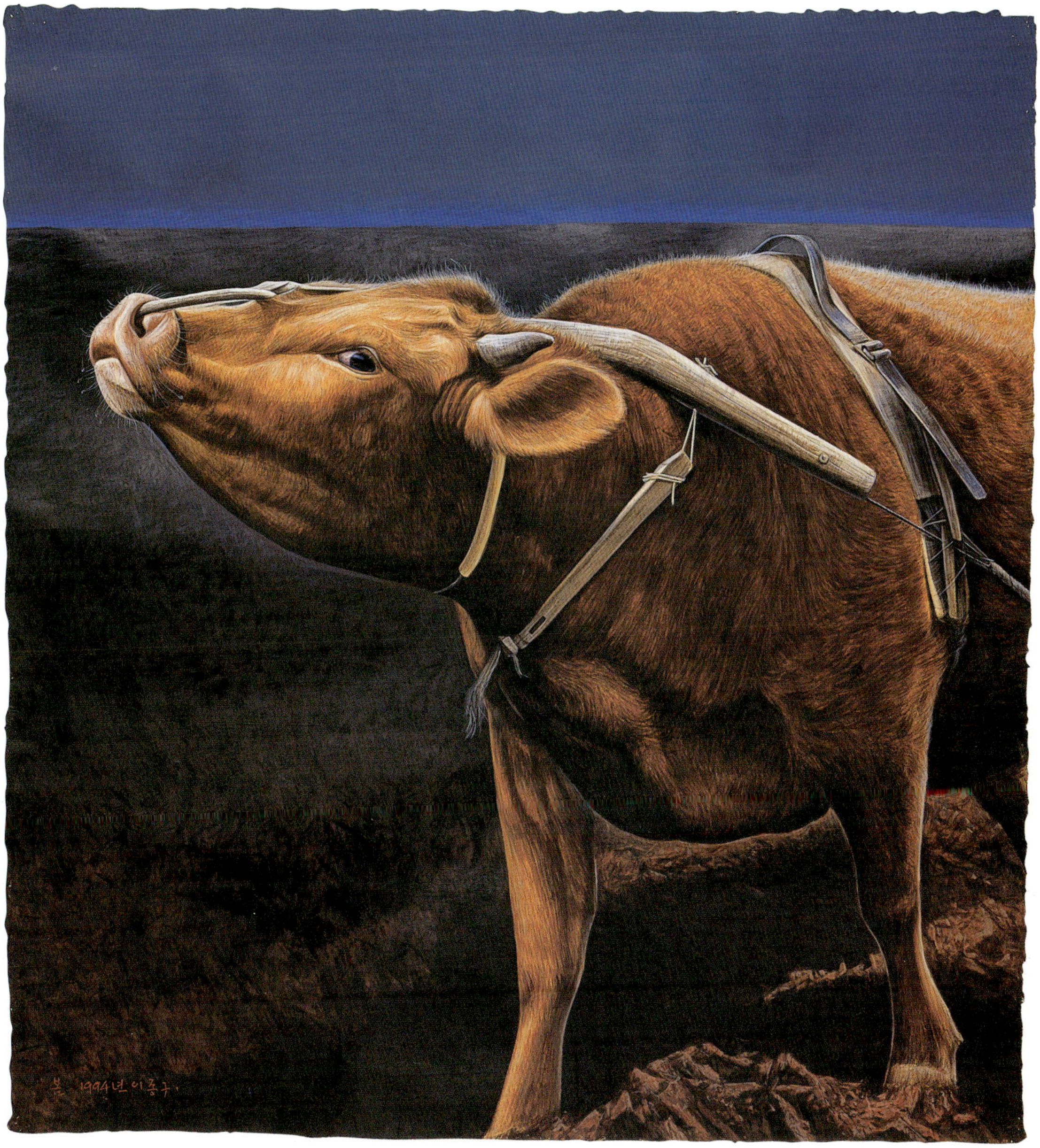

41 봄 Spring
1994 장지에 아크릴릭 Acrylic on Thick Korean Paper 124×112
작가 소장 Collection of the Artist

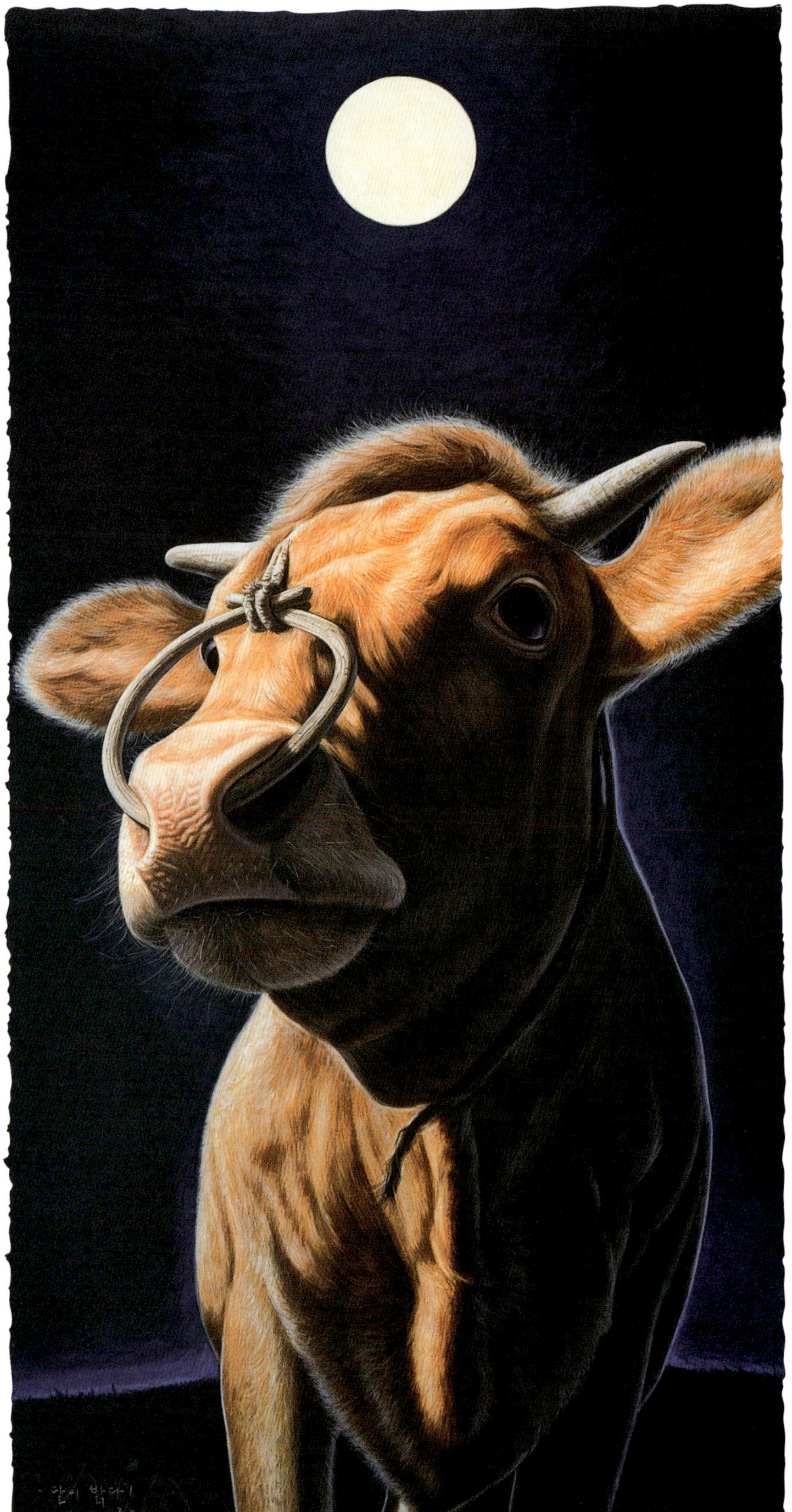
- 달이 밝다 -
1994년 이종구.

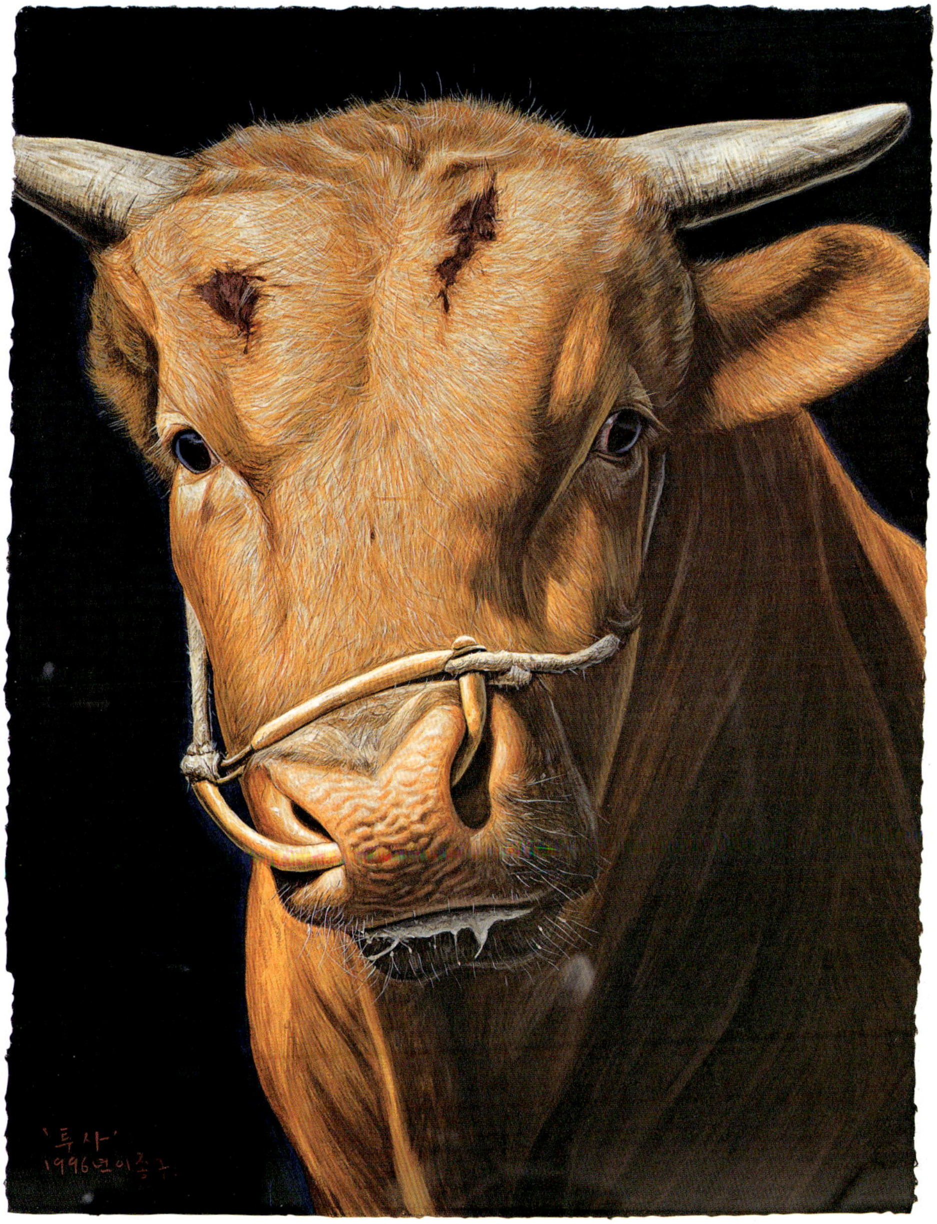

42 · 왼쪽 달이 밝다 A Bright Moon
1994 장지에 아크릴릭 Acrylic on Thick Korean Paper 160 × 60
서울시립미술관 소장 Collection of Seoul Museum of Art

43 · 오른쪽 투사 A Fighter
1996 한지에 아크릴릭 Acrylic on Korean Paper 85 × 64
해반 갤러리 소장 Collection of Gallery Hae-Ban

3

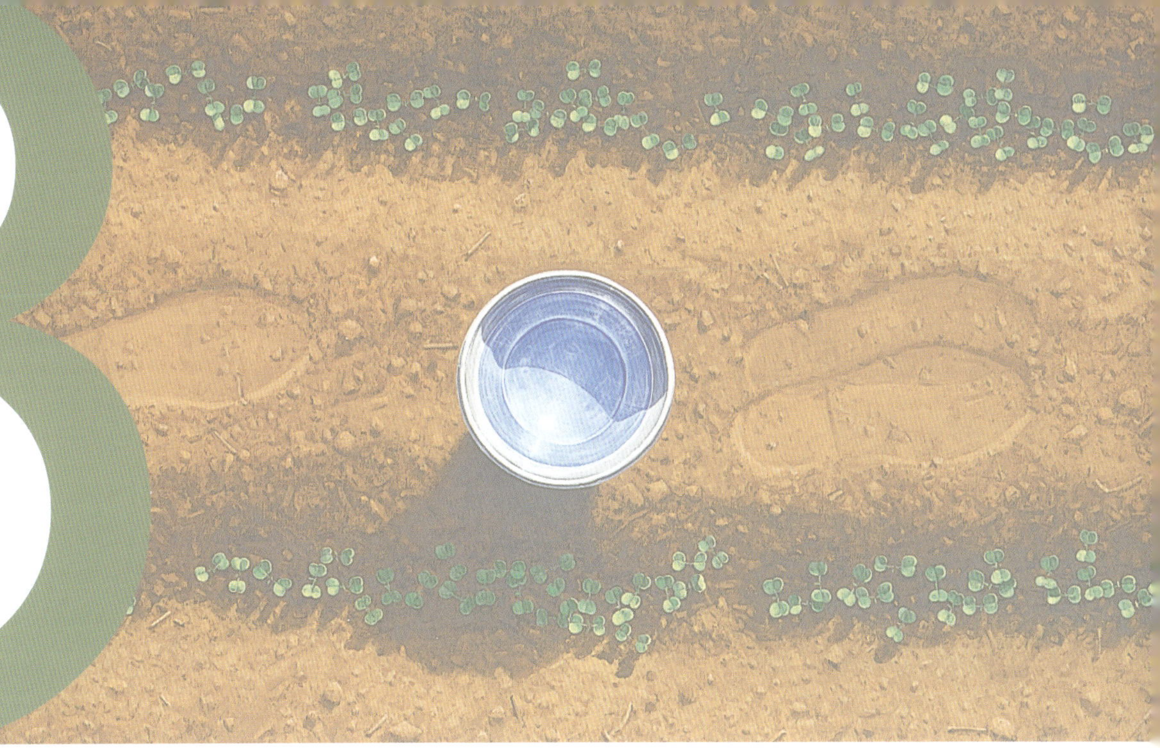

희망의 씨앗을 뿌리며
Planting the Seed of Hope

3기(1995~2000)

내가 농촌을 그리기 시작했던 10년 전의 그 때보다도 지금의 농촌은 한층 열악해졌고 급기야 쌀 시장 개방에까지 이르러 더욱 황폐화되고 있다. 궁극적으로 내 그림의 꿈이 농촌의 희망을 위한 것이었다고 한다면 현실은 오히려 그 반대로 되어 버렸다. 미술의 사회적 기능과 힘의 한계를 인정하면서도 내가 작업해 온 결과가 오직 문화적 가치로서밖에 존재할 수 없다는 사실에 새삼 무력감을 느낀다. 그러나 그나마 내가 아직까지 그려 왔고 또 앞으로도 그려 갈 세계란 오직 땅의 힘에 대한 믿음과 희망일 수밖에 없다(이종구 글, 「가나미술상 수상 소감」, 『가나아트』, 1994년 5·6월호, p.28).

Today' s rural villages are worse off than they were ten years ago when I began painting. They have deteriorated even more especially due to the opening of the rice-markets. Ultimately, if the aspiration of my art was done in the interest of hope for the rural villages, if anything, the opposite has occurred in reality. Even though I acknowledge that the social functions and strength of art are confined to certain extents, the fact that my labor has only produced cultural significance makes me realize my helplessness. Nonetheless, the reason behind why I painted till now and will continue to paint upon this subject is solely due to my hope and faith in the strength of the land(Lee Jong-gu, "Artist's Comment", *Gana Art*, Seoul, 1994 [May · June], p.28).

밥상
The Dining Table

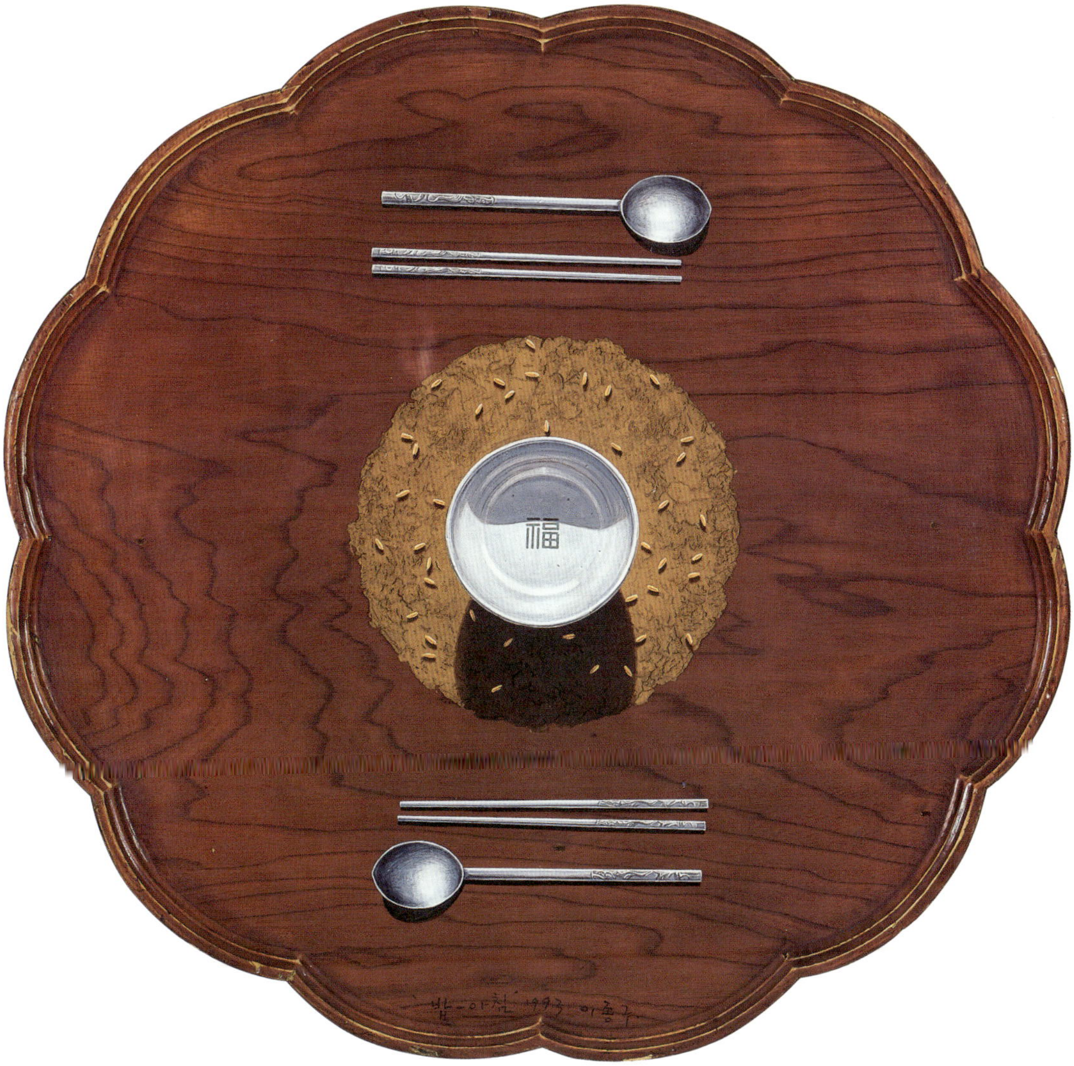

44 밥-아침 Meal-Morning
1993 밥상에 아크릴릭 Acrylic on Dining Table 지름 diameter 68.5
개인 소장 Private Collection

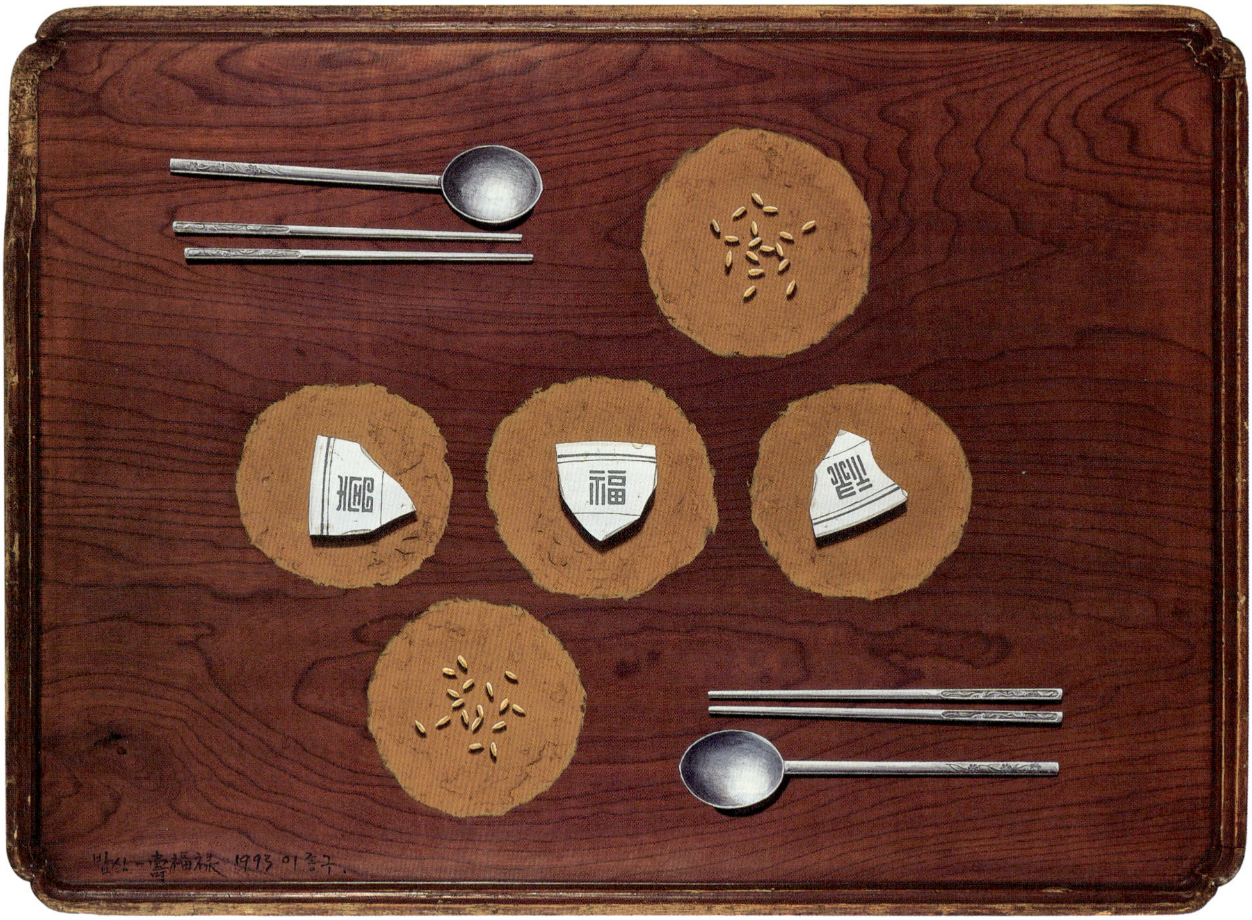

45 밥상-壽,福,祿 Dining Table-Life, Happiness, Fortune
1993 밥상에 아크릴릭, 흙 Acrylic, Earth on Dining Table 51.5×71
개인 소장 Private Collection

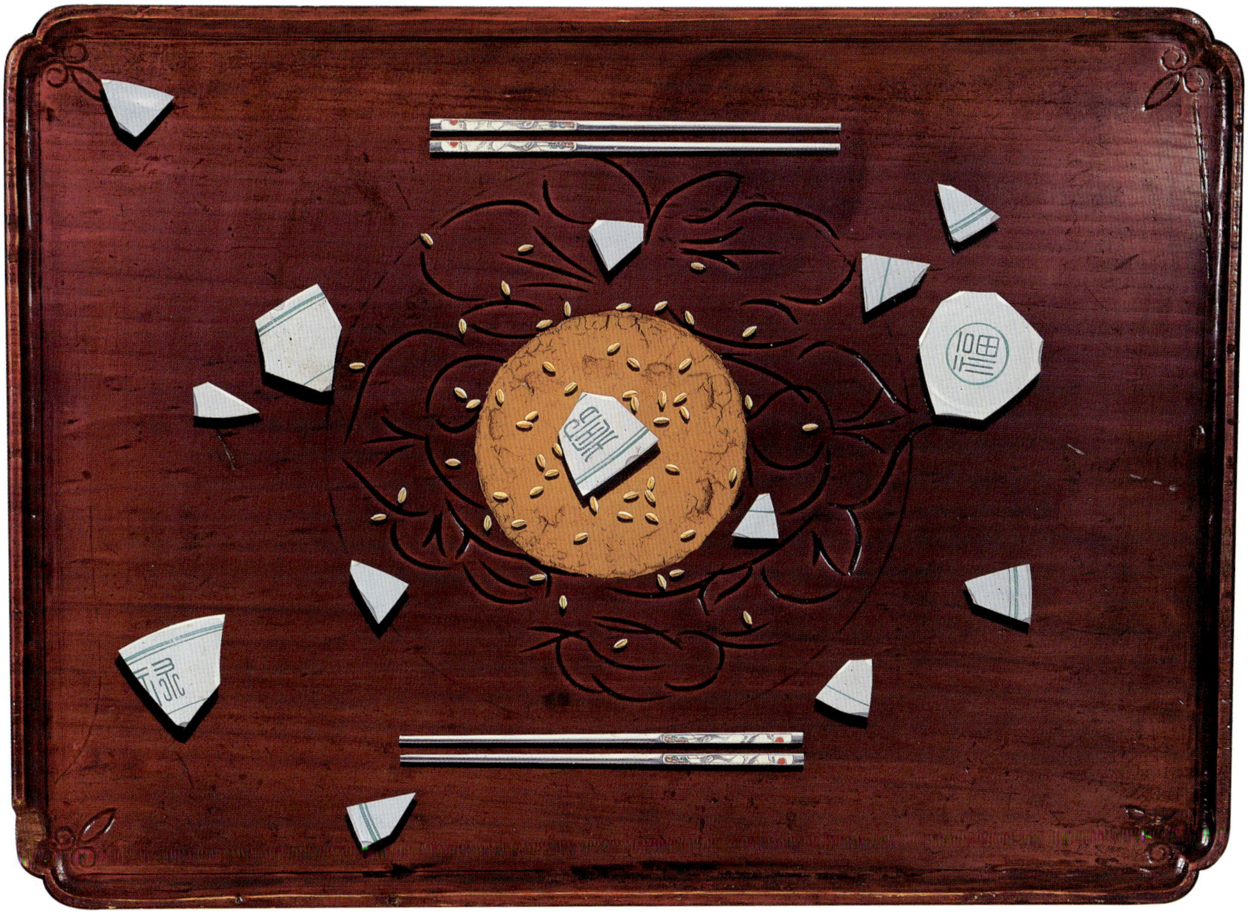

46 밥상 A Dining Table
1994 밥상에 아크릴릭 Acrylic on Dining Table 30×44×60
작가 소장 Collection of the Artist

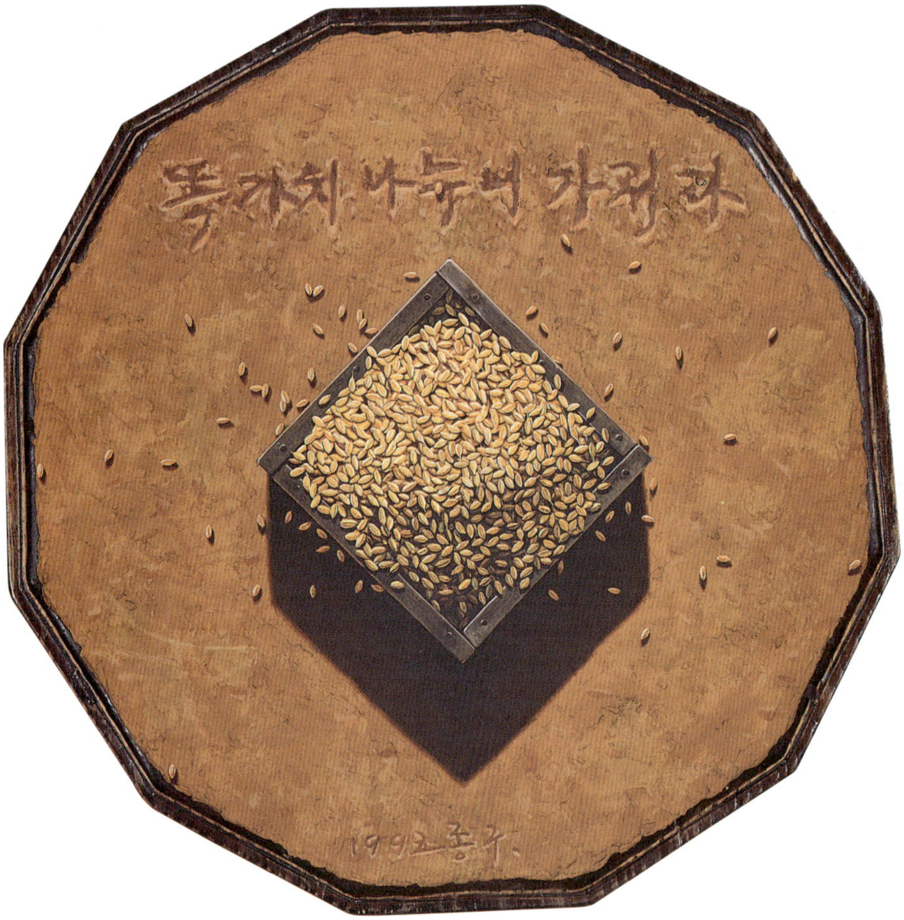

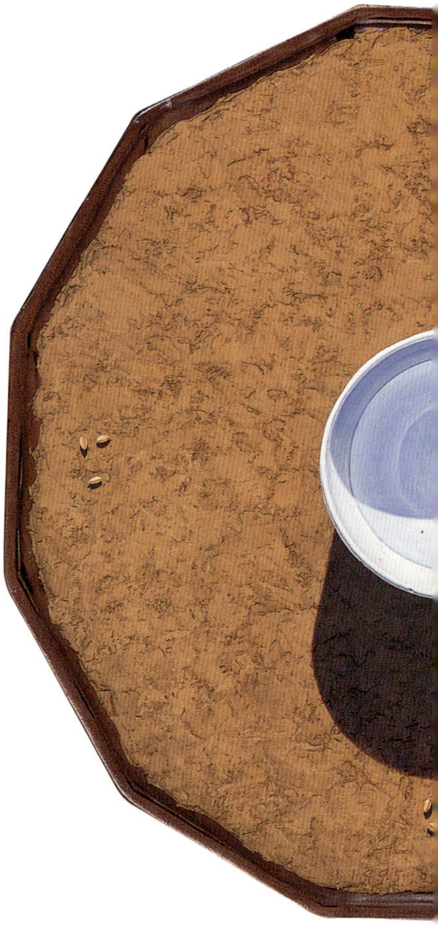

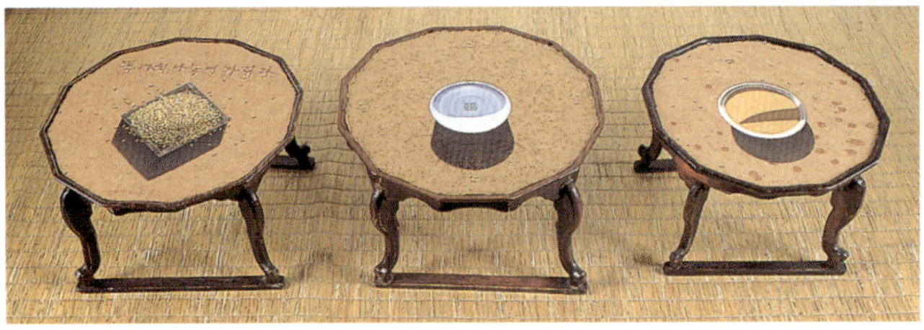

47 소반(유언, 정안수, 정안수－낫) A Small Dining Table(A Will, Water for Praying, Water for Praying-Sickle)
1995 소반에 아크릴릭, 흙 Acrylic, Earth on Small Dining Table 지름 diameter 45, 46, 41
작가 소장 Collection of the Artist

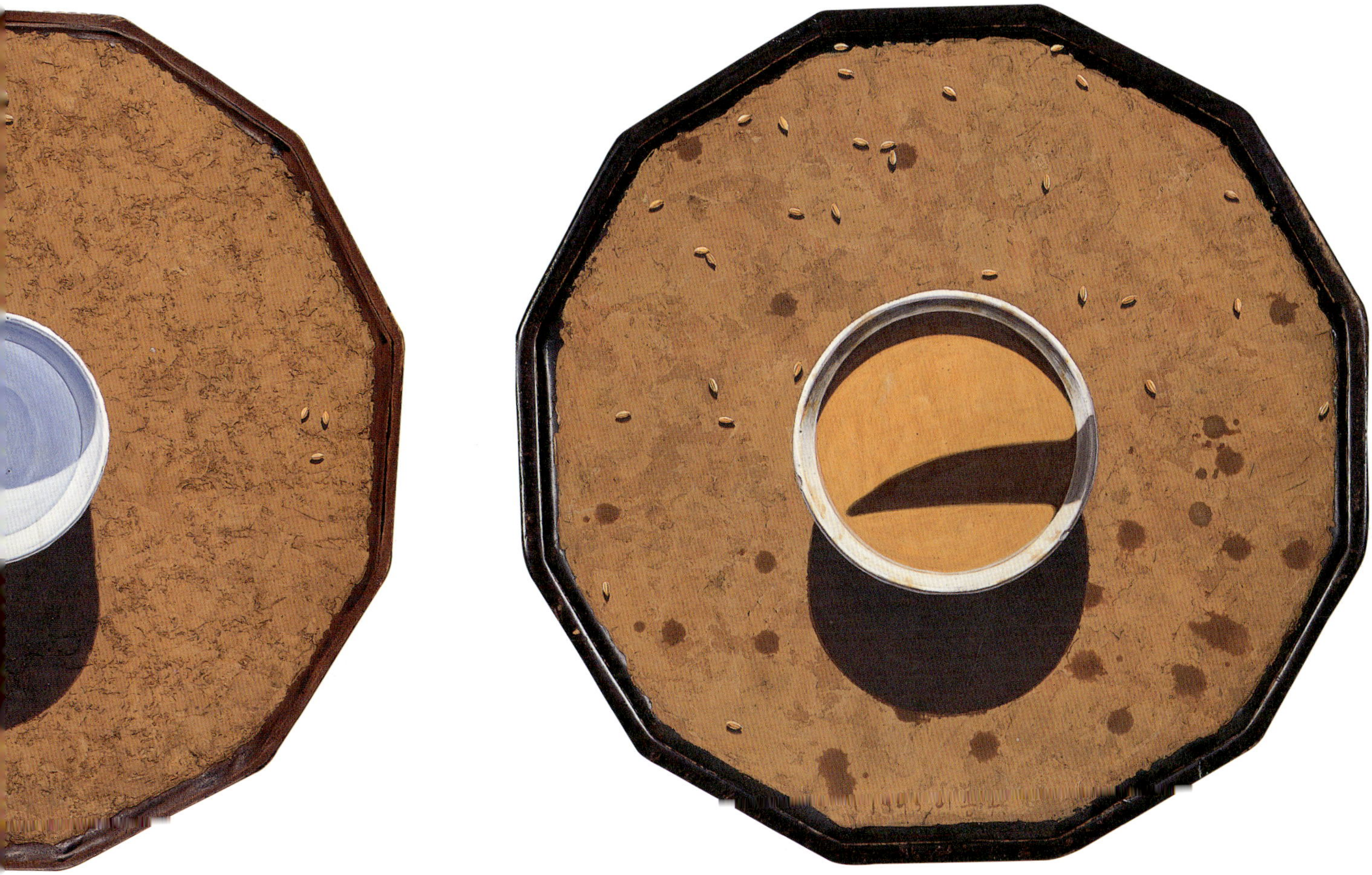

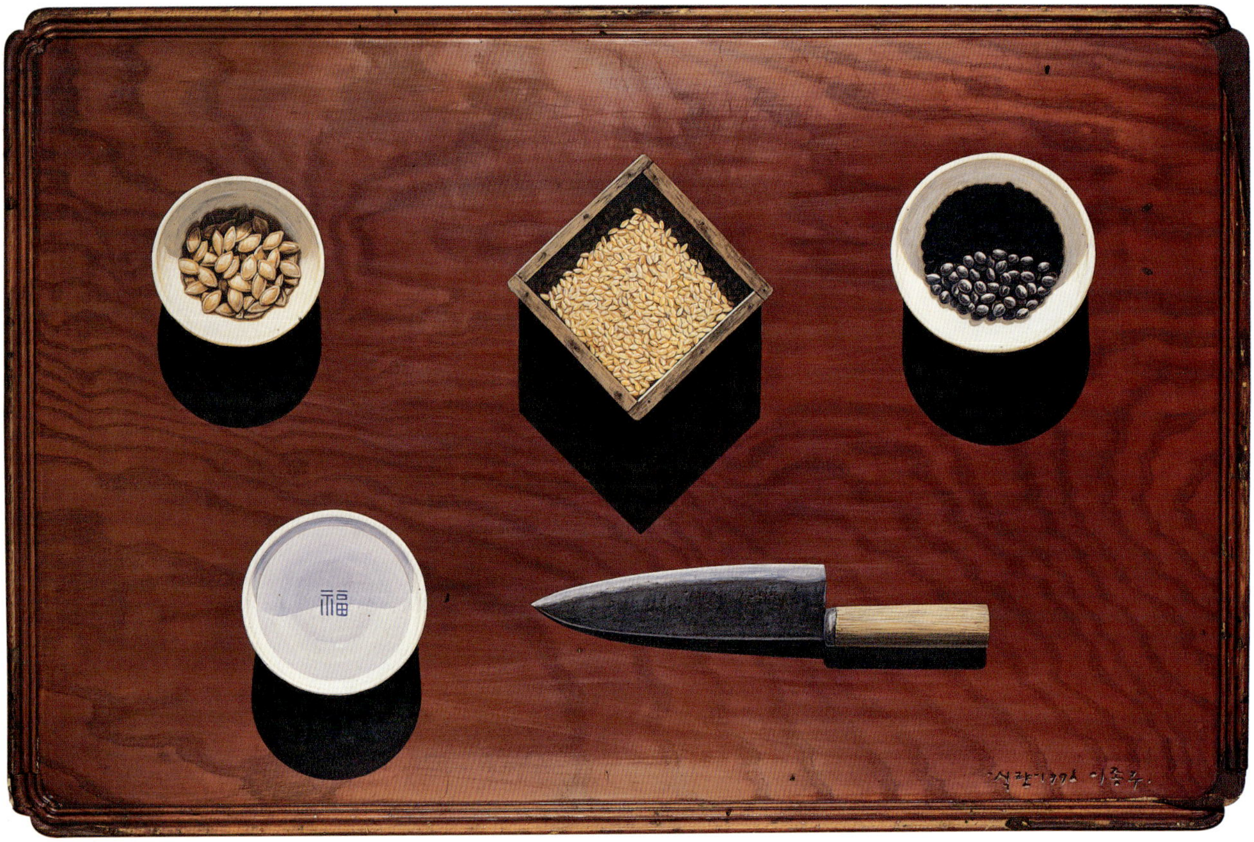

48 식량 Food
1996 밥상에 아크릴릭 Acrylic on Dining Table 61 × 91
작가 소장 Collection of the Artist

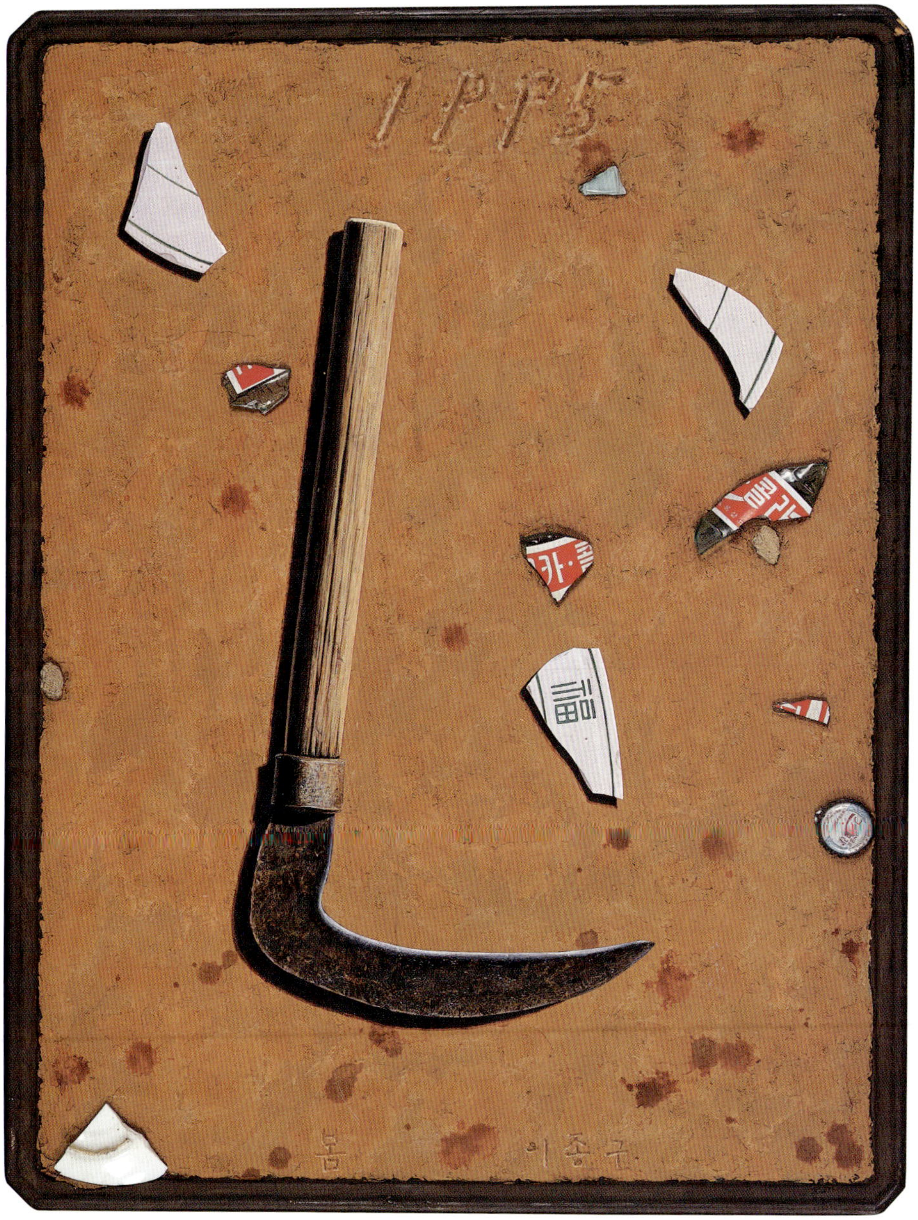

49 봄−1995 Spring-1995
1995 밥상에 아크릴릭, 흙, 깨진 병 Acrylic, Earth, Broken Bottle on Dining Table 60×46
작가 소장 Collection of the Artist

땅
Land

50 아버지의 한세상 A World of My Father
1995 장지에 아크릴릭 Acrylic on Thick Korean Paper 278×201
작가 소장 Collection of the Artist

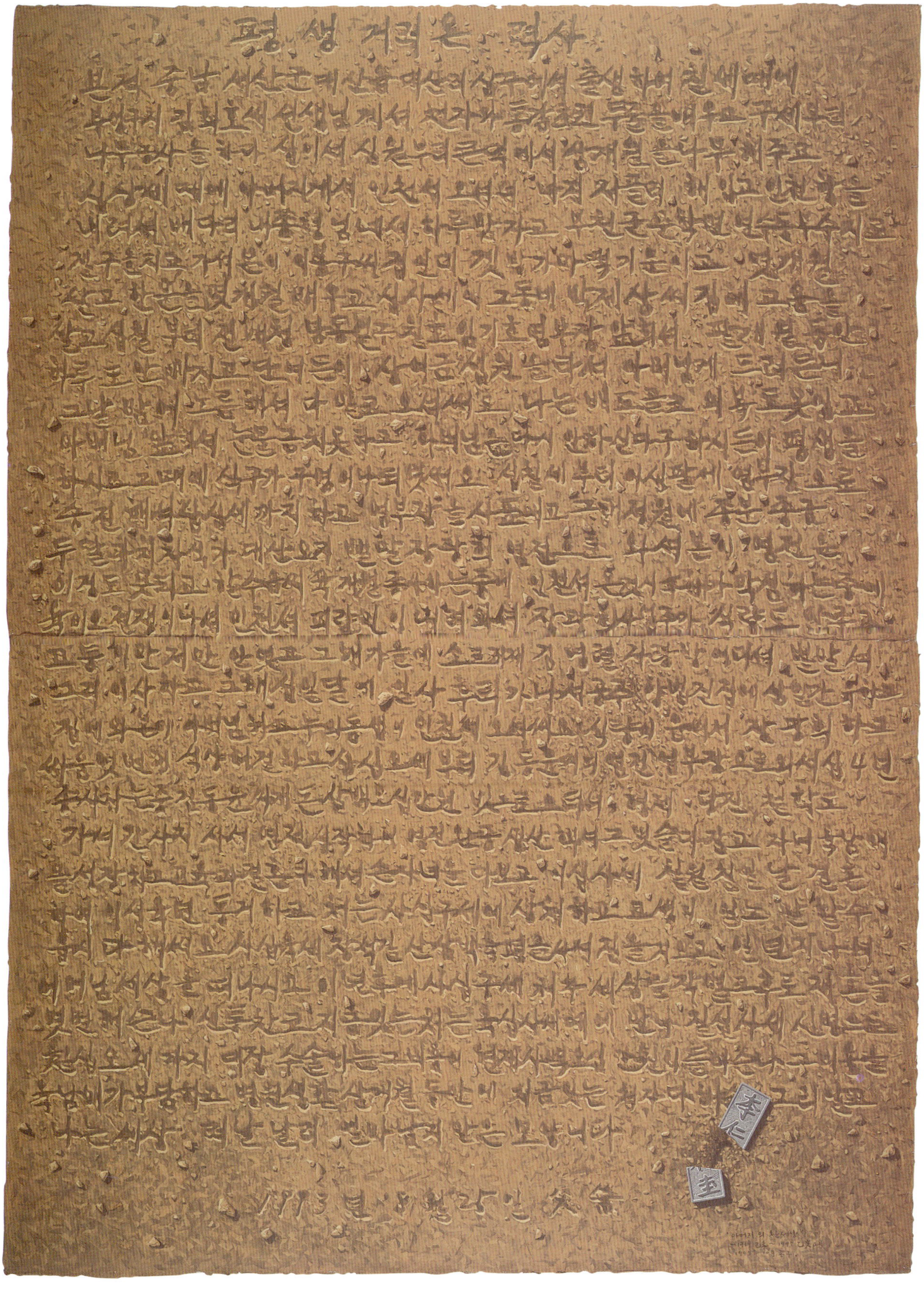

평생 거러온 력사
1993 년 8 월 25 일 父 씀

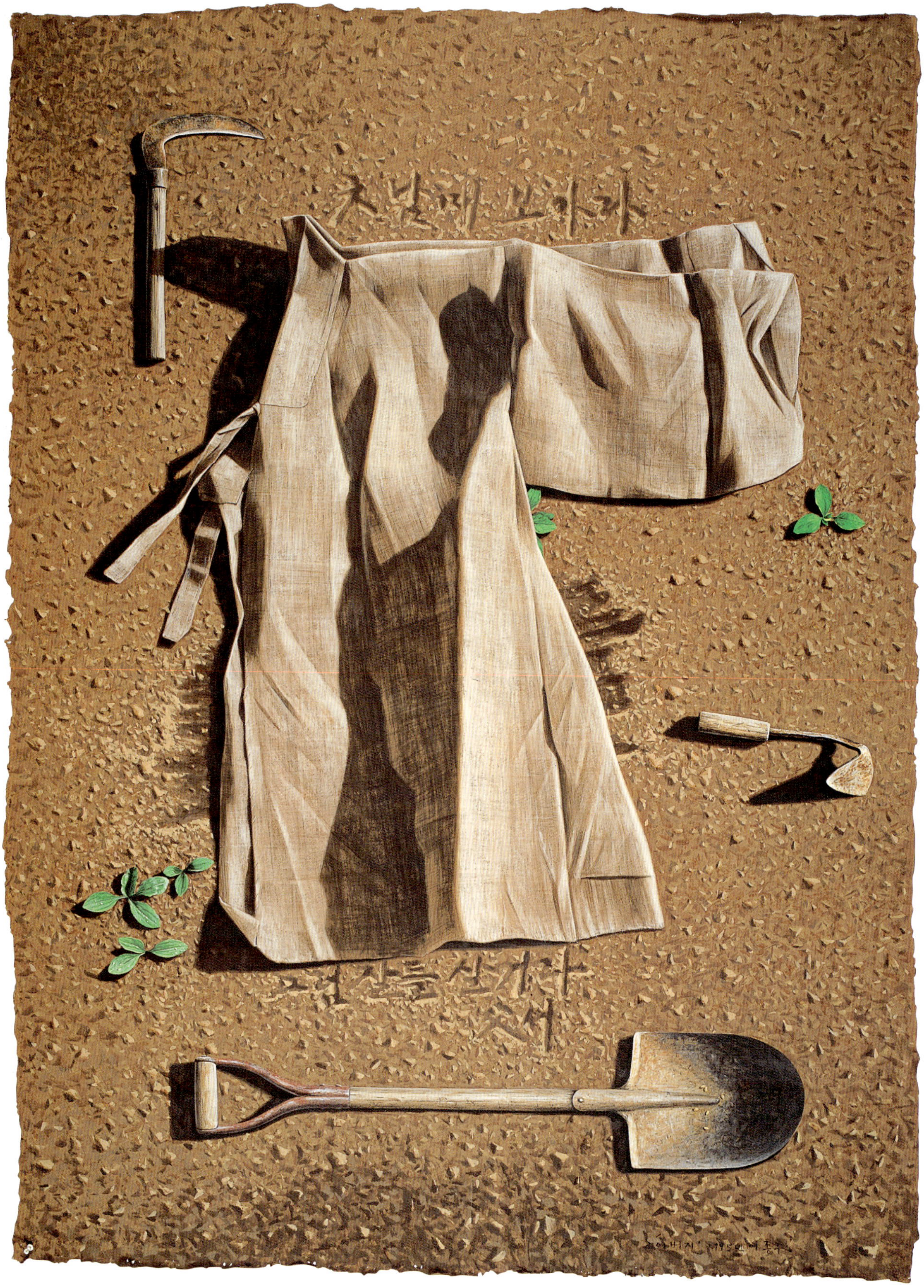

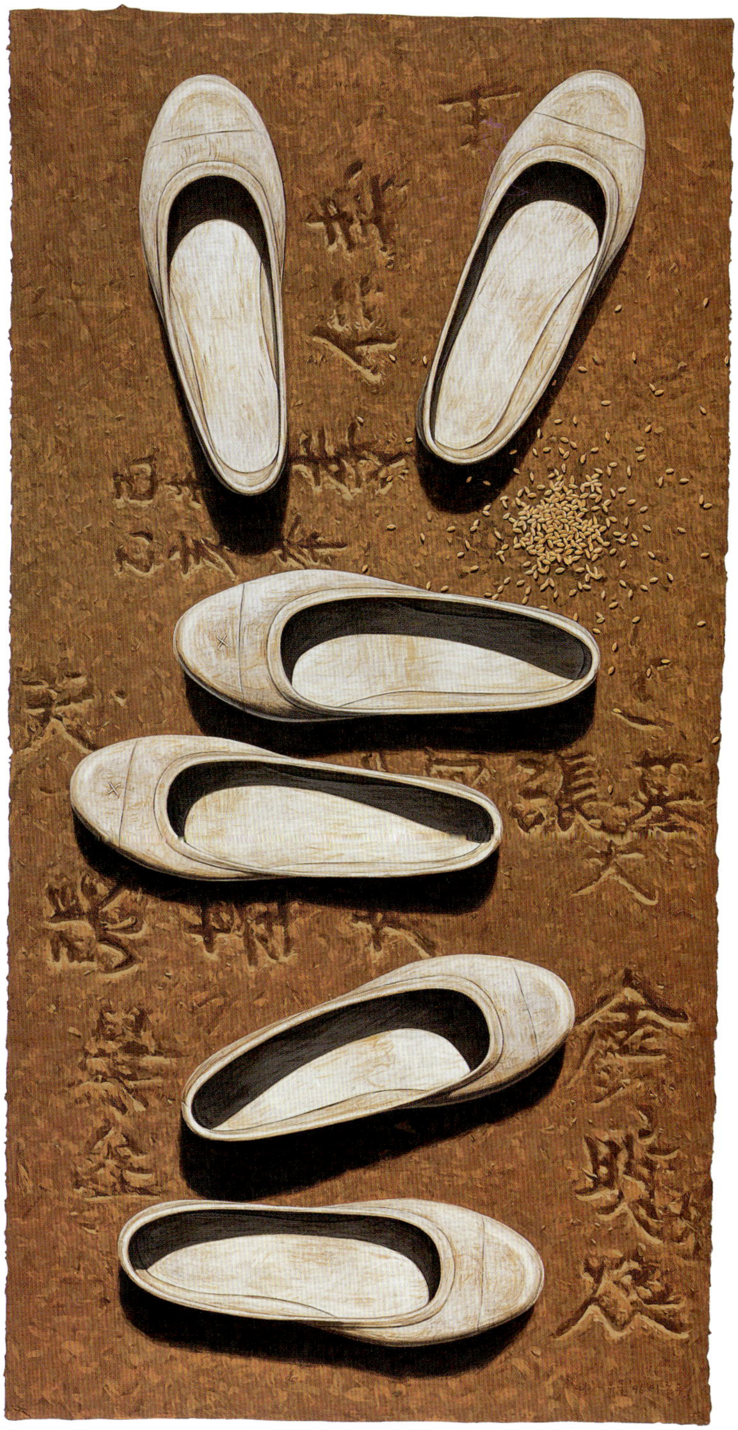

51 · 왼쪽 유산–아버지 Inheritance-Father
1995 장지에 아크릴릭 Acrylic on Thick Korean Paper 200 × 145
개인 소장 Private Collection

52 · 오른쪽 땅–유물 Land-Inheritance
1996 장지에 아크릴릭 Acrylic on Thick Korean Paper 190 × 97
작가 소장 Collection of the Artist

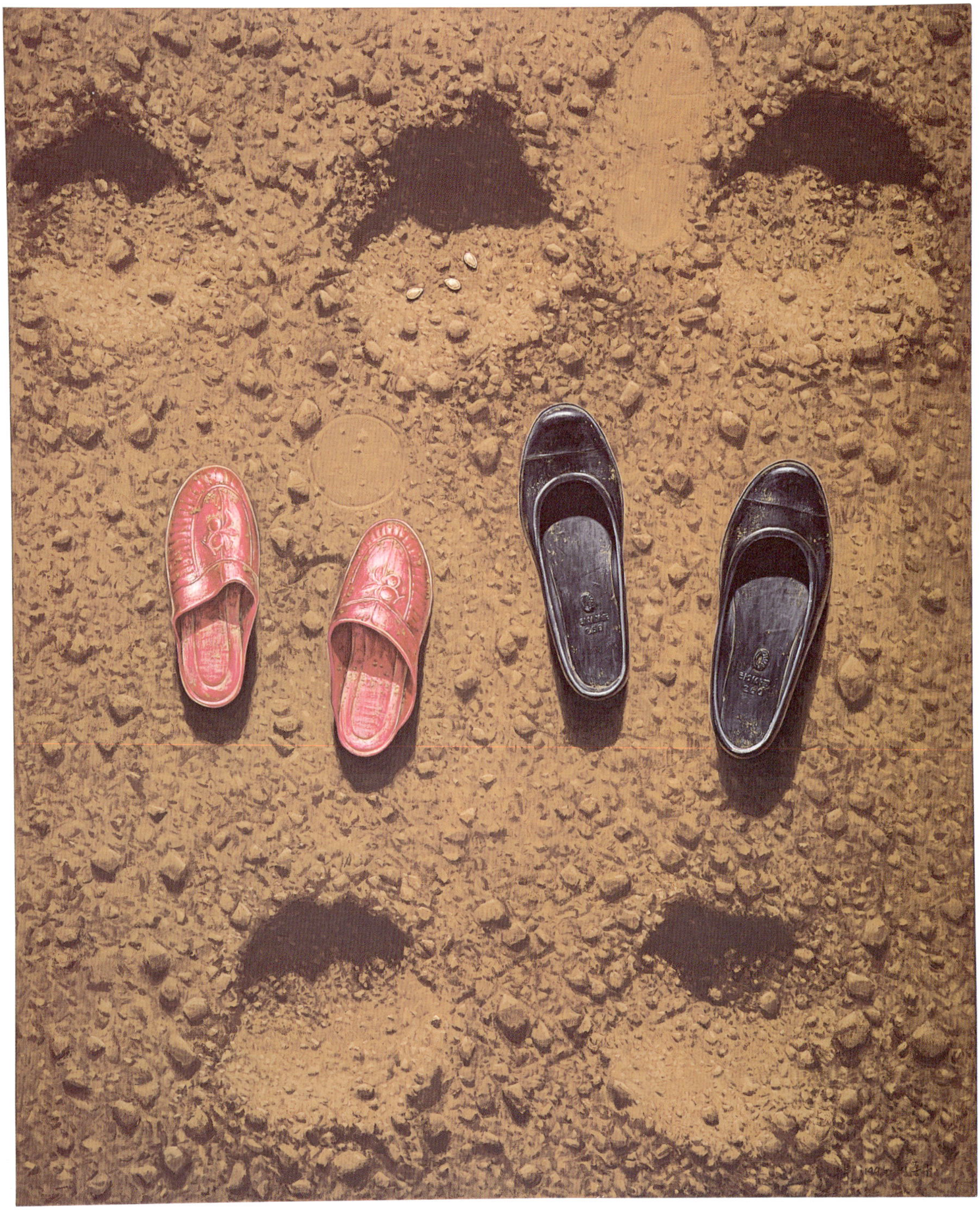

53 부부 Husband and Wife
1996 캔버스에 아크릴릭 Acrylic on Canvas 162×131
서울시립미술관 소장 Collection of Seoul Museum of Art

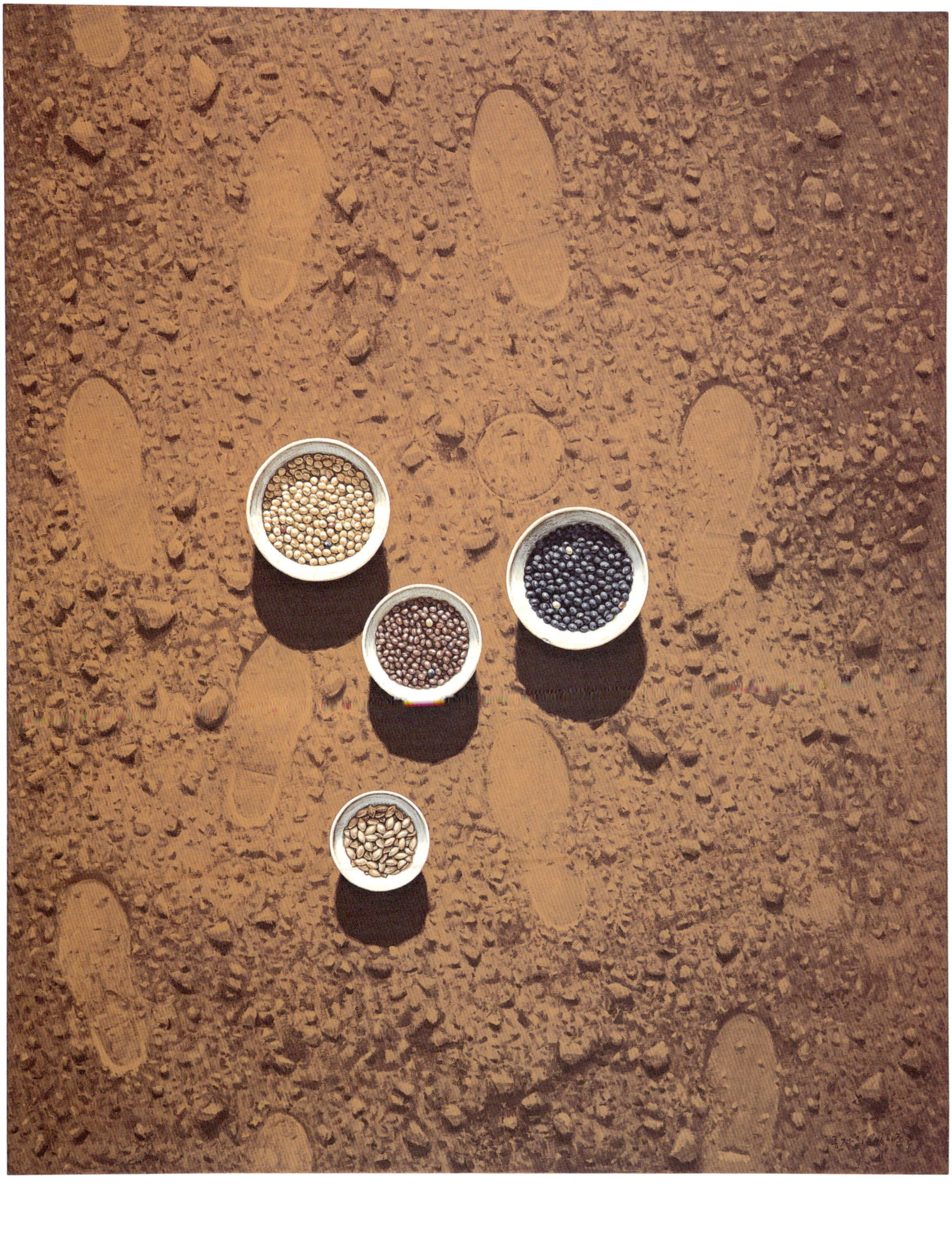

54 종자 Seeds
1996 캔버스에 아크릴릭 Acrylic on Canvas 162×131
서울시립미술관 소장 Collection of Seoul Museum of Art

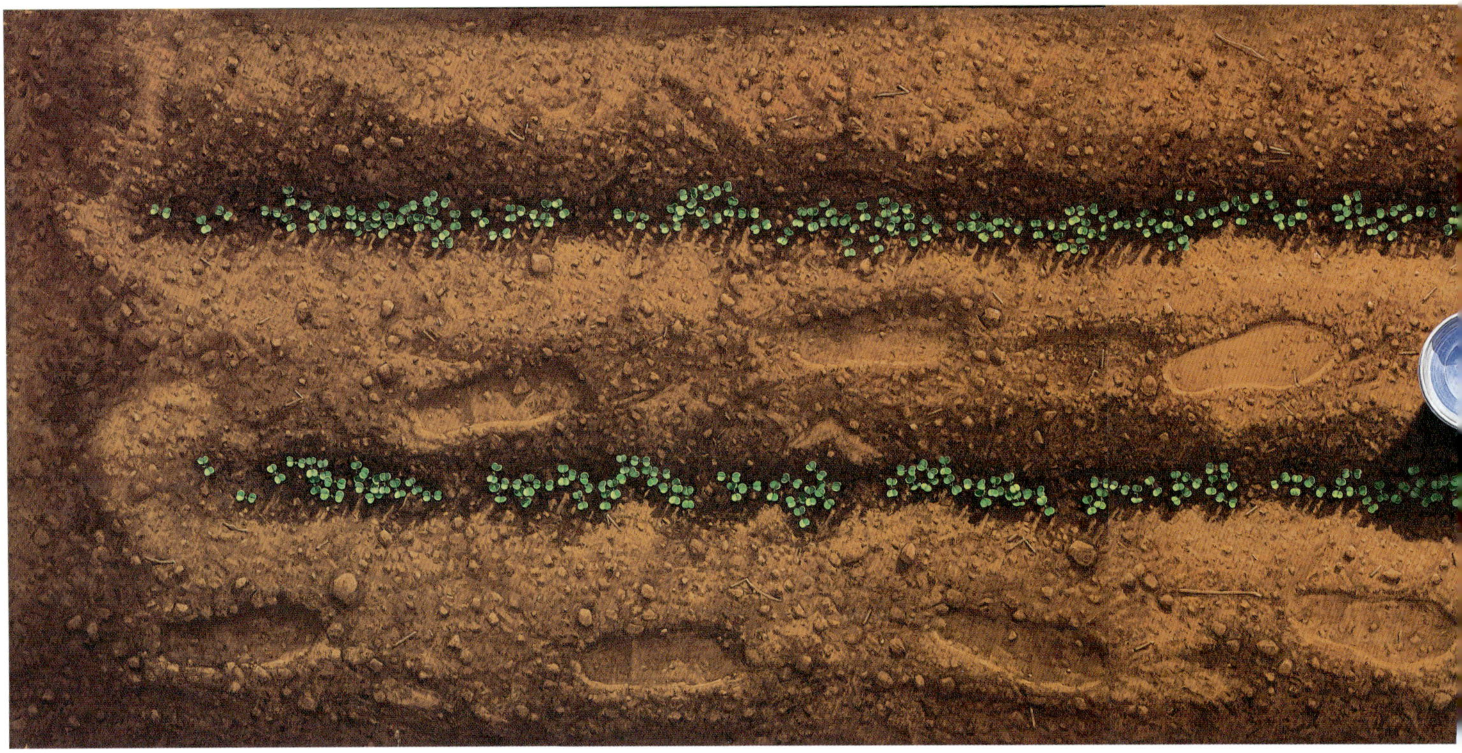

55 대지-봄 The Earth-Spring
1998 캔버스에 아크릴릭 Acrylic on Canvas 130×518
작가 소장 Collection of the Artist

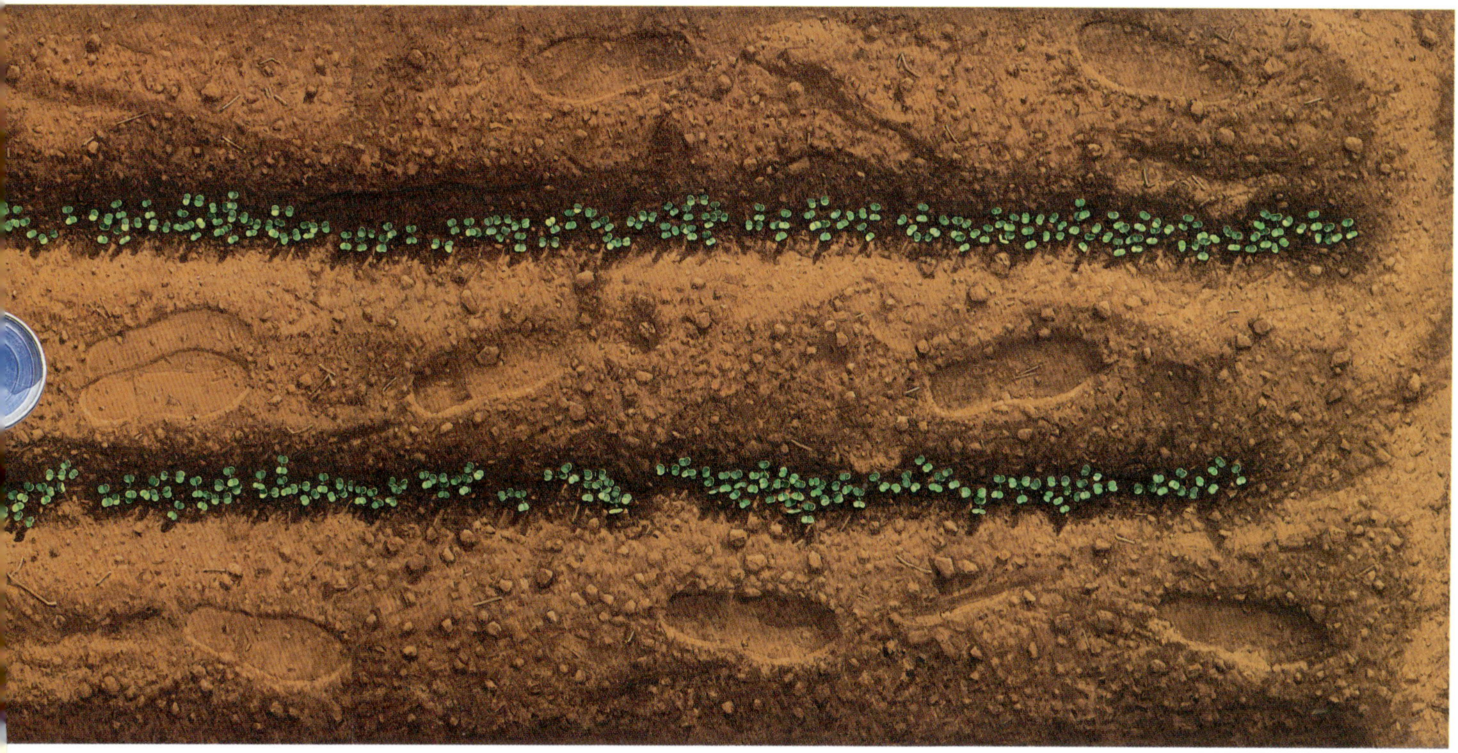

대지
The Earth

56 땅-노인 Land-An Old Man
1997 한지에 먹, 아크릴릭 Ink, Acrylic on Korean Paper 205×150
대전시립미술관 소장 Collection of Daejeon Municipal Museum of Art

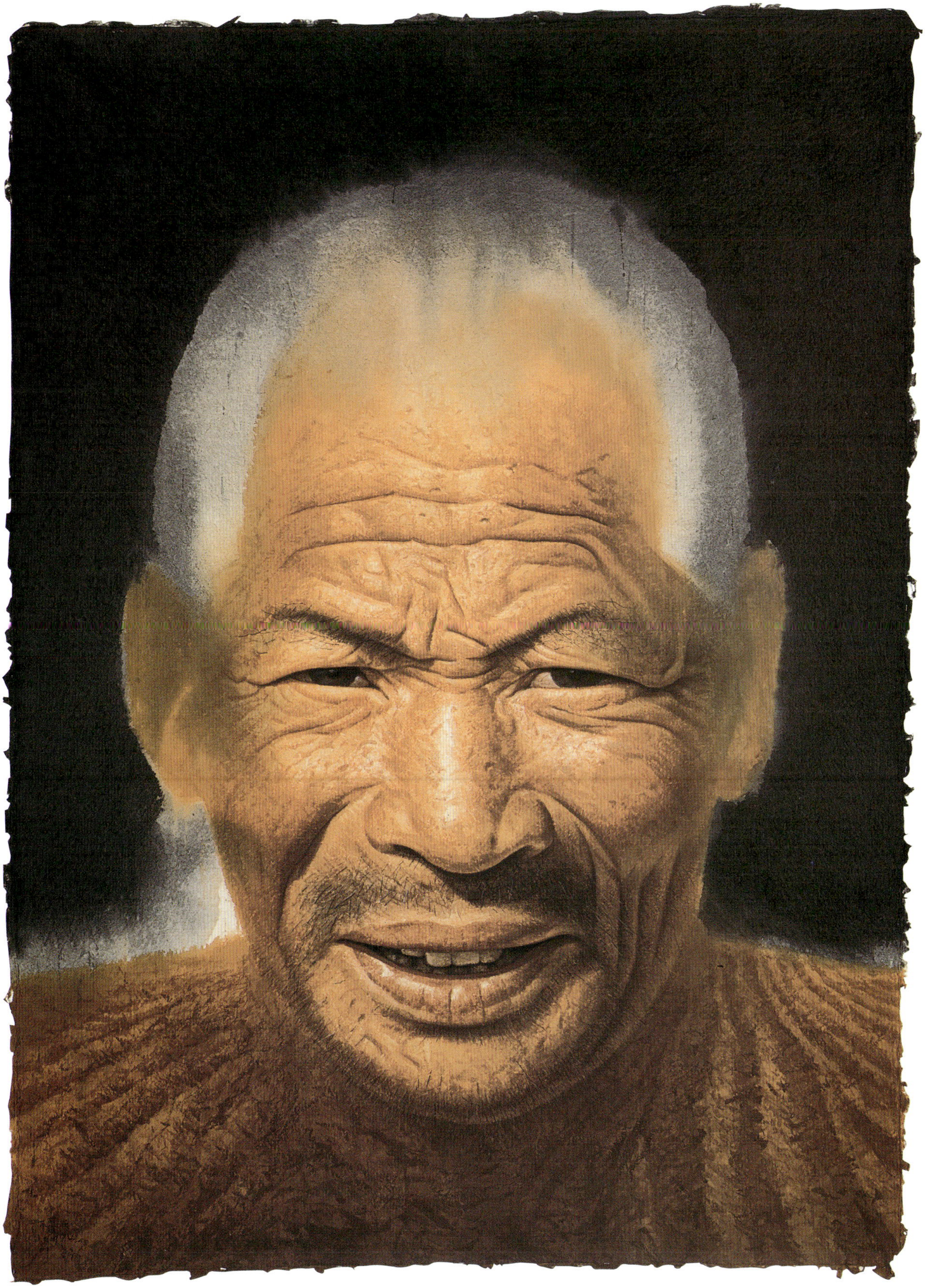

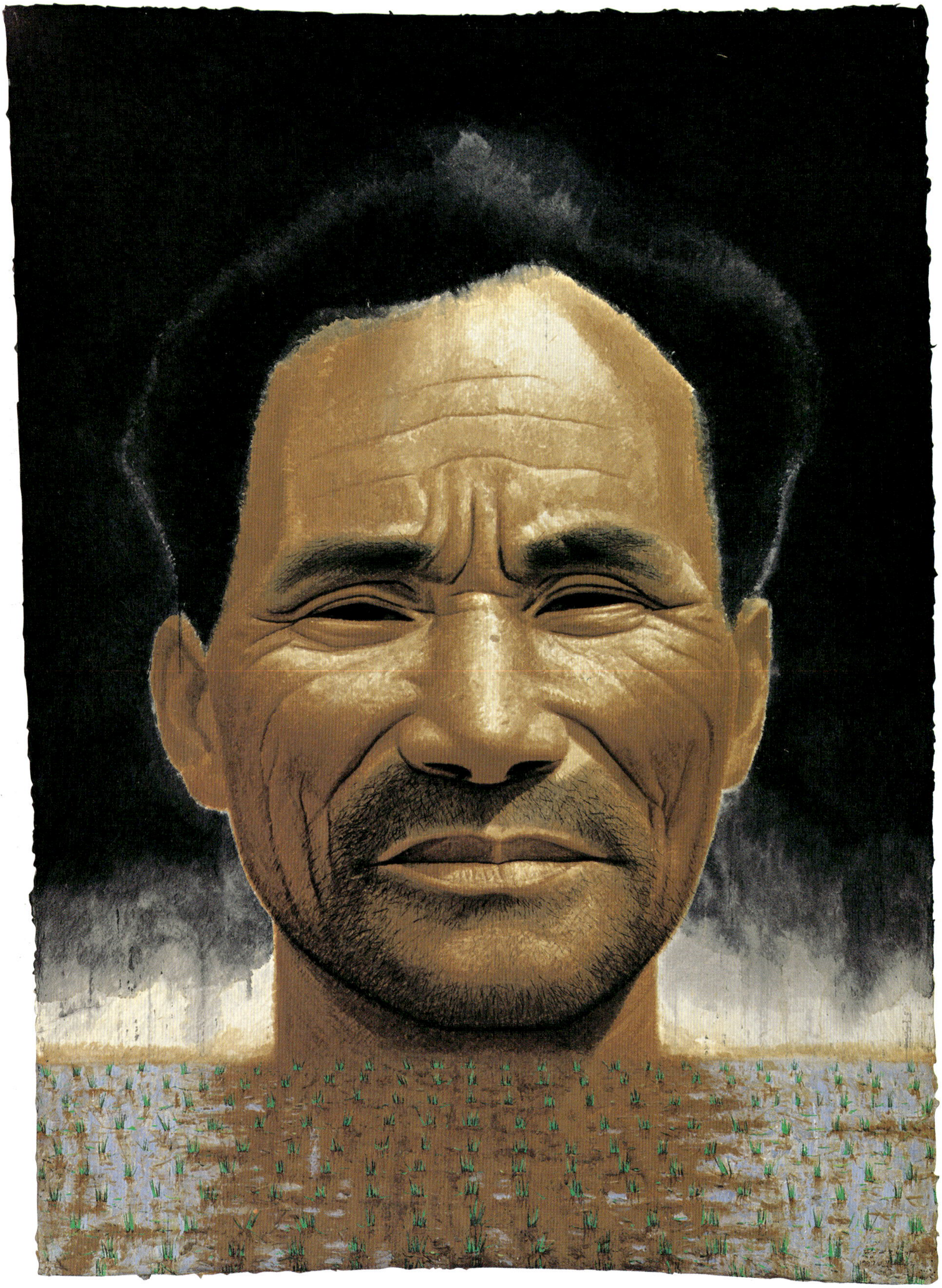

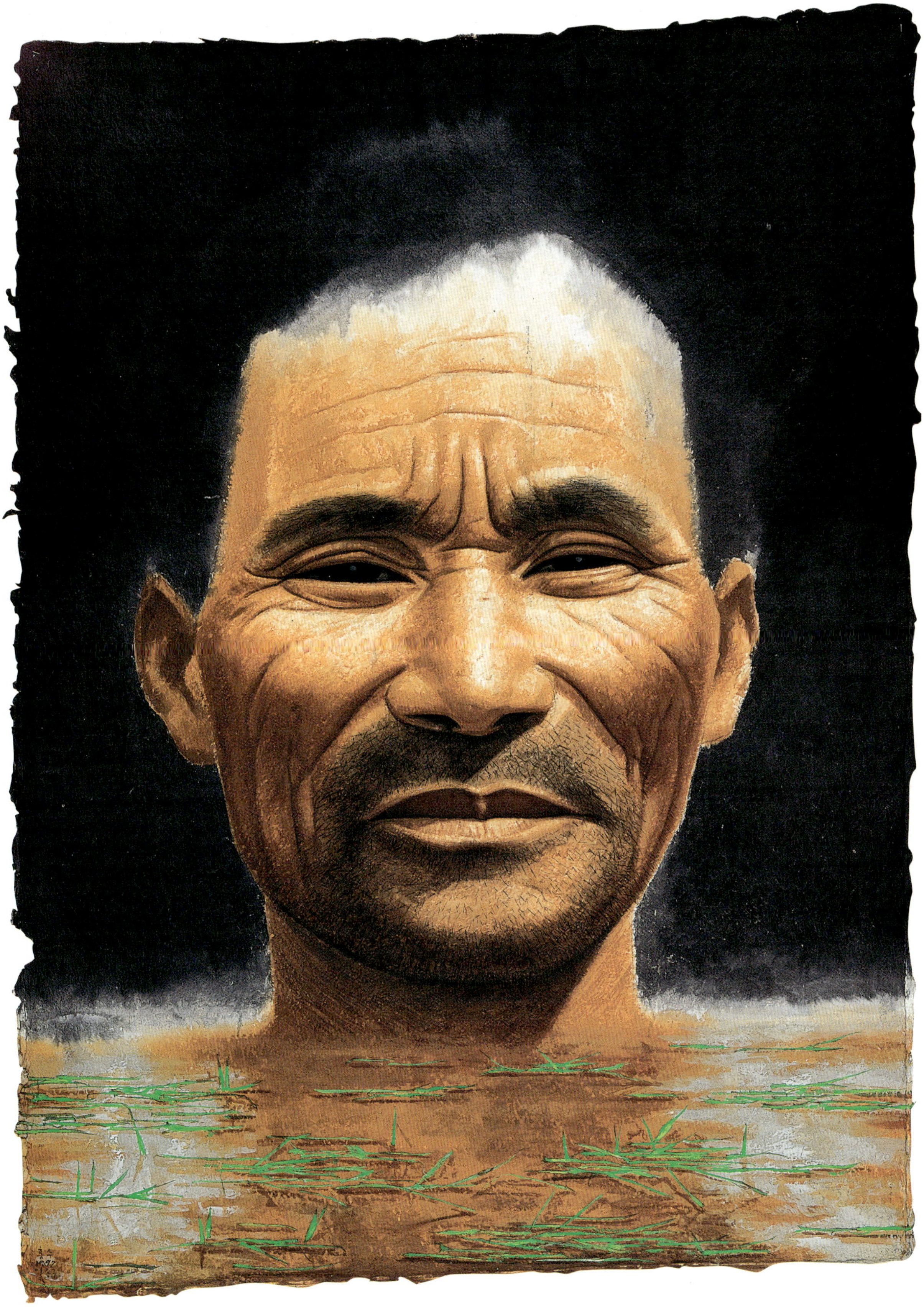

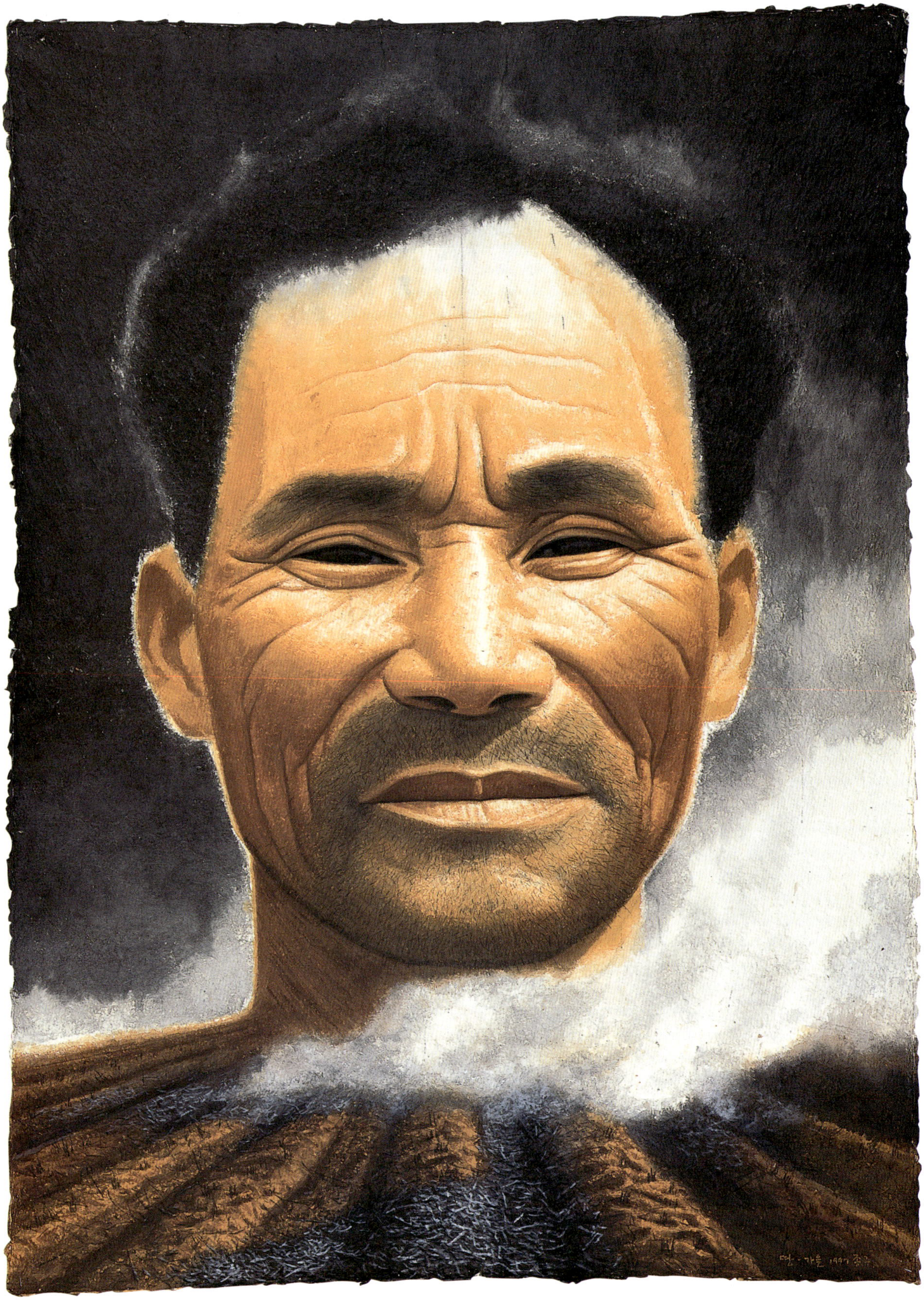

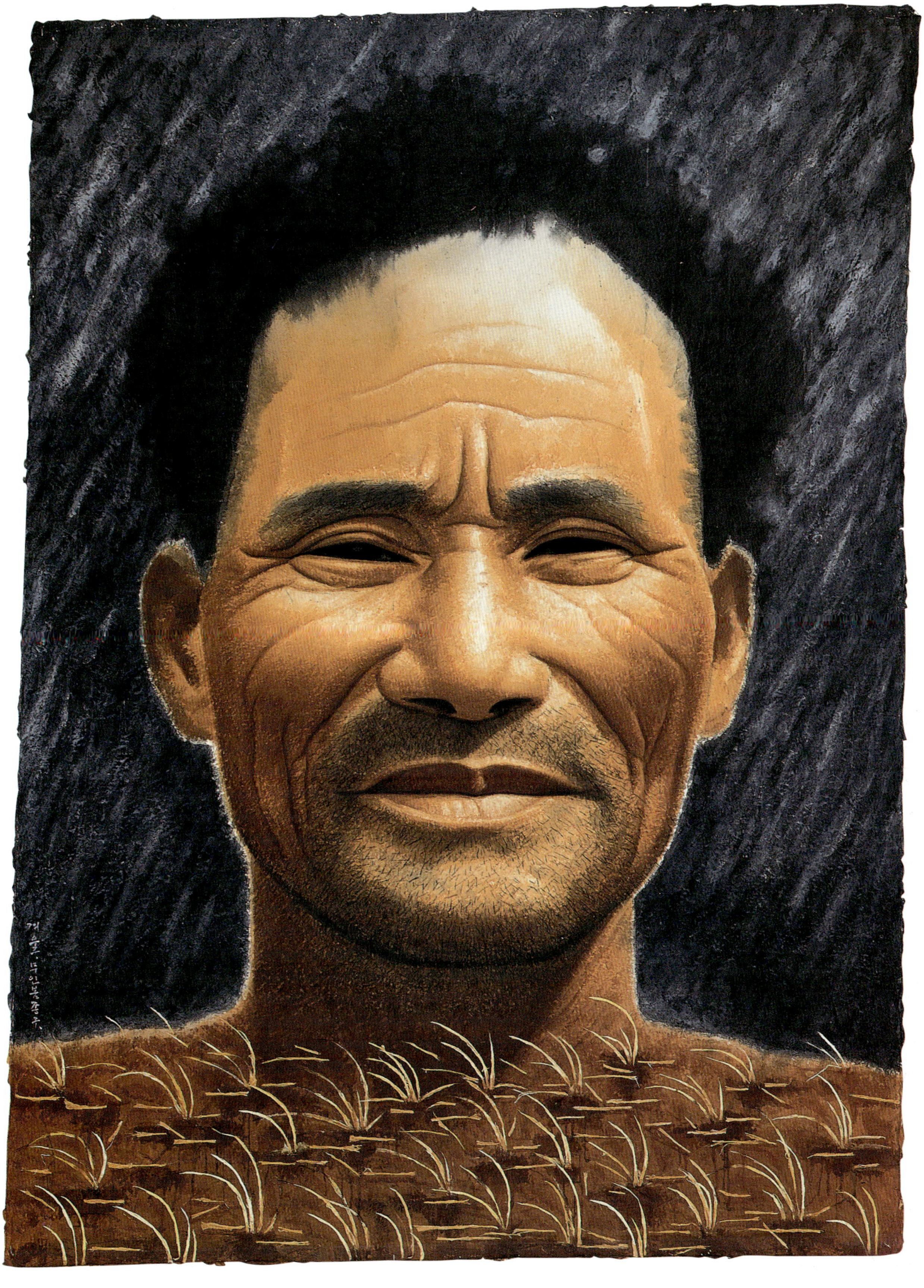
겨울. 무인봉준구

57 · 100쪽 대지–모내기 The Earth-Rice Planting
1997 한지에 먹, 아크릴릭 Ink, Acrylic on Korean Paper 210 × 150
작가 소장 Collection of the Artist

58 · 101쪽 대지–여름 The Earth-Summer
1997 한지에 먹, 아크릴릭 Ink, Acrylic on Korean Paper 207 × 150
작가 소장 Collection of the Artist

59 · 102쪽 대지–가을 The Earth-Fall
1997 한지에 먹, 아크릴릭 Ink, Acrylic on Korean Paper 207 × 150
작가 소장 Collection of the Artist

60 · 103쪽 대지–겨울 The Earth-Winter
1998 한지에 먹, 아크릴릭 Ink, Acrylic on Korean Paper 207 × 150
작가 소장 Collection of the Artist

61 대지–상처 The Earth-Scar
1998 한지에 먹, 아크릴릭 Ink, Acrylic on Korean Paper 210 × 150
작가 소장 Collection of the Artist

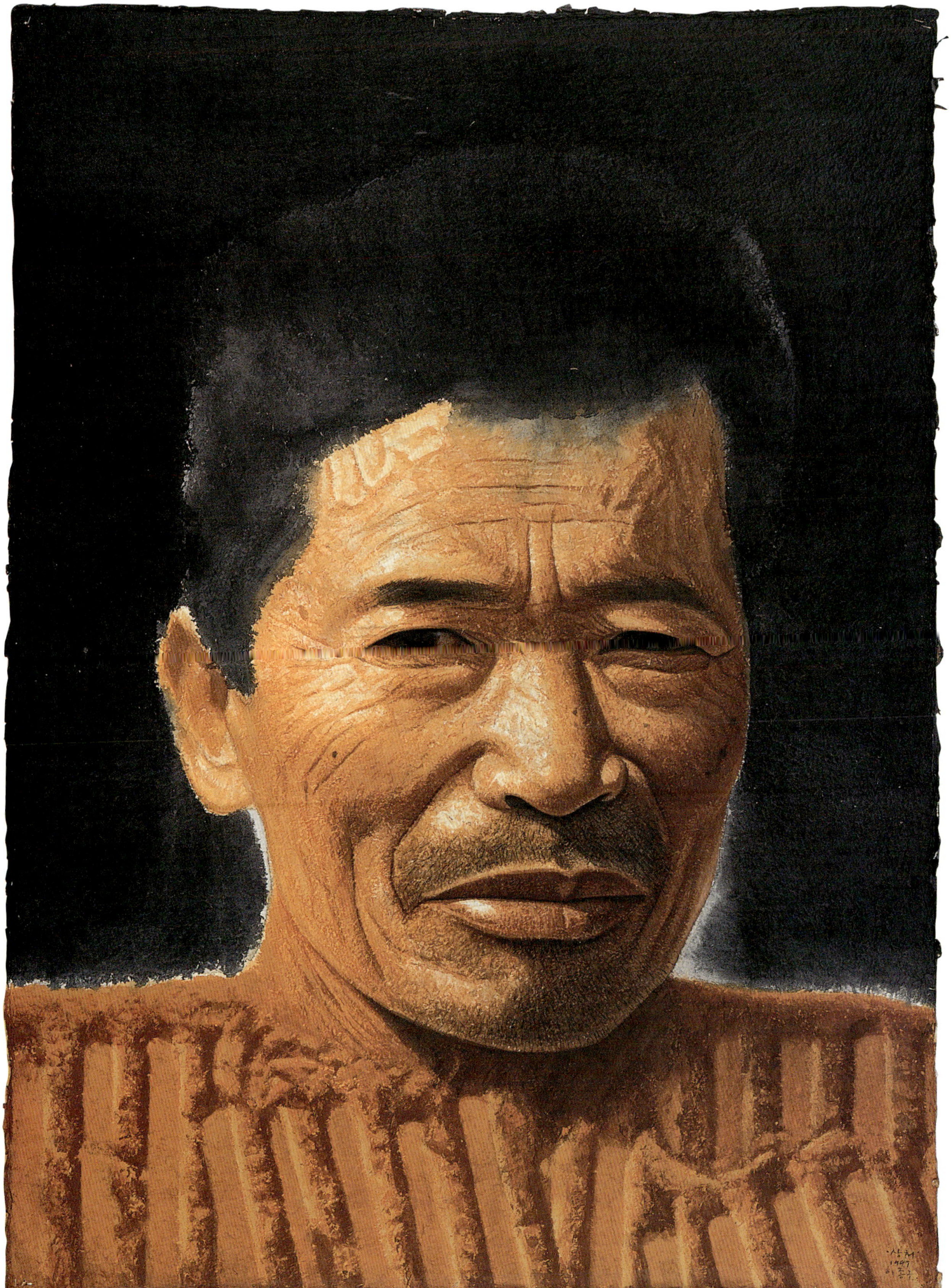
1997

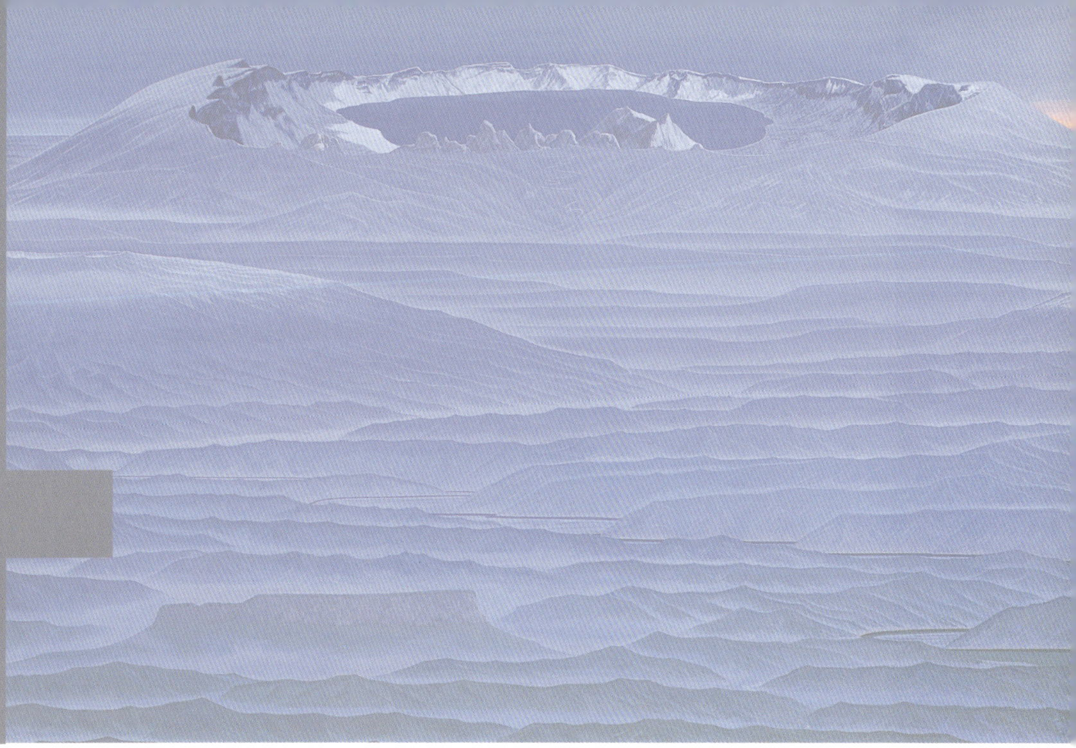

4

우리 땅, 우리 겨레
Our Land, Our People

4기(2001~2005)

최근 작업의 주제를 국토로 확대해 나가고 있다. 그 동안 농촌이라는 제한되고 고정된 범주를 통해 민족의 가난한 삶과 사회의 모순을 담아 왔다면, 국토는 우리 민족의 전체적이며 거시적인 세계로 그 범위를 확대한 것이다. 따라서 국토는 오지리 사람들이 살고 있는 좁은 농토뿐 아니라 이들이 모여 만들어 내는 한반도의 땅과 우리 민족의 역사를 모두 일컫는다(이종구 글, 『땅의 정신, 땅의 얼굴』, 한길아트, 서울, 2004, p.126).

Currently, the subject of my work has expanded to other parts of our country' s territories. If up until now, through the fixed limits of rural villages, the conflicts between the poverty-stricken life of our country and society have been played out, national territory has extended those limits to our country as a whole and to a macroscopic level. Consequently, national territory pays tribute to not only the small space of land that the Oji-ri people live upon, but also to the entire peninsula as well as to the history that was created as our people gathered together(Lee Jong-gu, *The Spirit of Land, the Face of Land*, Hangil Art, Seoul, 2004, p.126).

백두대간
Baekdu Mountains

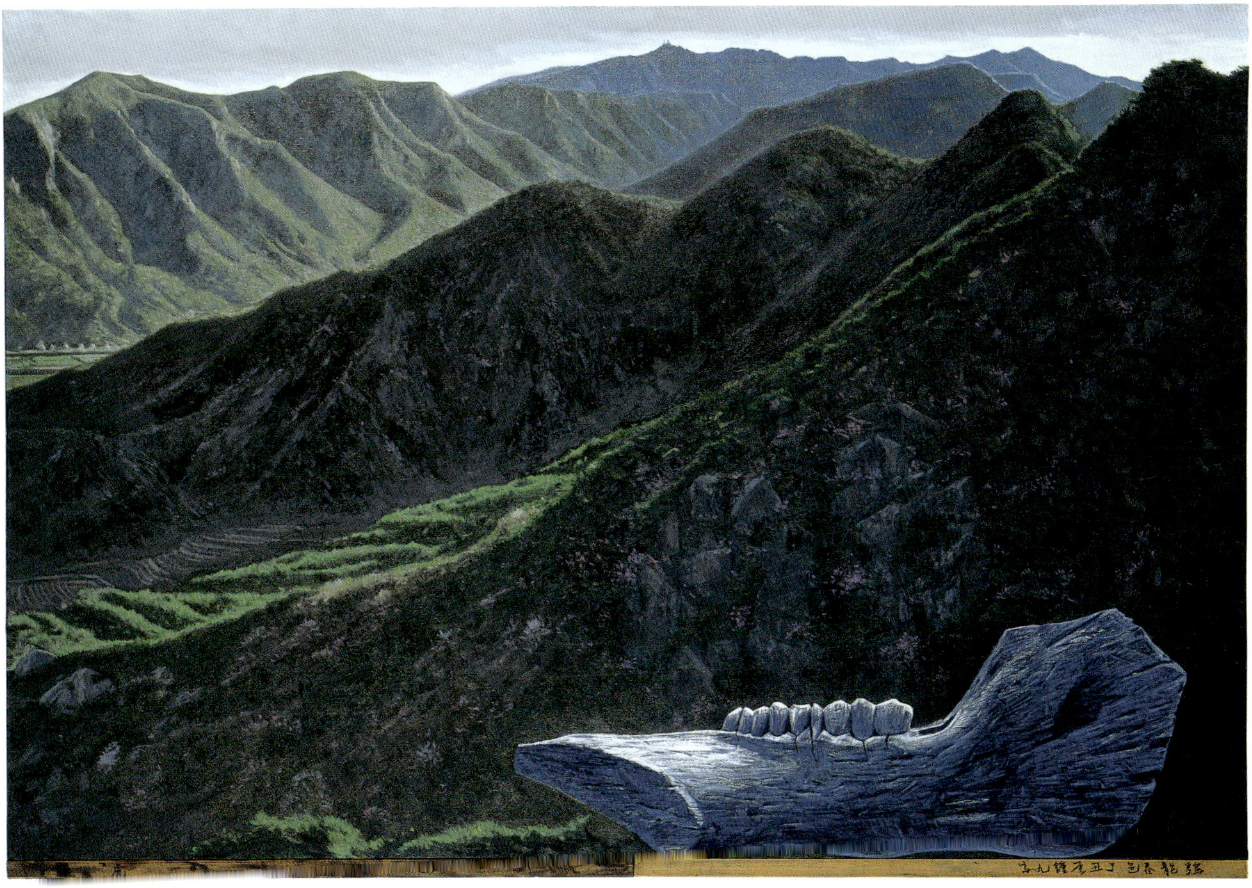

62 계룡춘색 Spring in Mt. Gyeryong
1997 캔버스에 유채 Oil on Canvas 112×162
작가 소장 Collection of the Artist

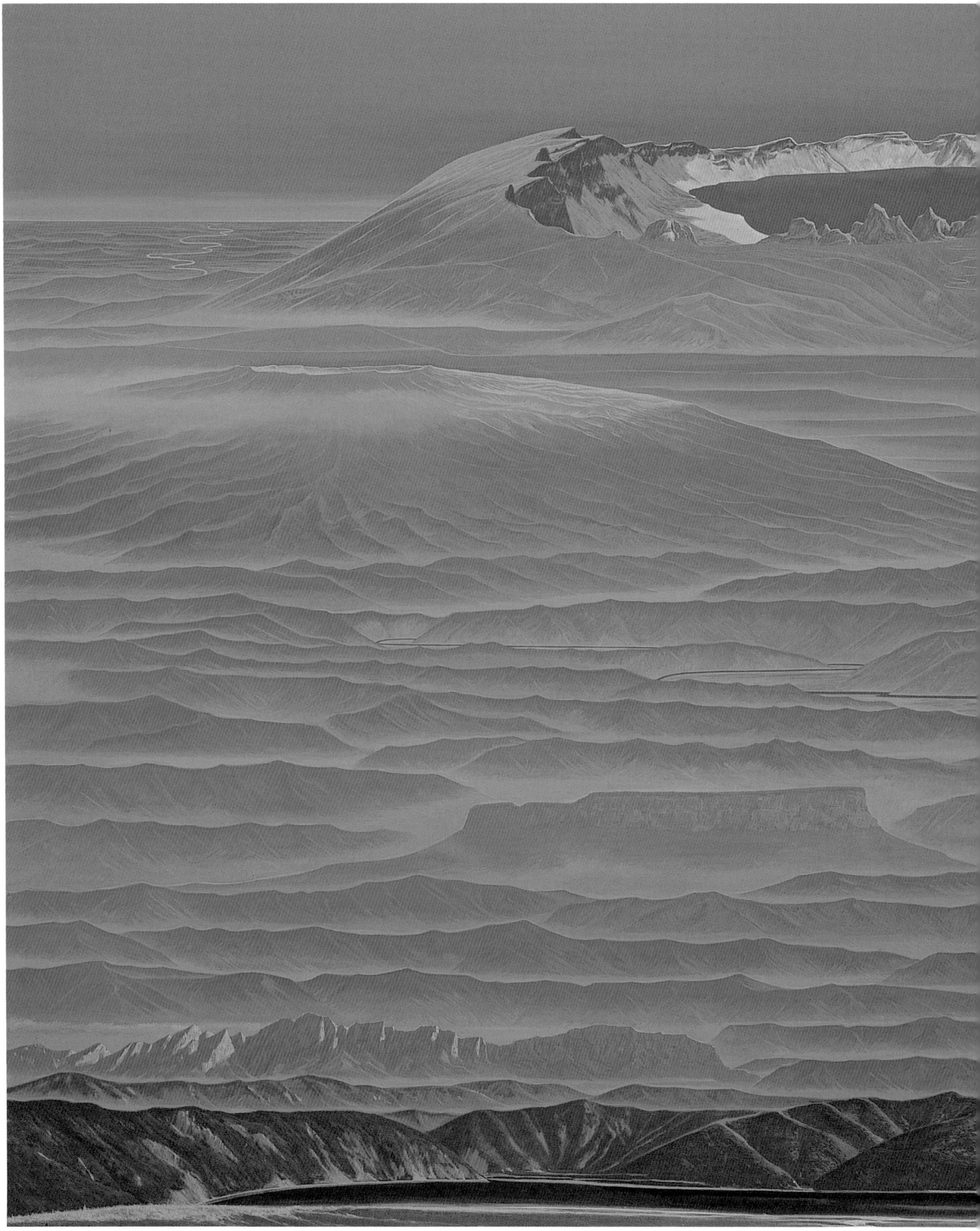

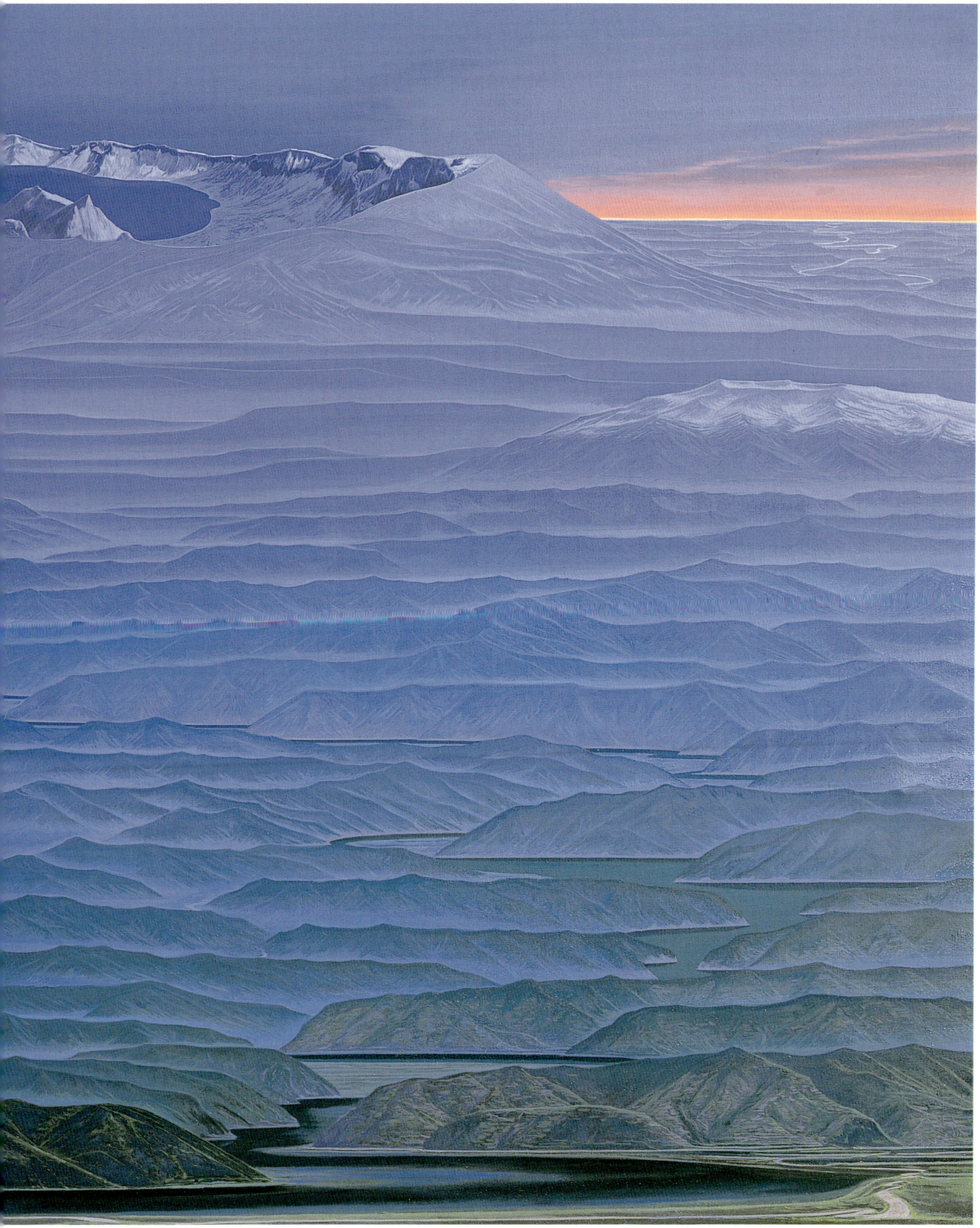

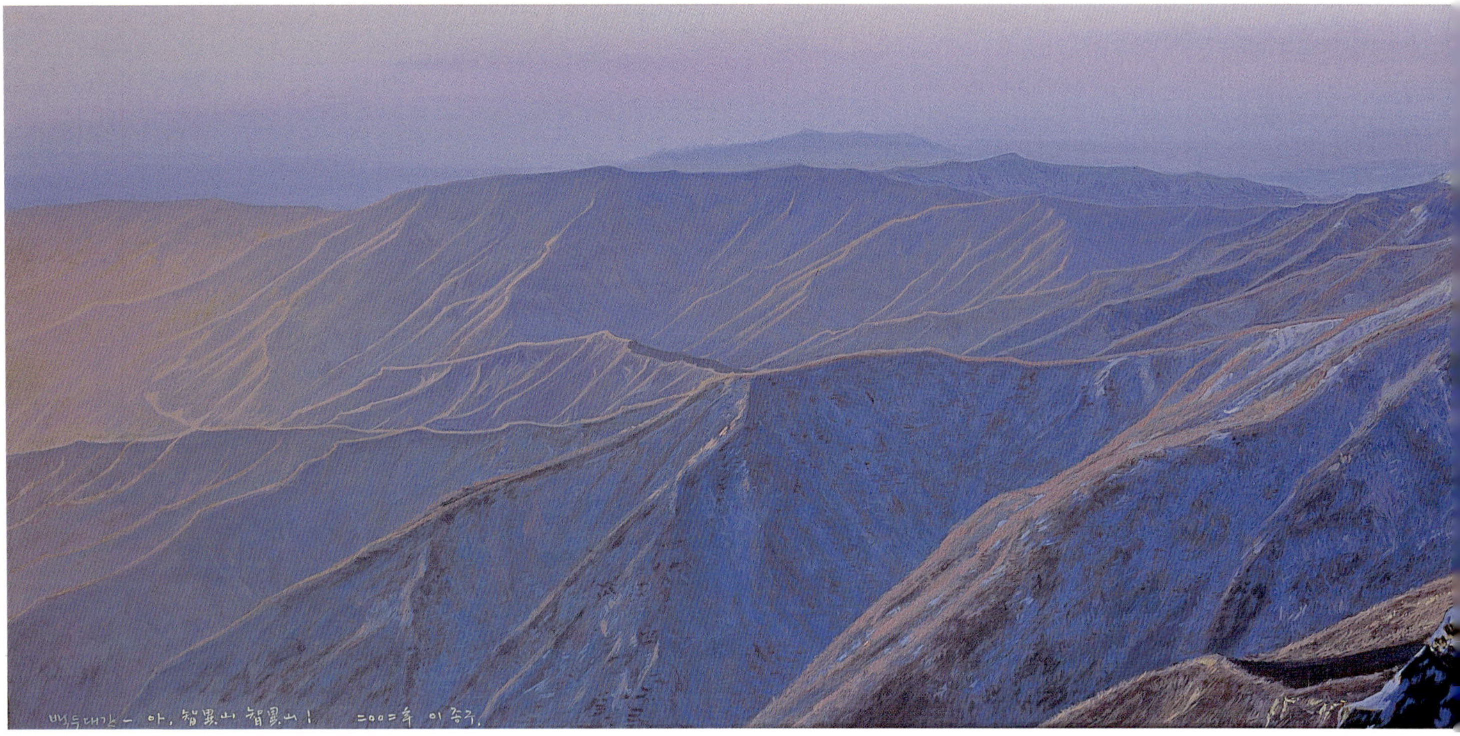

63 · 110쪽 영토–압록강에서 두만강까지 Territory-From Aprok River to Duman River
2002 캔버스에 유채 Oil on Canvas 227×362
개인 소장 Private Collection

64 백두대간–아, 지리산 Baekdu Mountains-Ah, Mt. Giri
2002 캔버스에 유채 Oil on Canvas 62×260
작가 소장 Collection of the Artist

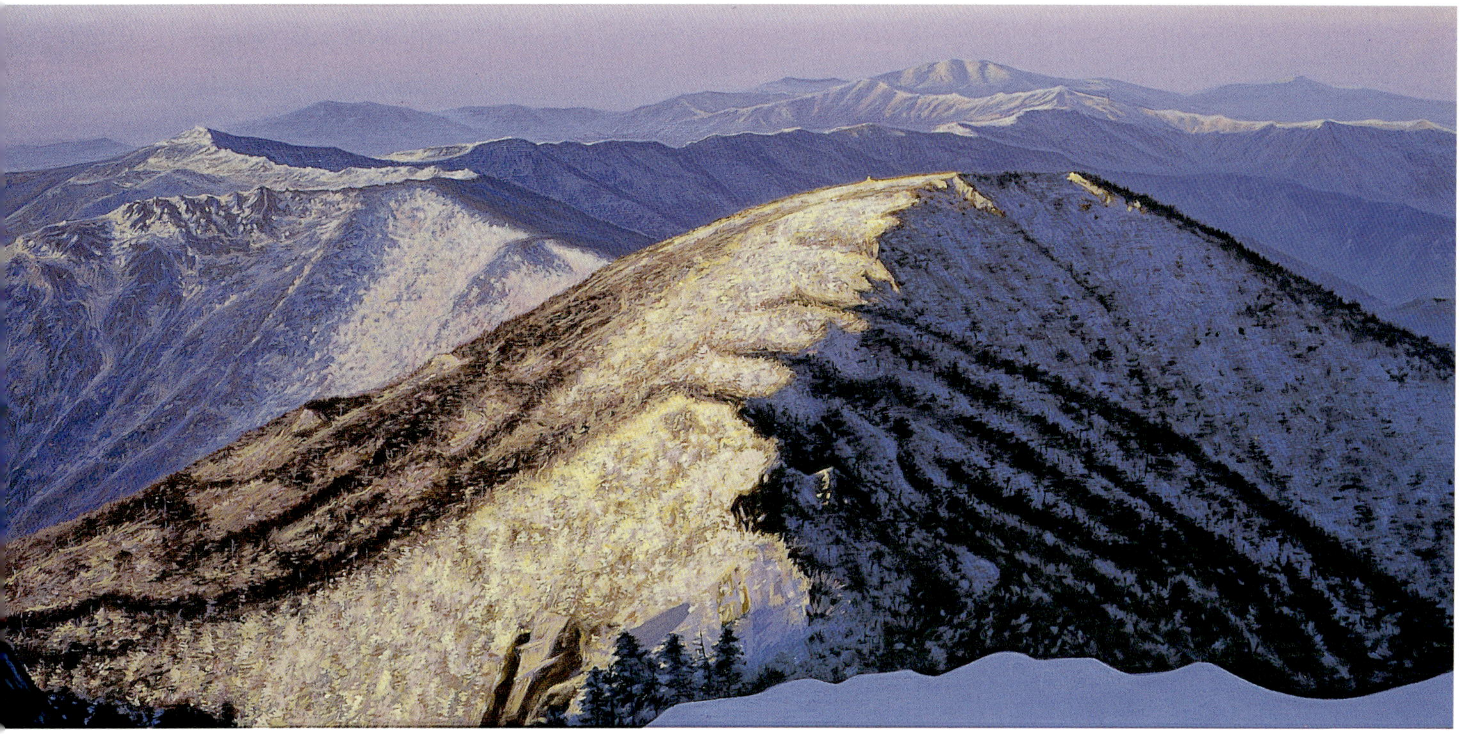

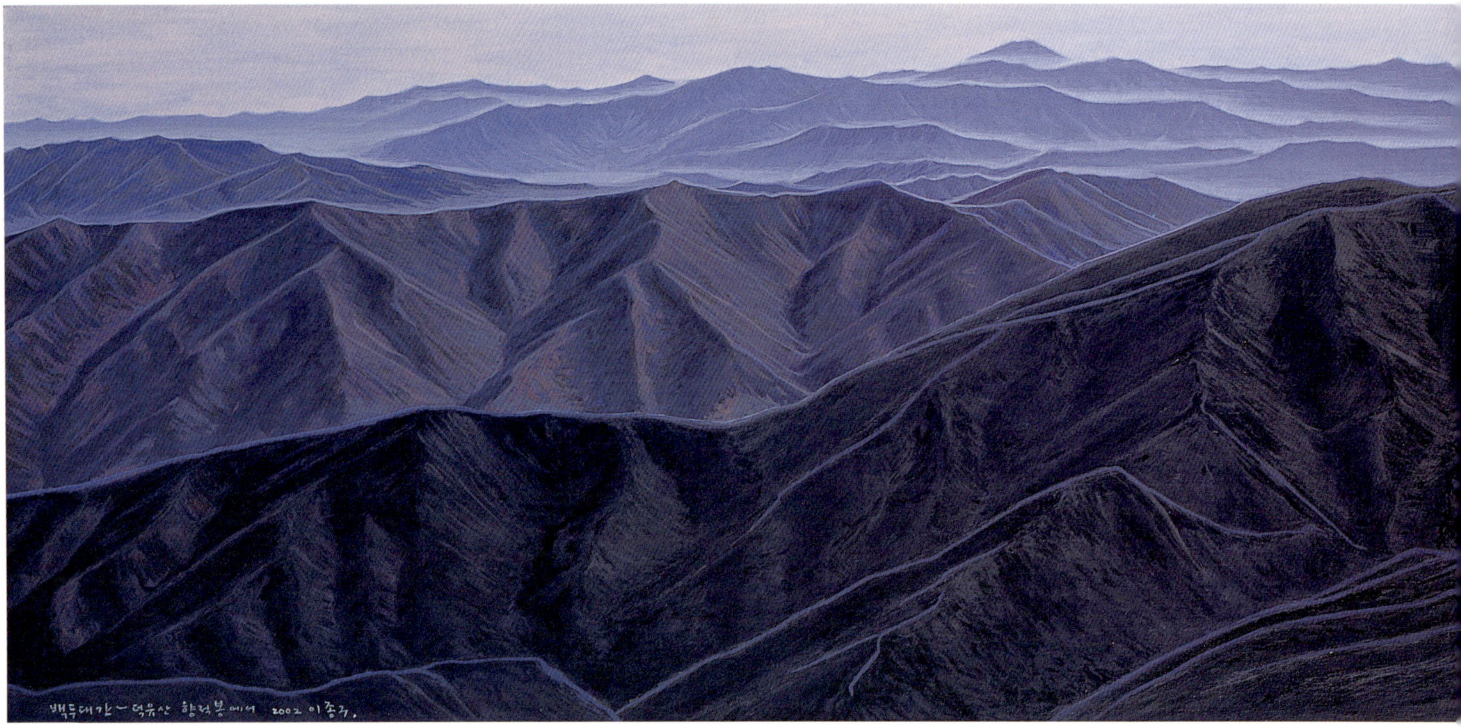

65 백두대간–덕유산 향적봉에서 Baekdu Mountains-At Hyangjeok Peak of Mt. Deokyu
2002 캔버스에 유채 Oil on Canvas 62×260
작가 소장 Collection of the Artist

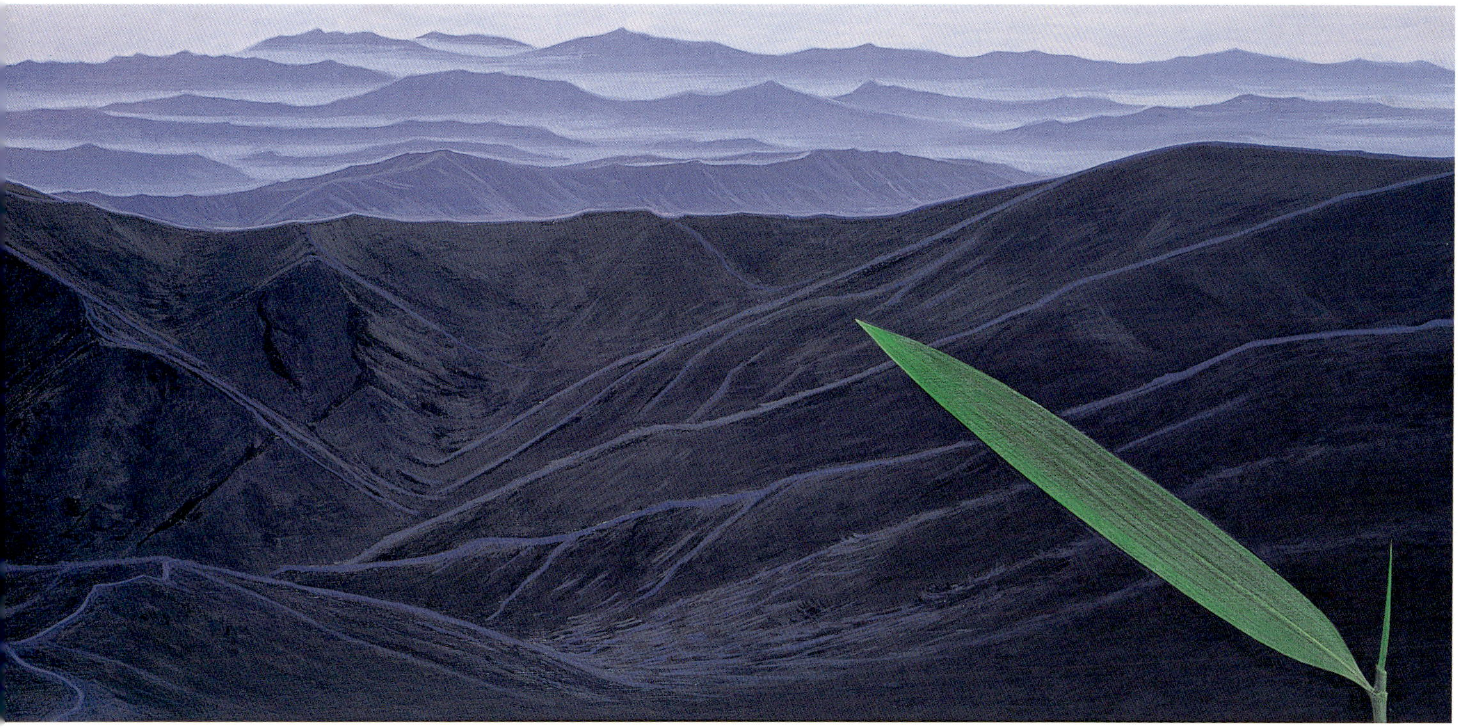

물
Water

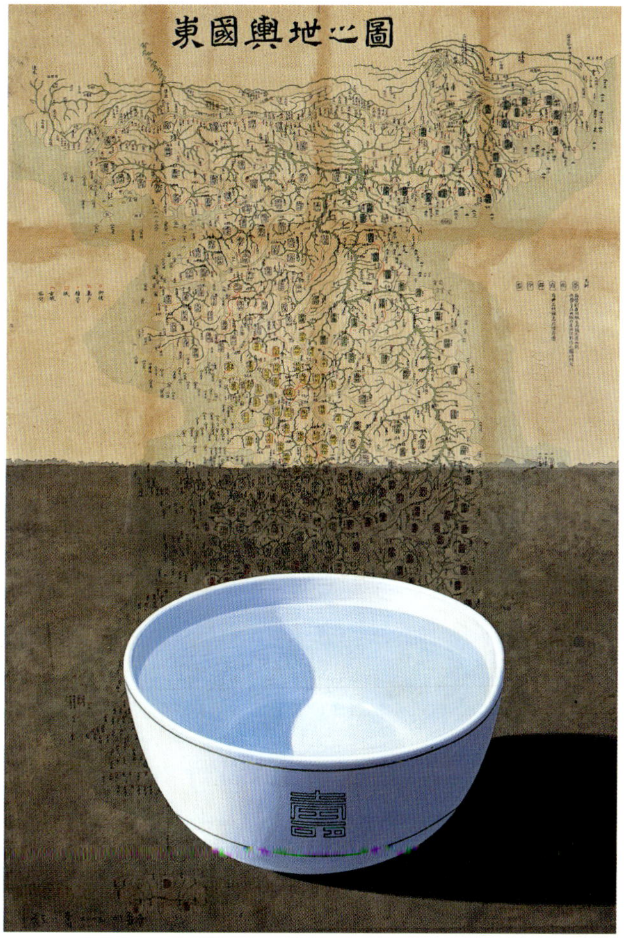

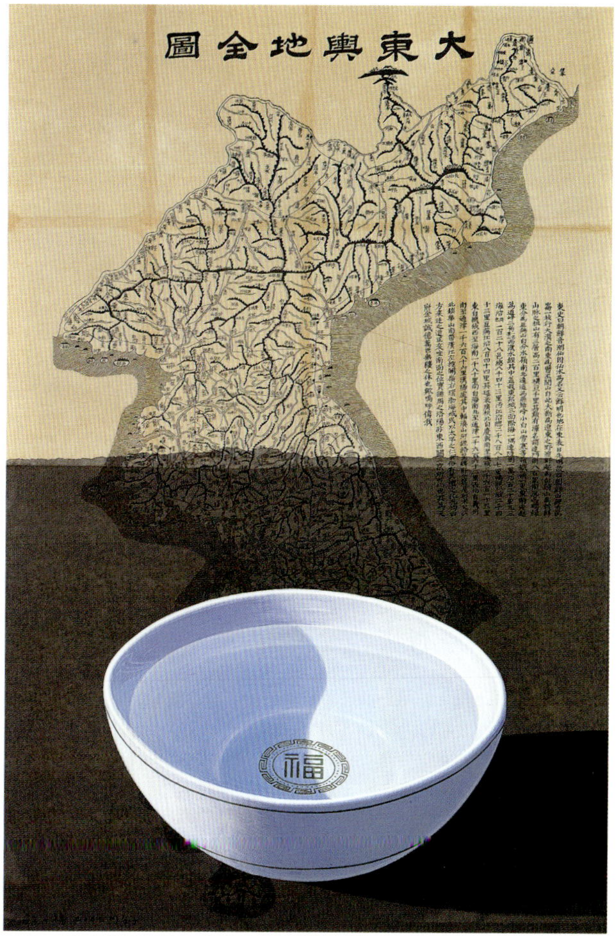

66 · 왼쪽 국토–壽 Country-Life
2003 인쇄물에 아크릴릭 Acrylic on Printed Map 117×77
작가 소장 Collection of the Artist

67 · 오른쪽 국토–福 Country-Happiness
2003 인쇄물에 아크릴릭 Acrylic on Printed Map 117×77
작가 소장 Collection of the Artist

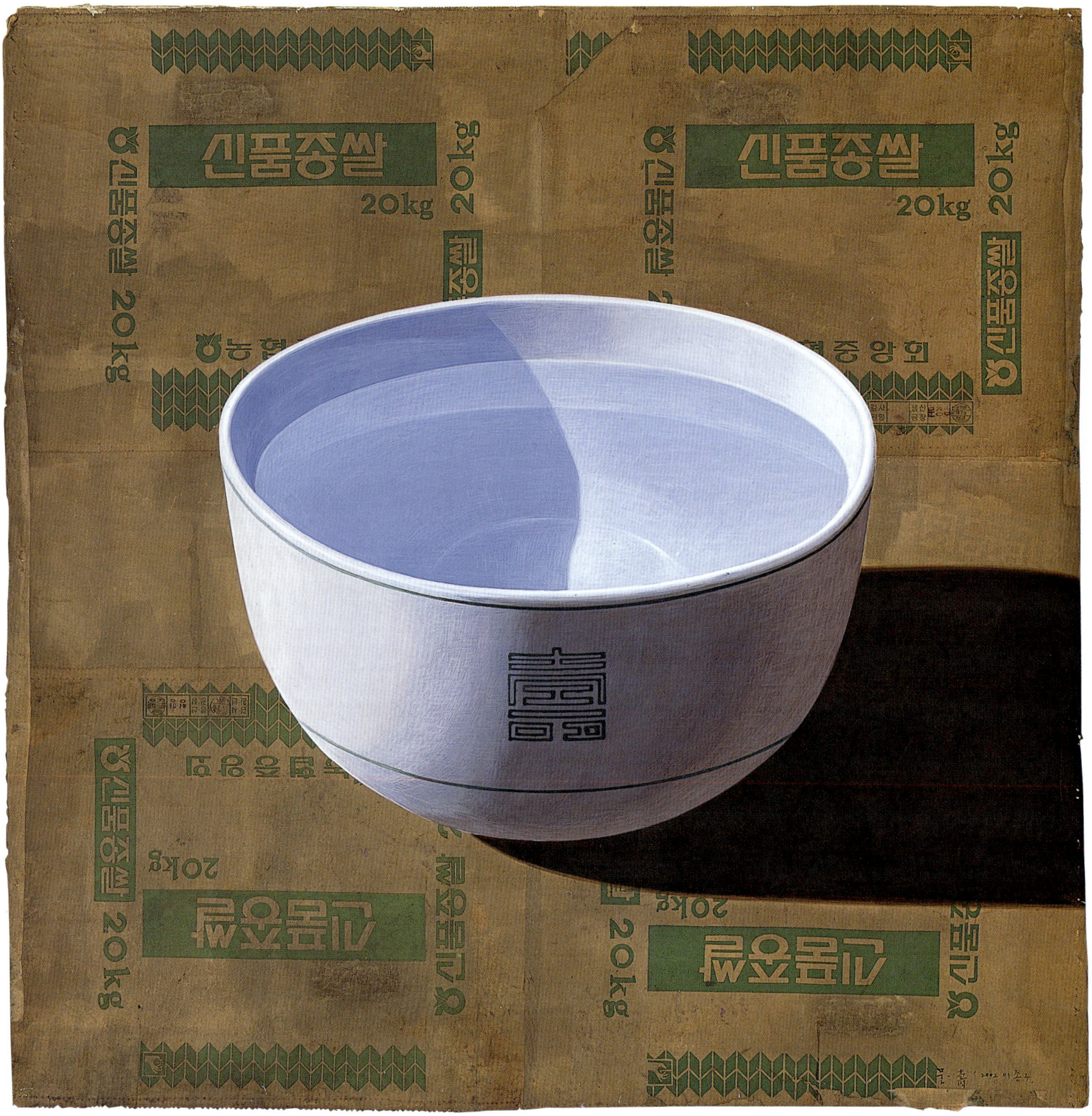

68 물-壽 Water-Life
2002 부대종이에 아크릴릭 Acrylic on Rice Paper Sack 160×158
작가 소장 Collection of the Artist

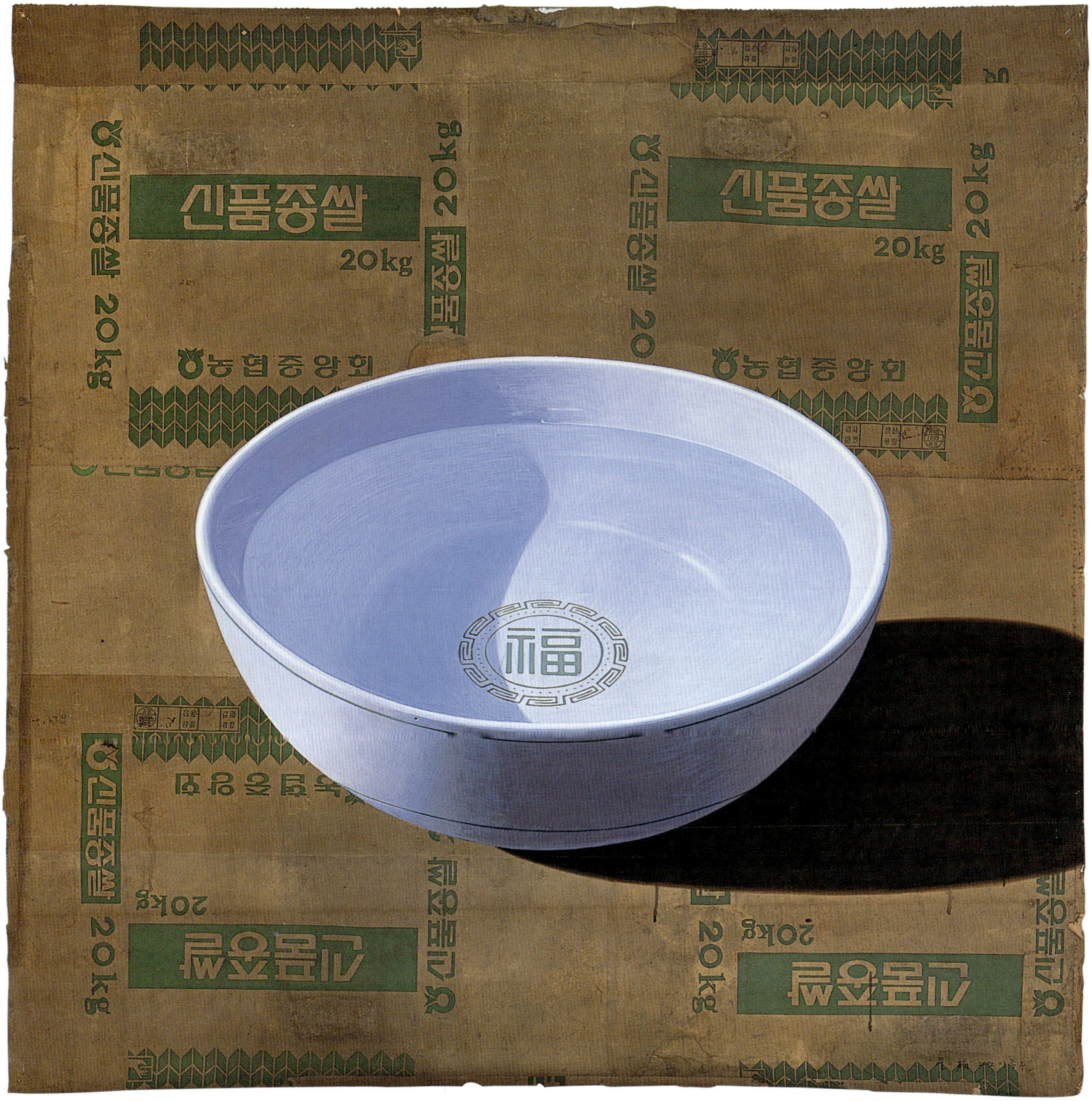

69 물-福 Water-Happiness
2002 부대종이에 아크릴릭 Acrylic on Rice Paper Sack 160×158
작가 소장 Collection of the Artist

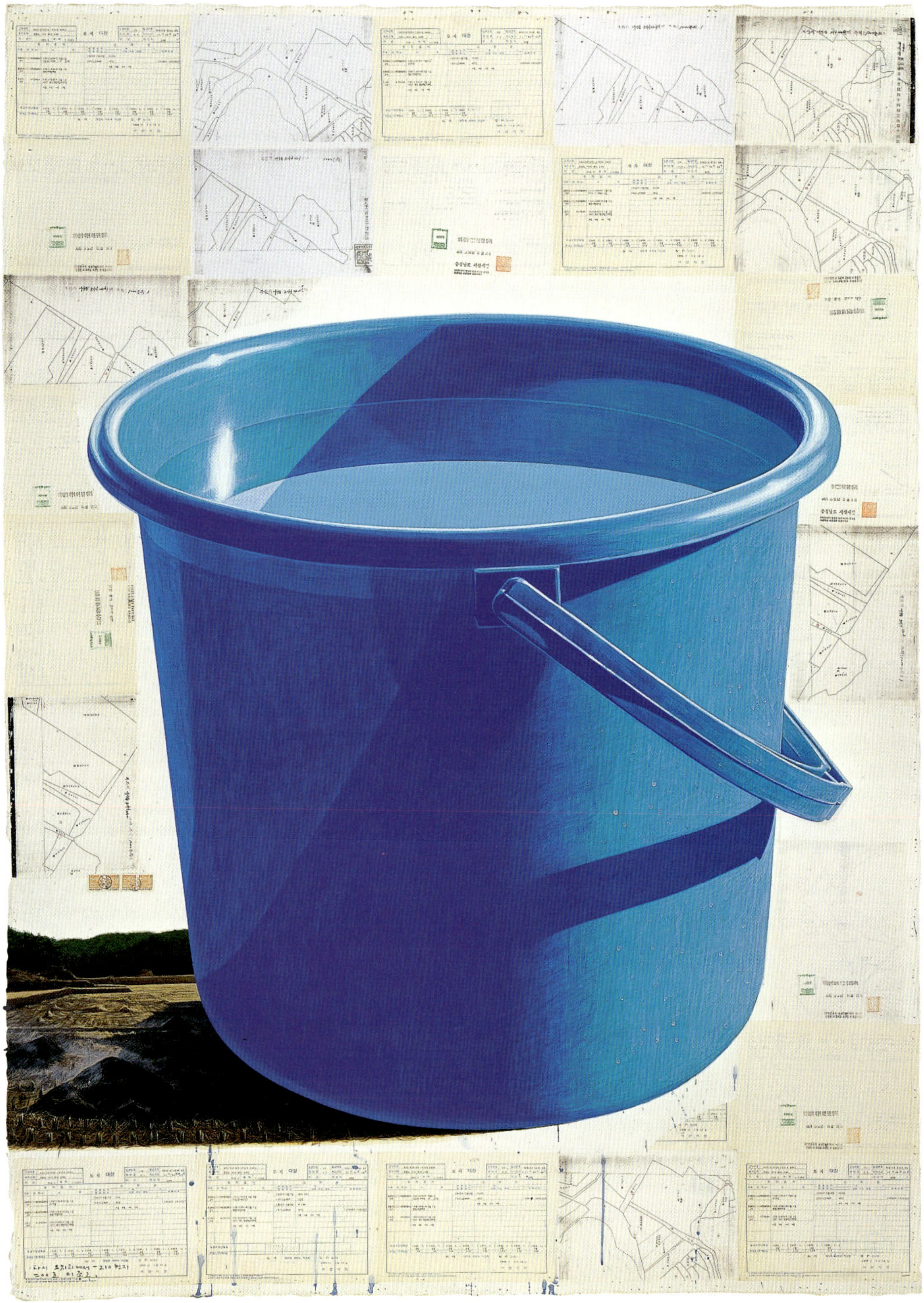

70 국토-오지리 210번지 Country-210 Oji-ri
2005 한지에 아크릴릭 Acrylic on Korean Paper 200×150
작가 소장 Collection of the Artist

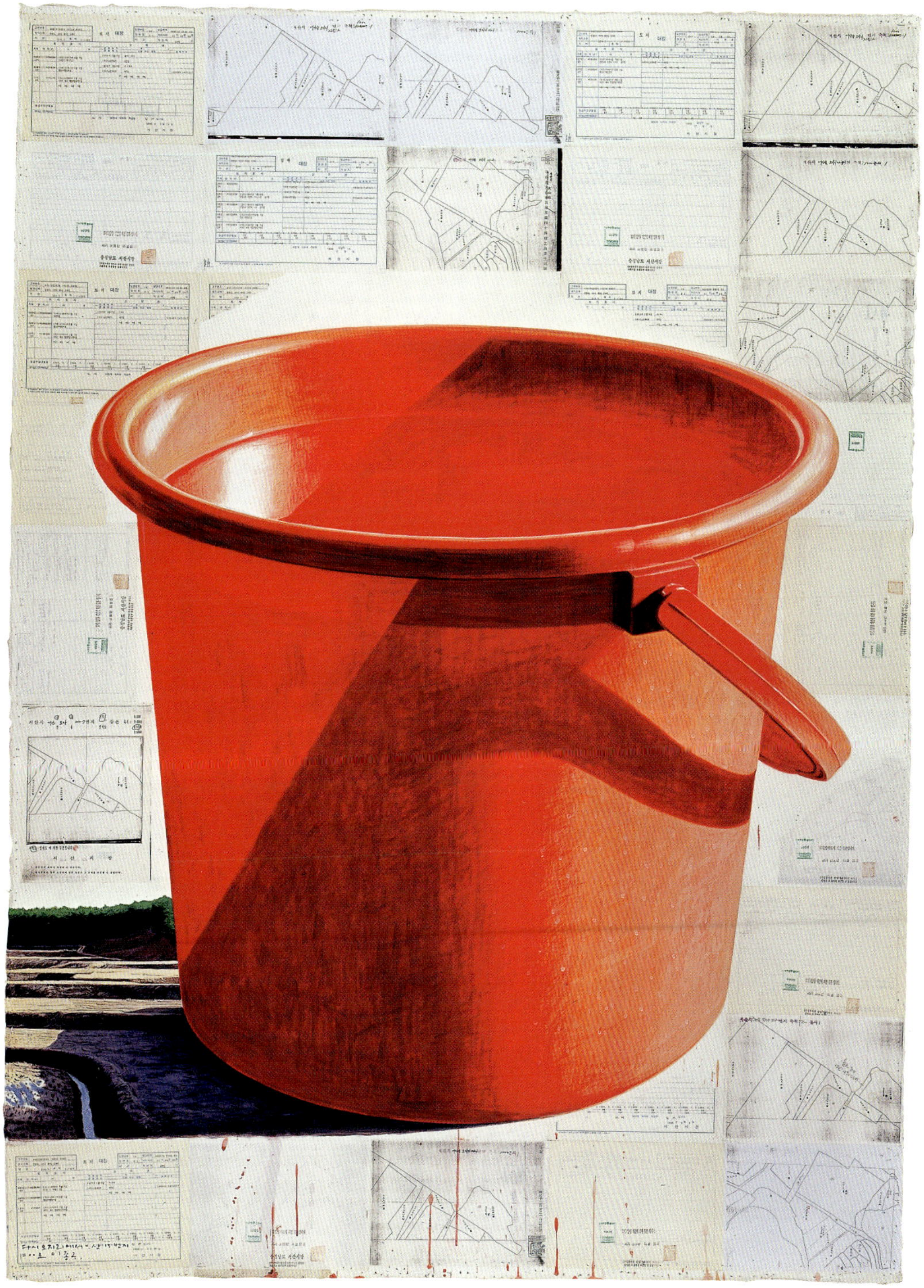

71 국토-오지리 산 13번지 Country-San 13 Oji-ri
2005 한지에 아크릴릭 Acrylic on Korean Paper 200×150
작가 소장 Collection of the Artist

다시 오지리에서
Again in Oji-ri

72 다시 오지리에서—내 친구 김기운 Again in Oji-ri: My Friend Kim Ki-woon
2003 한지에 아크릴릭 Acrylic on Korean Paper 195×97
작가 소장 Collection of the Artist

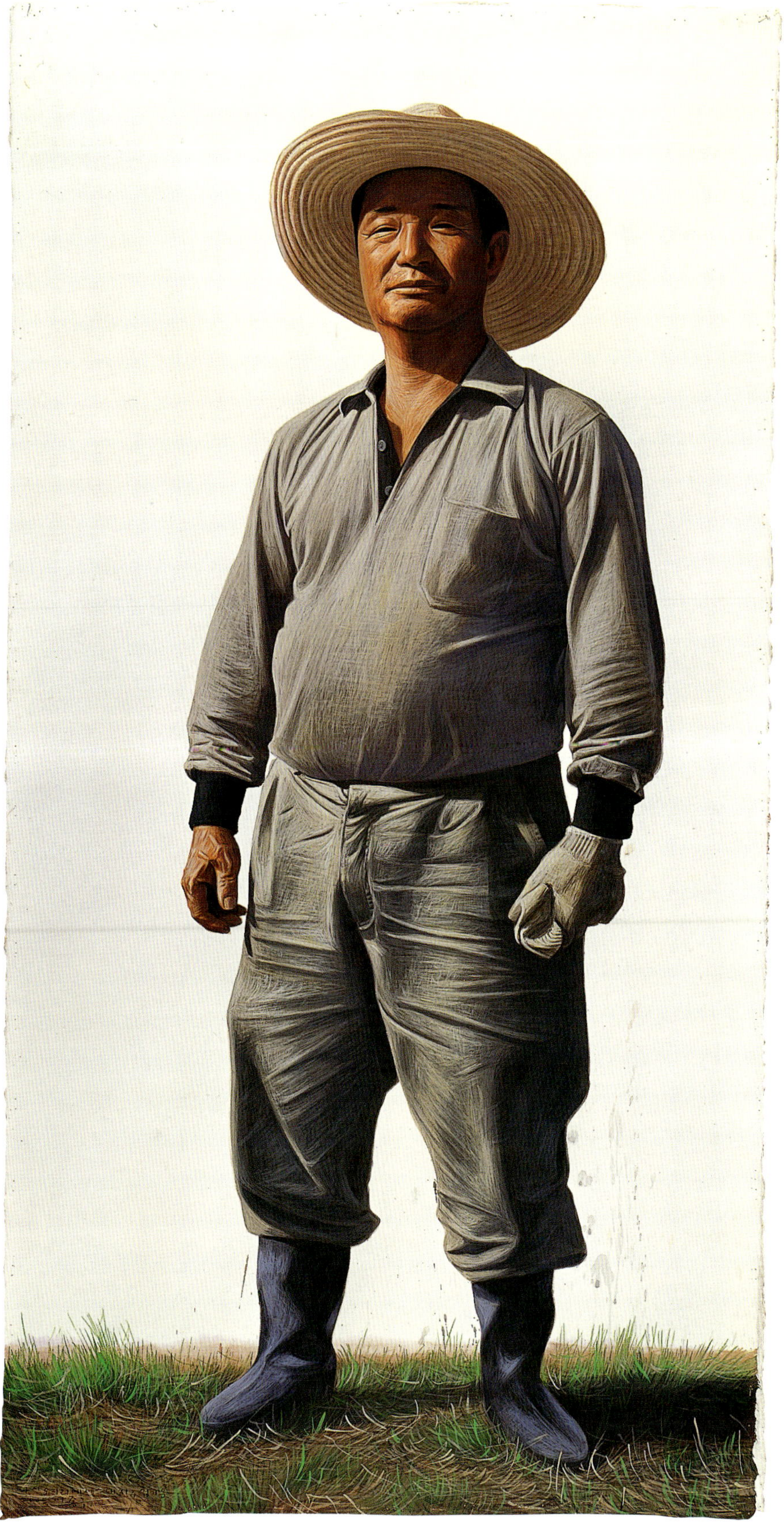

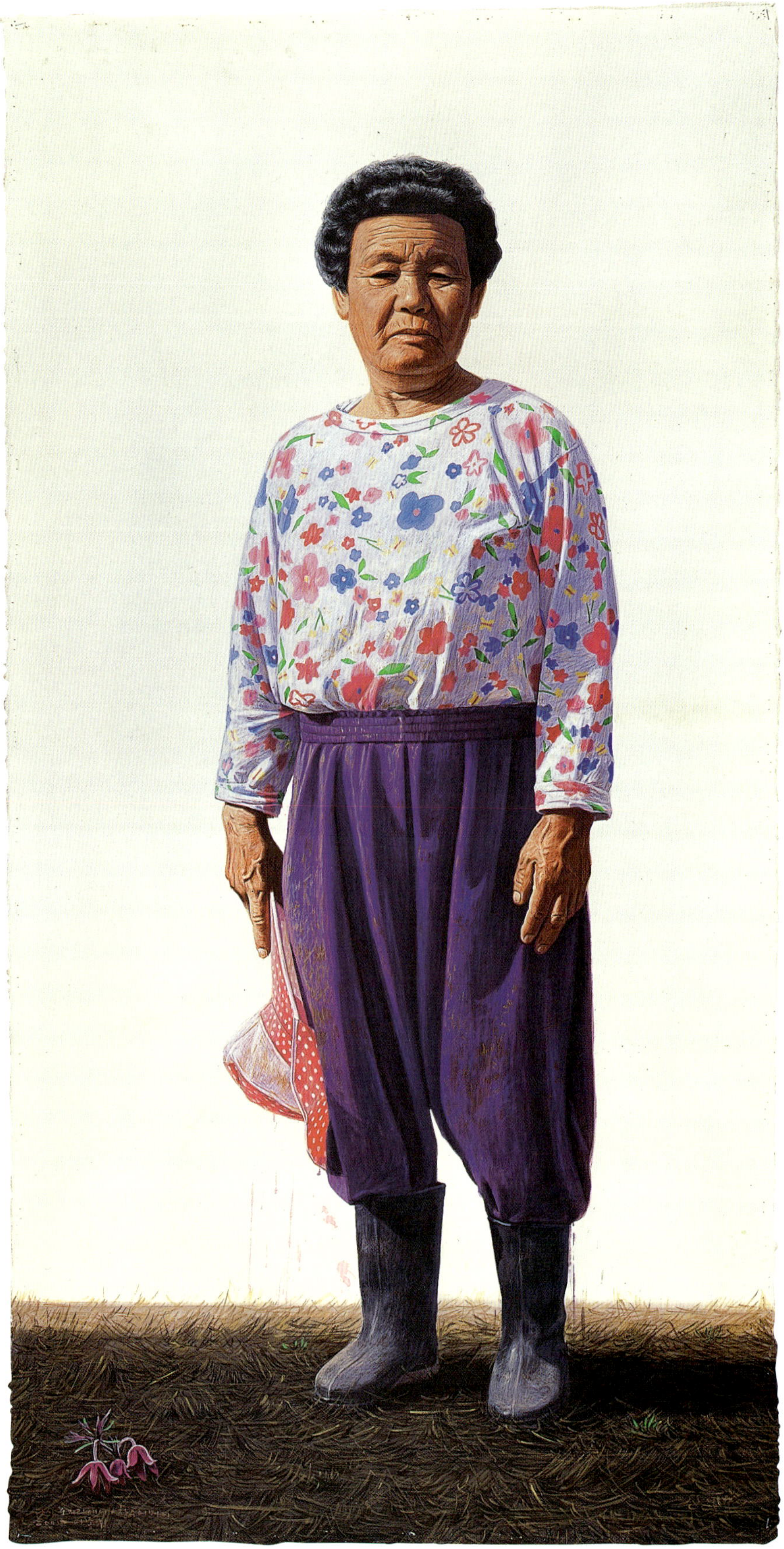

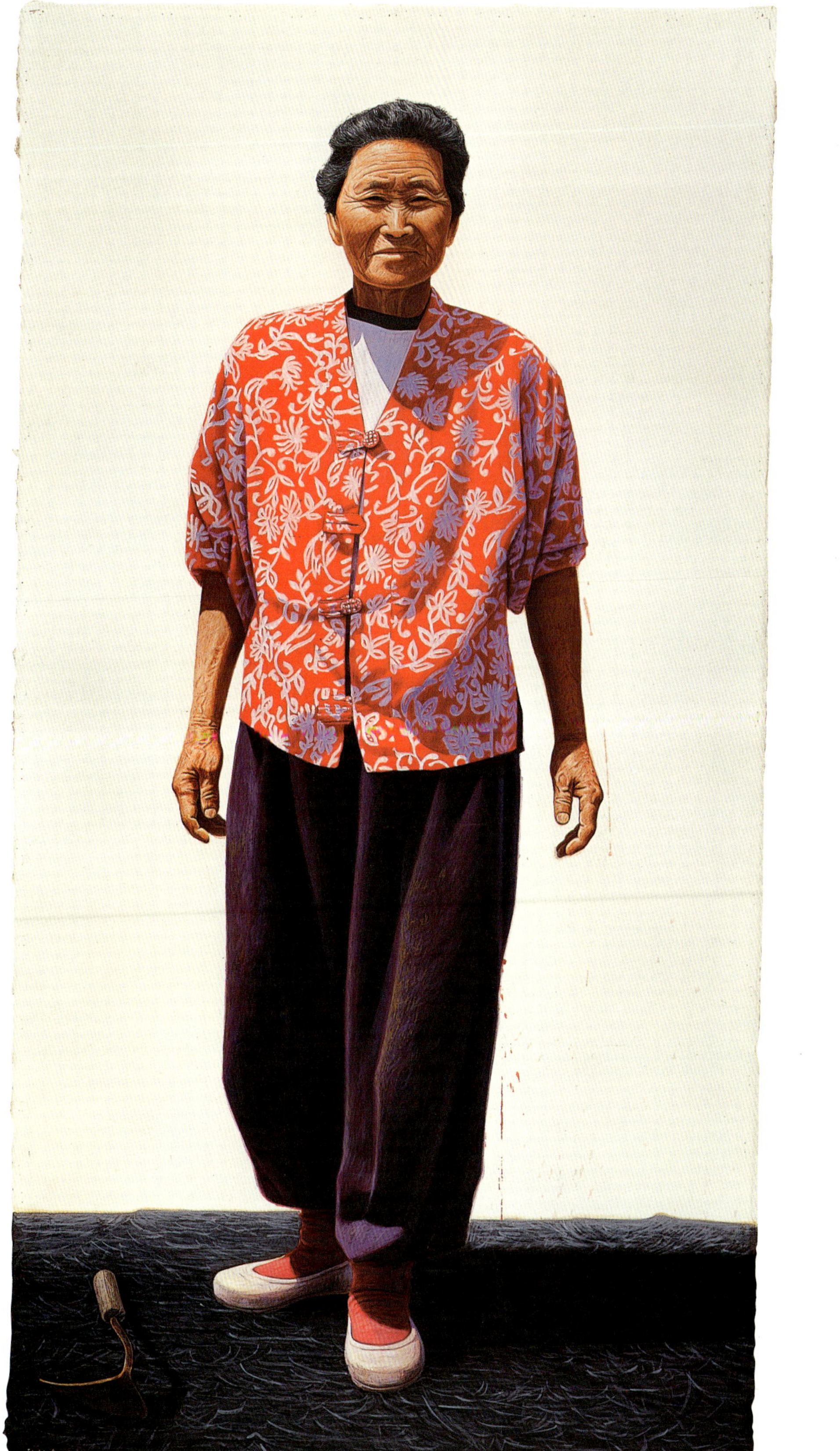

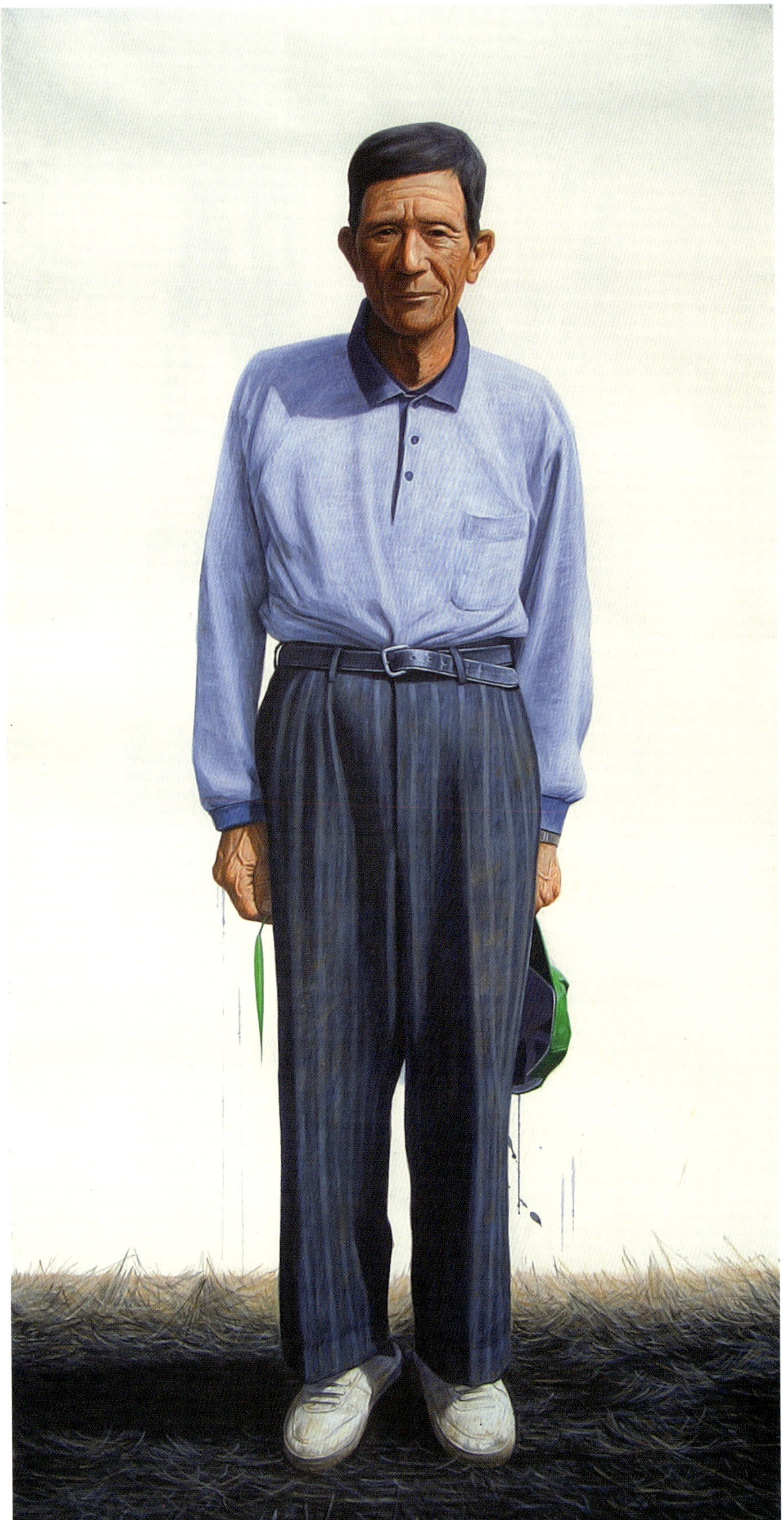

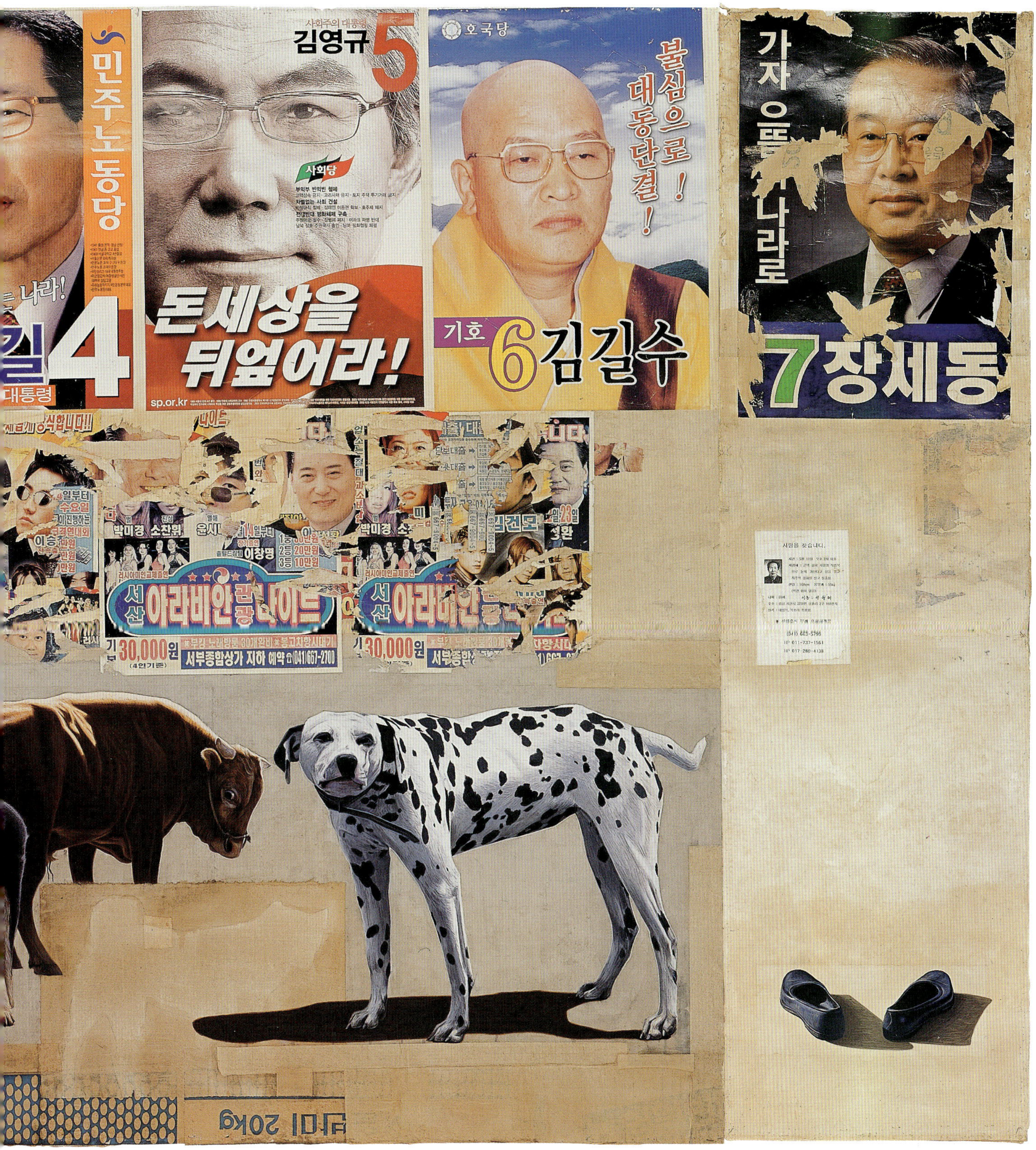
민주노동당
나라!
길 4
대통령
사회주의 대통령
김영규 5
사회당
돈세상을 뒤엎어라!
sp.or.kr
호국당
불심으로! 대동단결!
기호 6 김길수
7 장세동
박미경 소찬휘
서산 아라비안 관광나이트
30,000원
(4인기준)
서부종합상가 지하 예약 ☎(041)667-2700

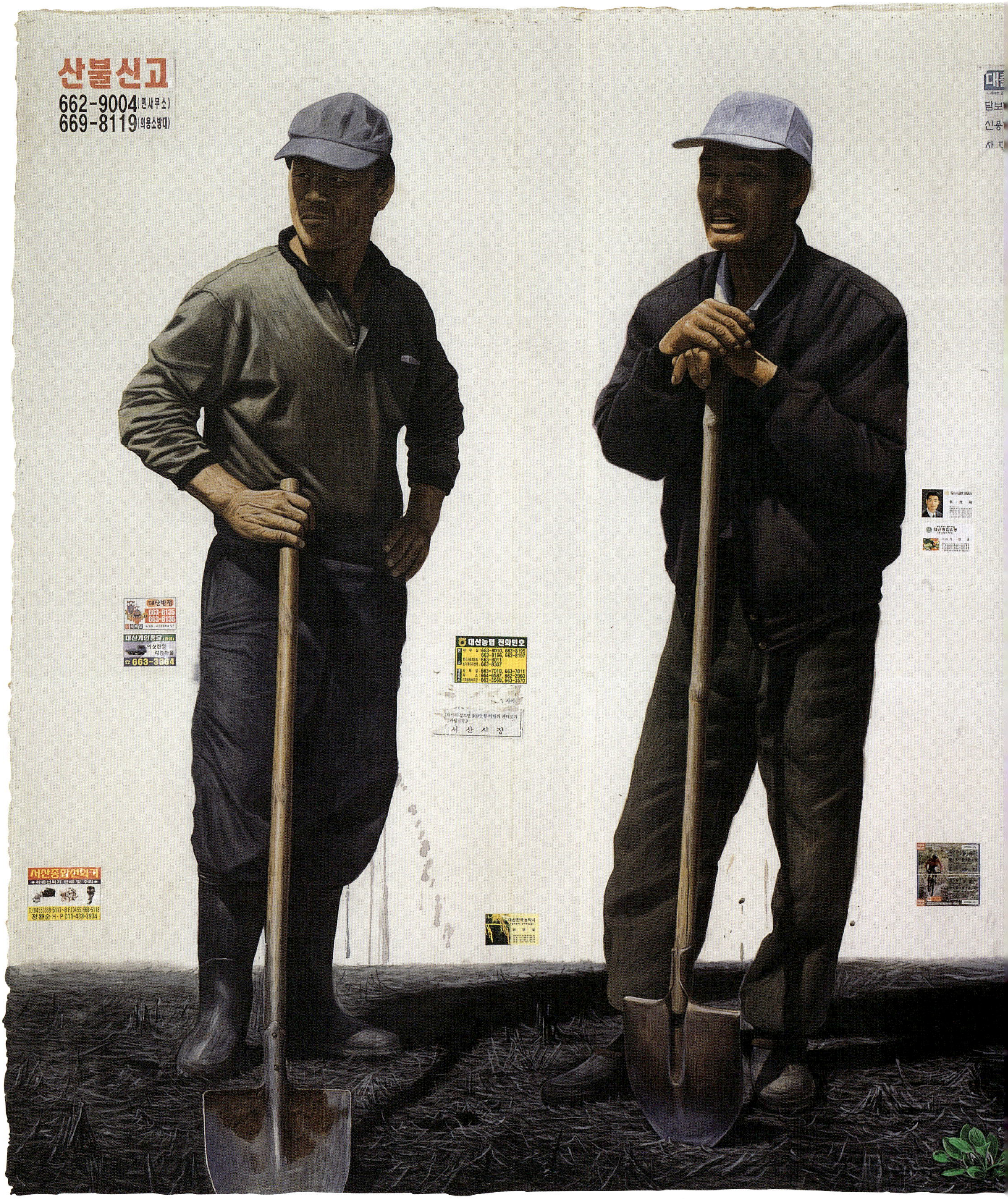
산불신고
662-9004(면사무소)
669-8119(의용소방대)
대산농협 전화번호
사 무 실:663-8010, 663-8195
663-8196, 663-8197
663-8011
663-8307
사 무 실:663-7010, 663-7011
664-6587, 662-2960
663-3560, 663-3570
서 산 시 장
663-3364

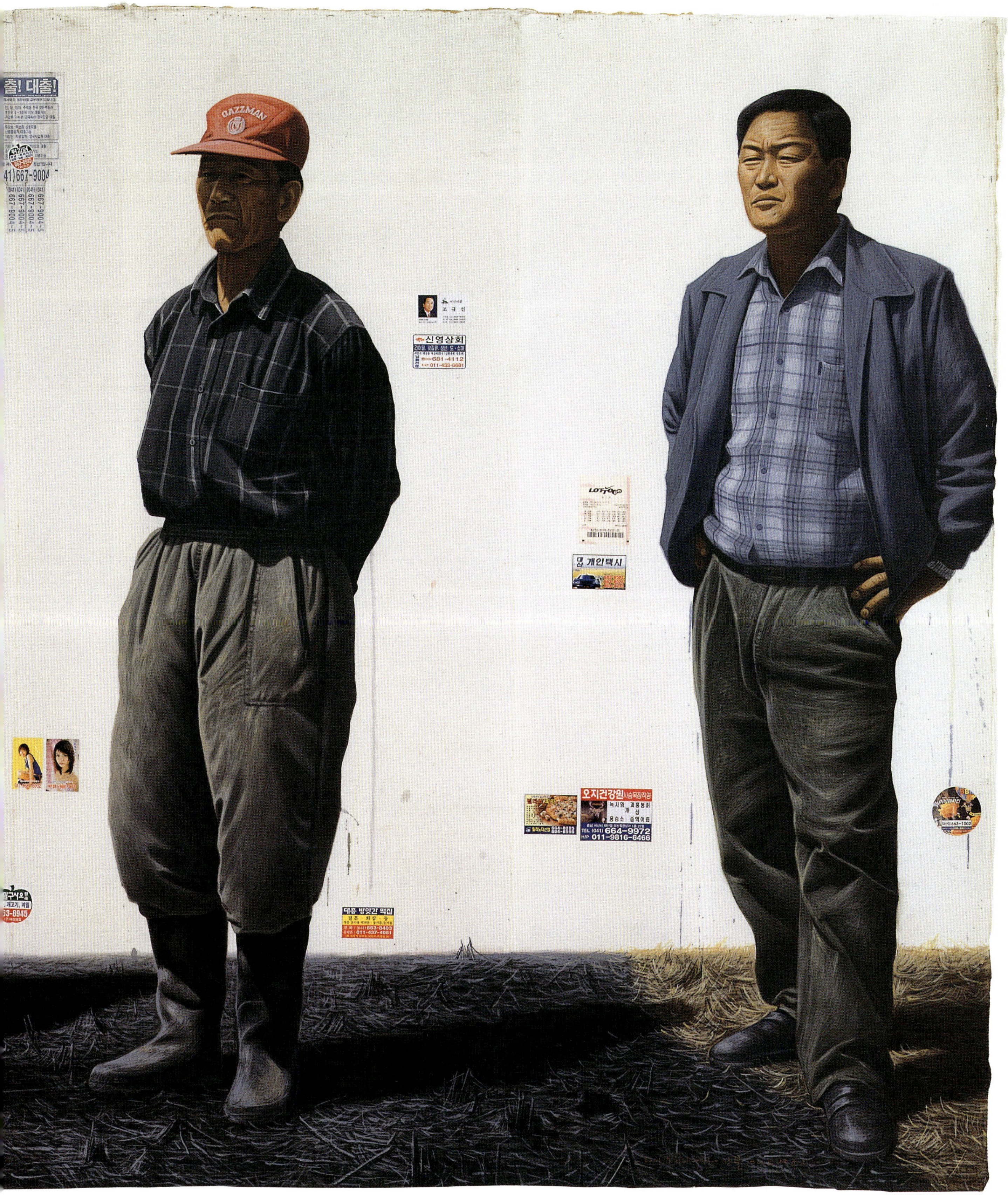
출! 대출!
41)667-9004
신영상회
011-433-6681
개인택시
오지건강원
(041) 664-9972
011-9816-6466
대흥 방앗간 떡집

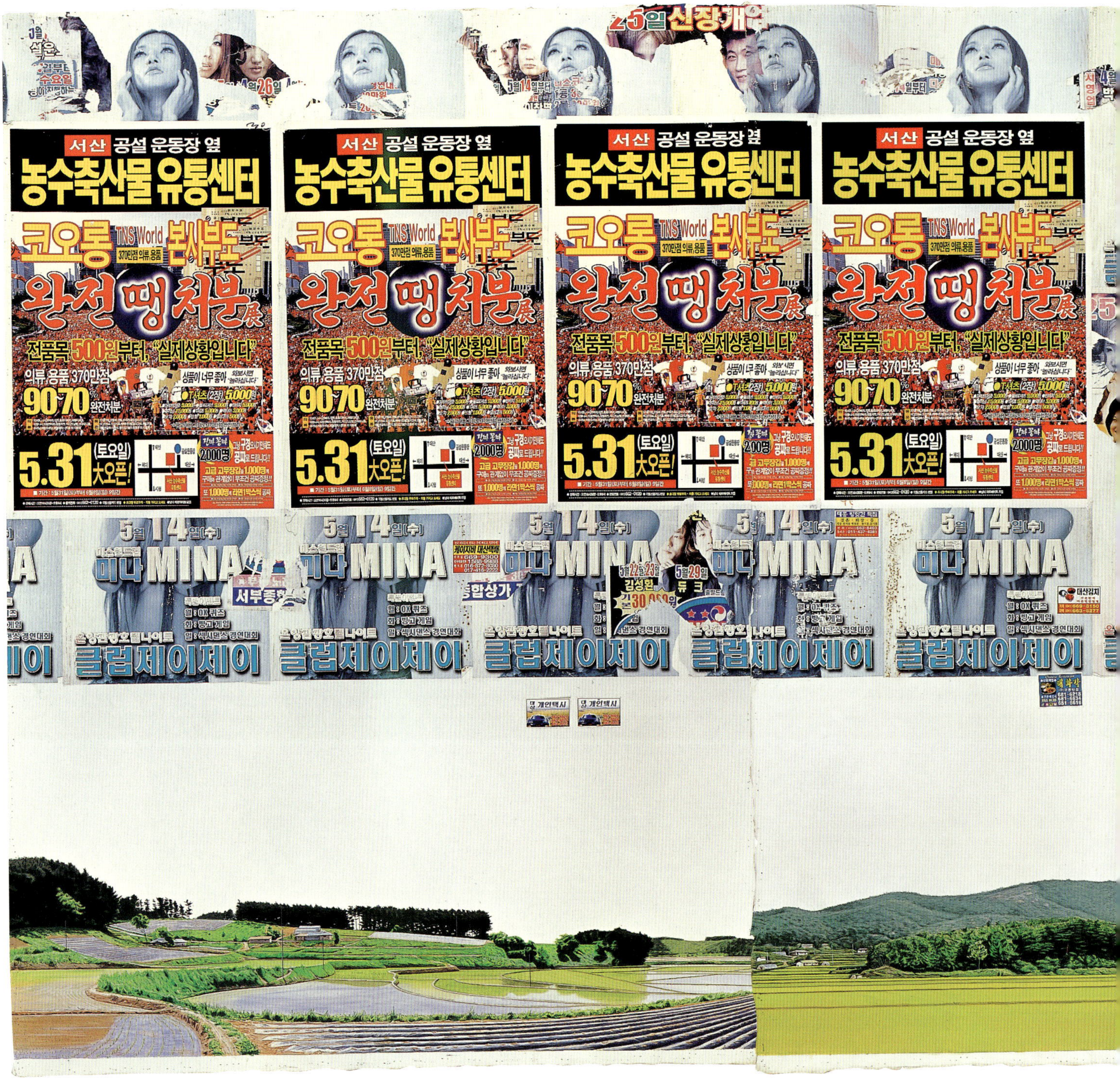
25일 신장개업
서산 공설 운동장 옆
농수축산물 유통센터
코오롱
TNS World
본사부도
370만점 의류,용품
완전 땡처분展
전품목 500원부터, "실제상황입니다"
의류,용품 370만점
90 70% 완전처분
5.31 (토요일) 大오픈!
5월 14일(수)
미나 MINA
클럽제이제이

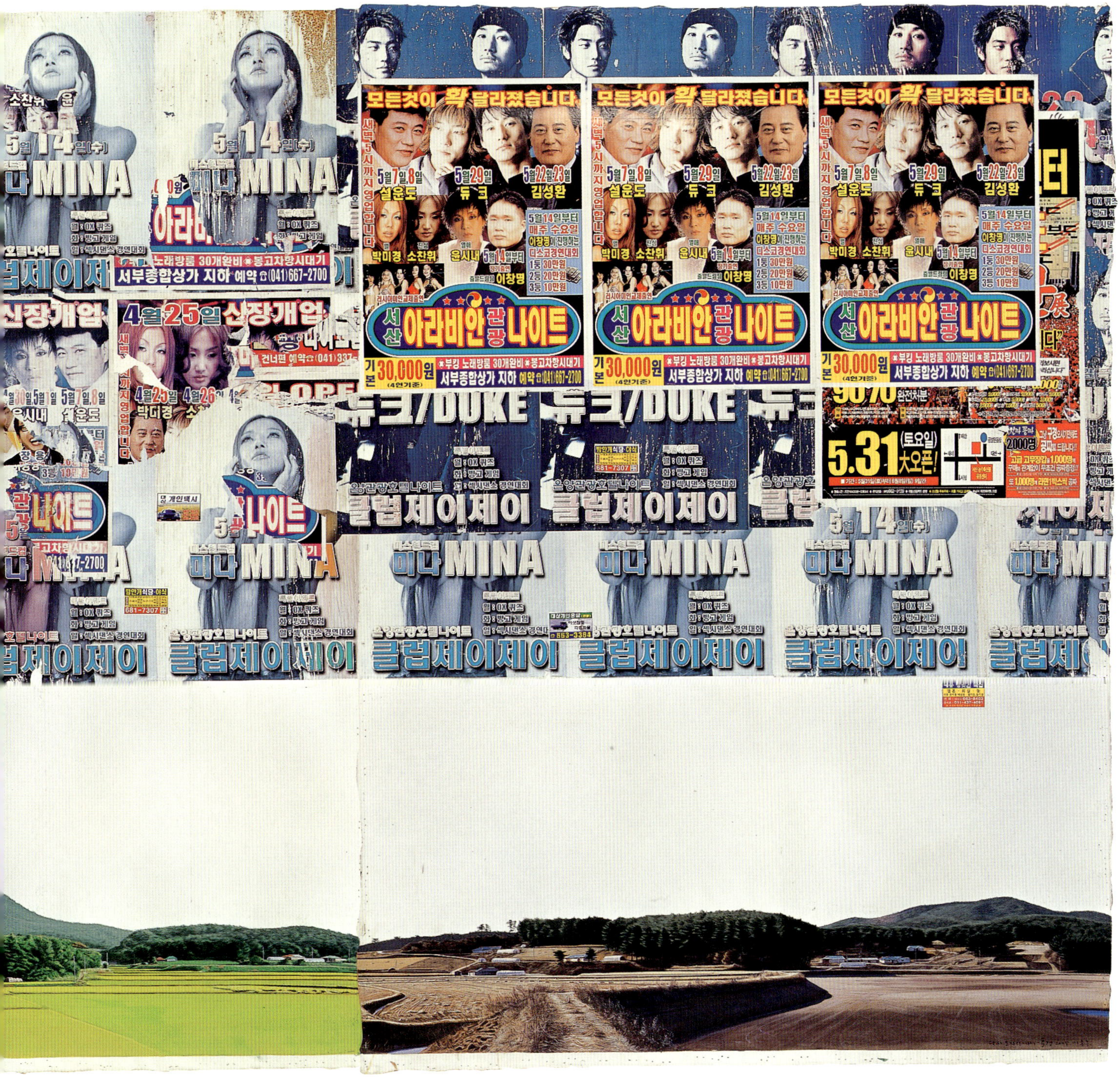
모든것이 확 달라졌습니다
새벽5시까지영업합니다
5월7일,8일 설운도
5월29일 듀크
5월22일,23일 김성환
박미경 소찬휘
윤시내
5월14일부터 이창명
5월14일부터 매주 수요일 이창명이 진행하는 디스코경연대회
1등 30만원
2등 20만원
3등 10만원
서산 아라비안 관광 나이트
기본 30,000원
(4인기준)
※부킹 노래방룸 30개완비 ※붕고차항시대기
서부종합상가 지하 예약 ☎(041)667-2700
듀크/DUKE
클럽제이제이
5월14일(수)
미나 MINA
월 : OX 퀴즈
화 : 방고 게임
4월25일 신장개업
5.31(토요일) 大오픈!

78 · 130쪽 다시 오지리에서 Again in Oji-ri
2003 종이에 아크릴릭, 포스터 Acrylic, Posters on Korean Paper 215 × 391
작가 소장 Collection of the Artist

79 · 132쪽 다시 오지리에서–산불 Again in Oji-ri: A Forest Fire
2003 한지에 아크릴릭, 인쇄물 Acrylic, Printed Materials on Korean Paper 195 × 320
국립현대미술관 소장 Collection of National Museum of Contemporary Art, Korea

80 · 134쪽 다시 오지리에서–풍경 Again in Oji-ri: Landscape
2005 한지에 아크릴릭, 포스터 Acrylic, Posters on Korean Paper 200 × 450
작가 소장 Collection of the Artist

81 다시 오지리에서–선거 Again in Oji-ri: Election
2005 한지에 아크릴릭, 포스터 Acrylic, Posters on Korean Paper 200 × 900
작가 소장 Collection of the Artist

진혼
Repose of Souls

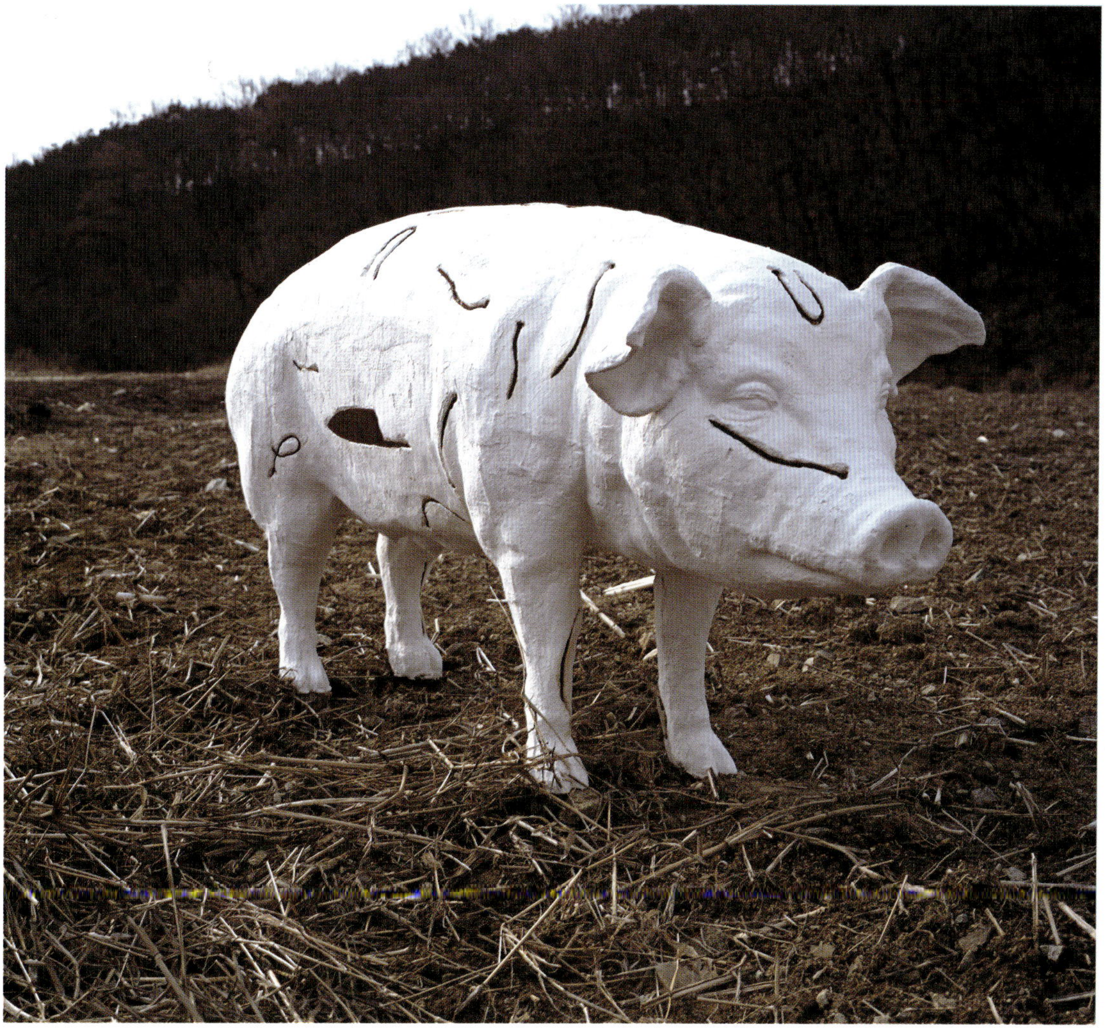

사진 | 임영균

82-1 진혼가-상처 Requiem-Scar
2005 석고, 종이꽃, 자동차 적재함 Plaster, Paper Flowers, Pickup Truck Bed 60×140×40
작가 소장 Collection of the Artist

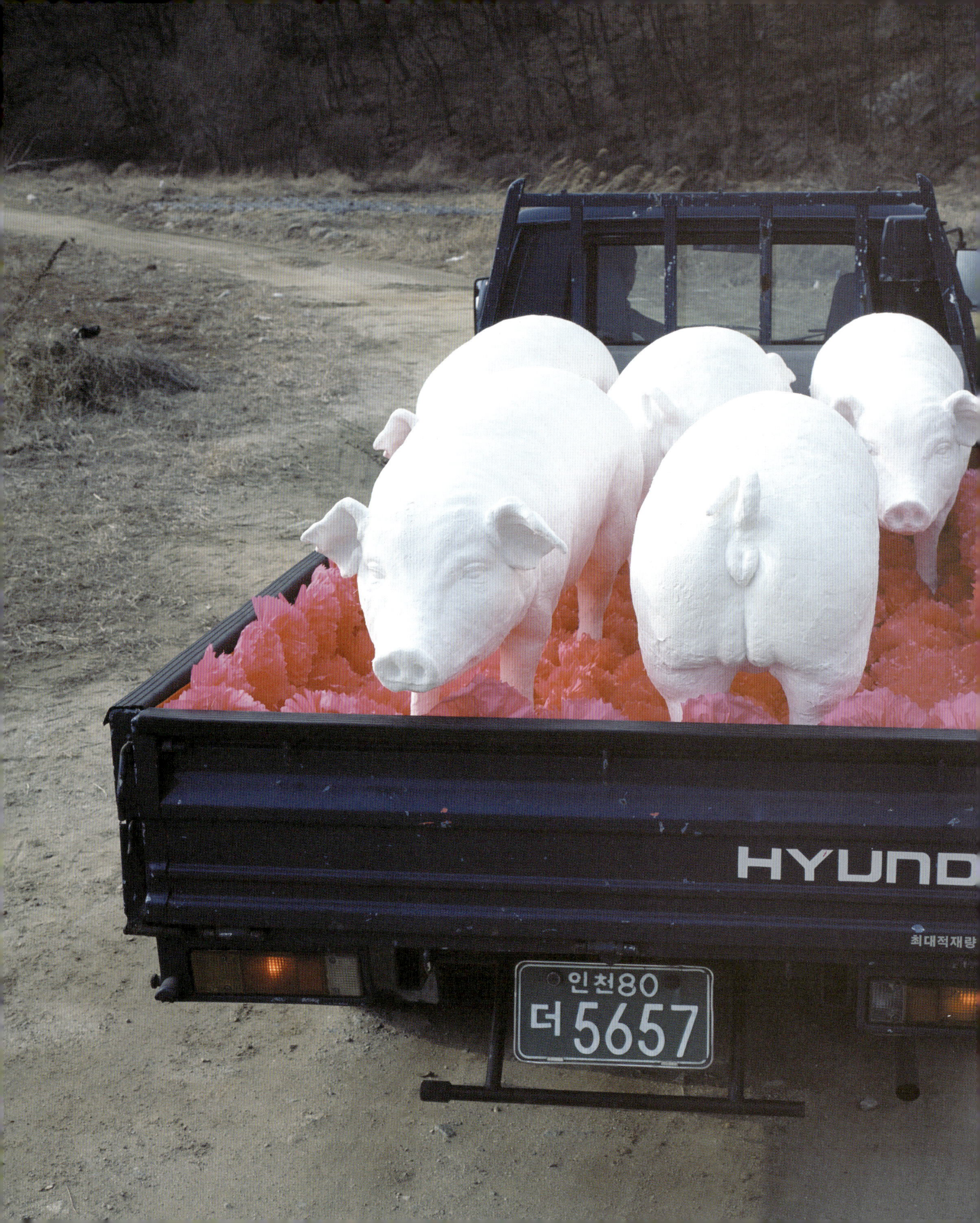
HYUND
최대적재량
인천80
더5657

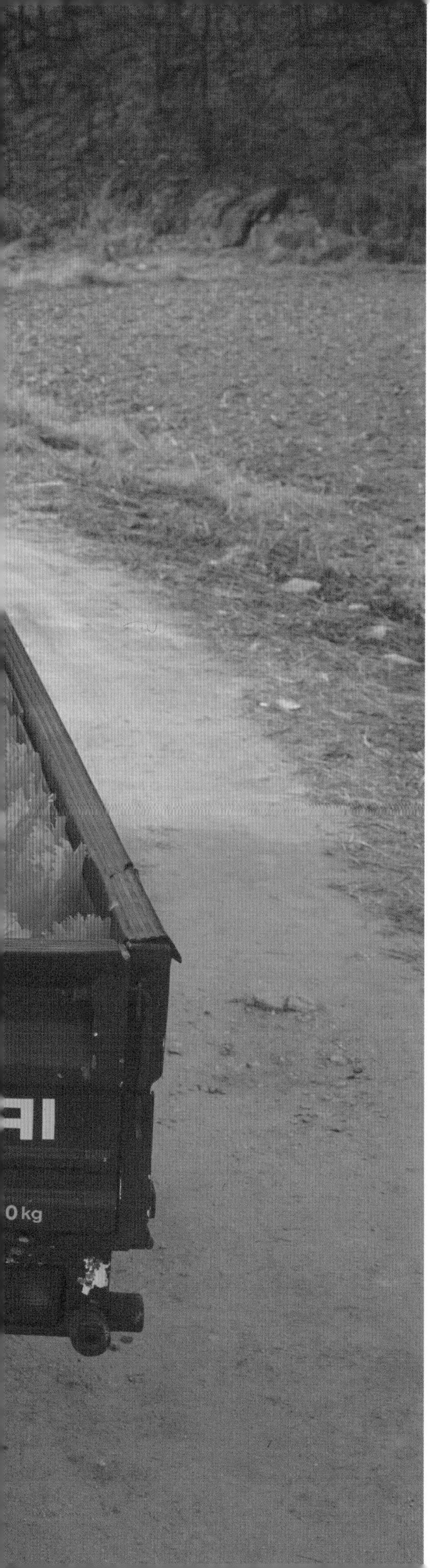

사진 | 임영균

82-2 진혼가 Requiem
2005 석고, 종이꽃, 자동차 적재함 Plaster, Paper Flowers, Pickup Truck Bed 설치 Installation
작가 소장 Collection of the Artist

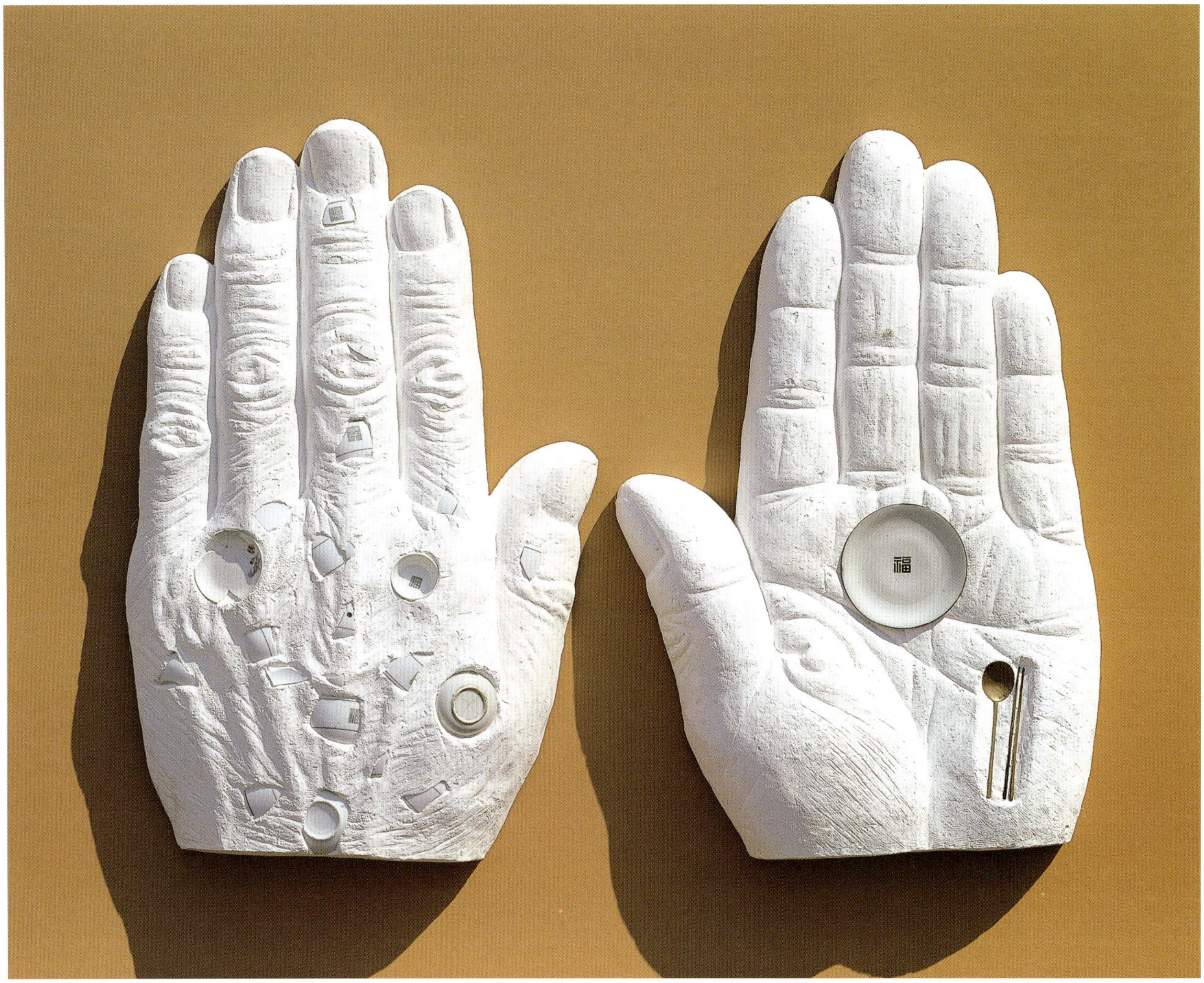

83 · 왼쪽 대지의 손–그릇 Ⅰ Hand of the Earth-Plate Ⅰ
2004 석고에 그릇 Plates on Plaster 105 × 70 × 10
작가 소장 Collection of the Artist

84 · 오른쪽 대지의 손–그릇 Ⅱ Hand of the Earth-Plate Ⅱ
2004 석고에 그릇 · 수저 Plates, Spoon, Chopsticks on Plaster 105 × 70 × 10
작가 소장 Collection of the Artist

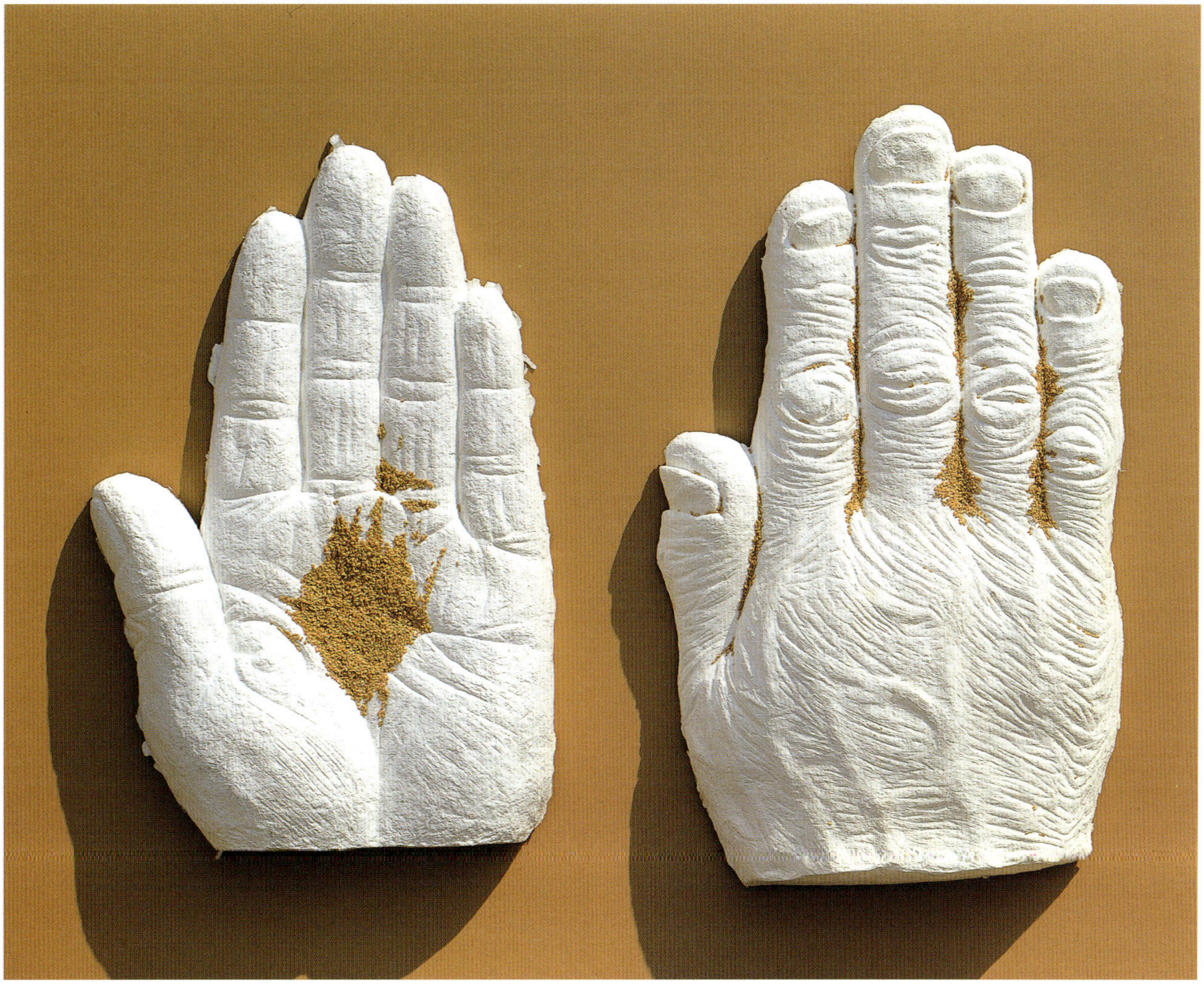

85 · 왼쪽 대지의 손–종자 I Hand of the Earth-Seeds I
2004 종이 부조에 볍씨 Rice Seeds on Paper Relief 105×70×10
작가 소장 Collection of the Artist

86 · 오른쪽 대지의 손–종자 II Hand of the Earth-Seeds II
2004 종이 부조에 볍씨 Rice Seeds on Paper Relief 113×75×15
작가 소장 Collection of the Artist

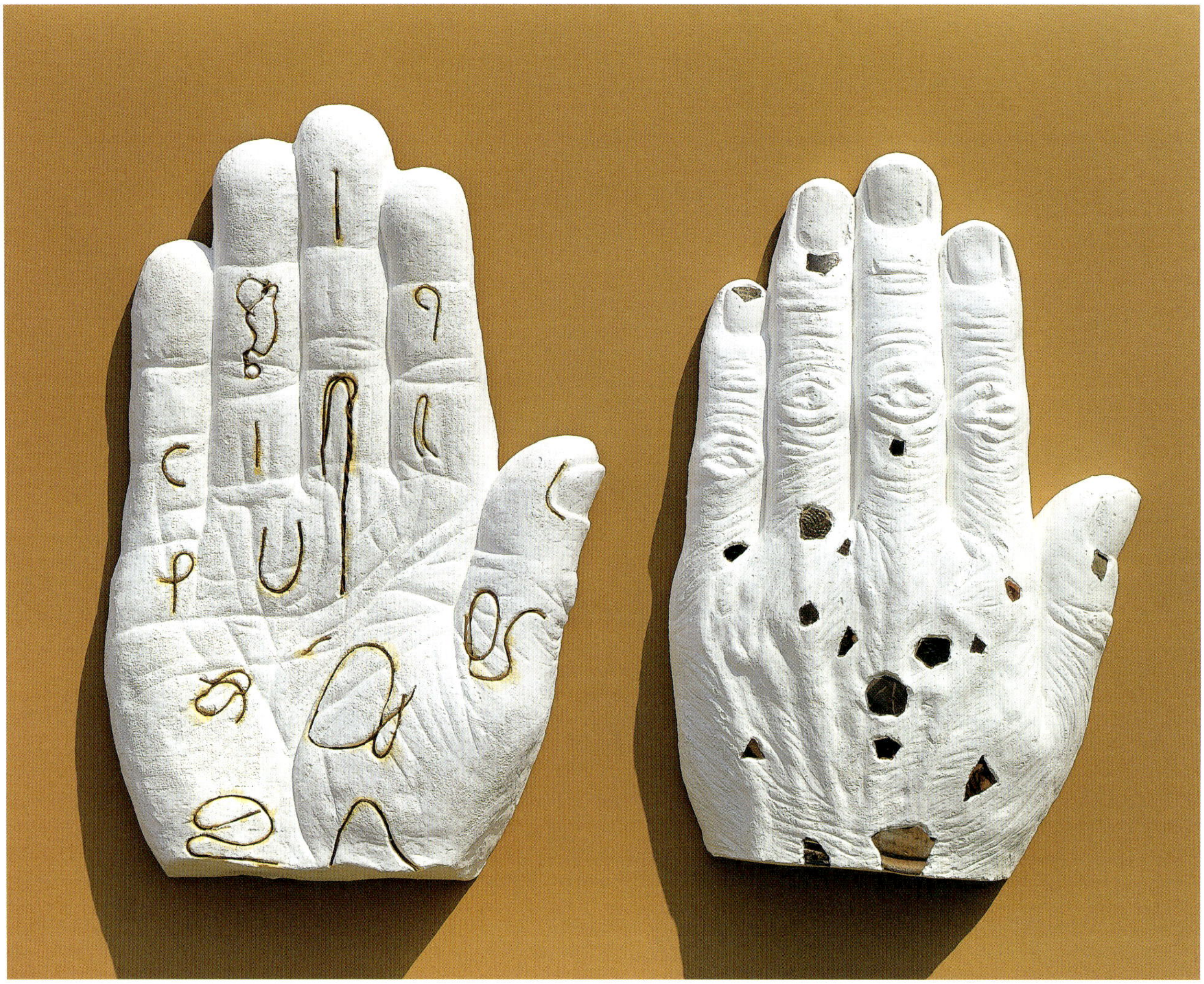

87 · 왼쪽 대지의 손-상처 I Hand of the Earth-Scar I
2004 석고에 철사 Wires on Plaster 113×75×15
작가 소장 Collection of the Artist

88 · 오른쪽 대지의 손-상처 II Hand of the Earth-Scar II
2004 석고에 항아리 파편 Broken Pots on Plaster 105×70×10
작가 소장 Collection of the Artist

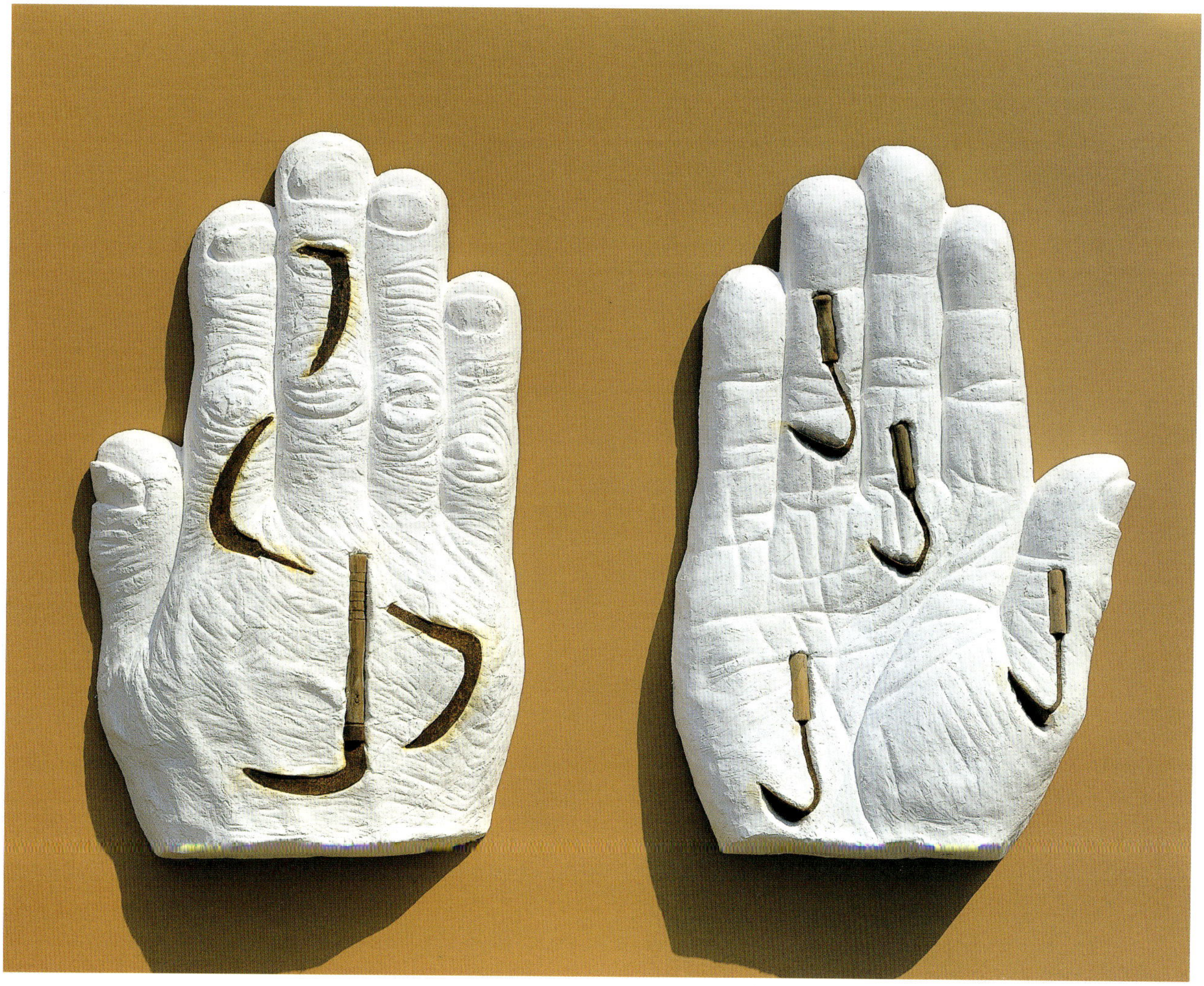

89 · 왼쪽 대지의 손-낫 Hand of the Earth-Sickles
2004 석고에 낫 Sickles on Plaster 113×75×15
작가 소장 Collection of the Artist

90 · 오른쪽 대지의 손-호미 Hand of the Earth-Hoes
2004 석고에 호미 Hoes on Plaster 113×75×15
작가 소장 Collection of the Artist

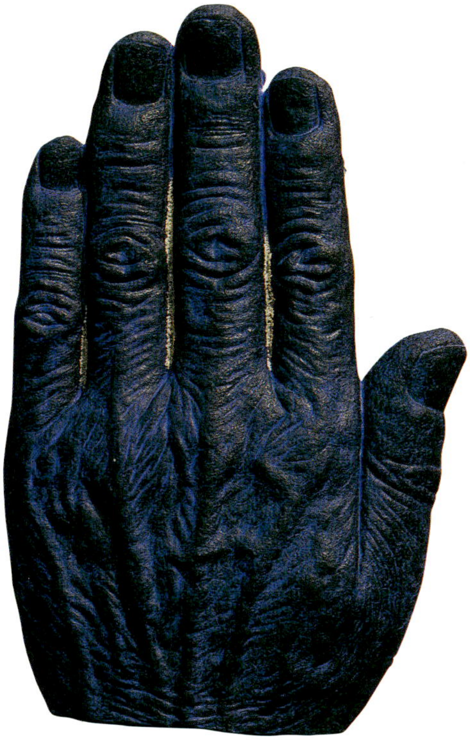

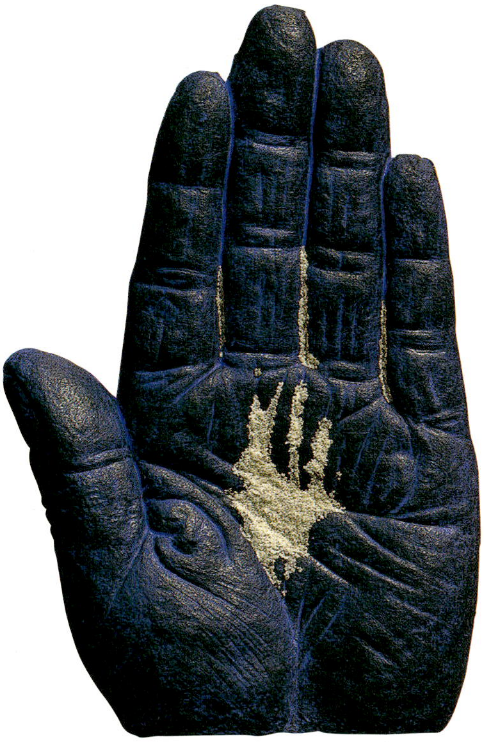

91 · 왼쪽 대지의 손–여자 I Hand of the Earth-Woman I
2004 종이 부조에 채색, 쌀 Rice on Colored Paper Relief 105 × 70 × 10
작가 소장 Collection of the Artist

92 · 오른쪽 대지의 손–여자 II Hand of the Earth-Woman II
2004 종이 부조에 채색, 쌀 Rice on Colored Paper Relief 105 × 70 × 10
작가 소장 Collection of the Artist

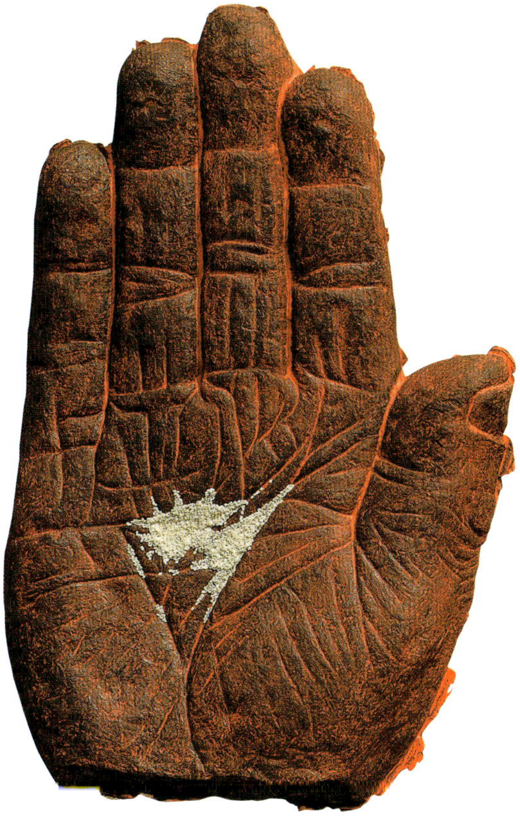

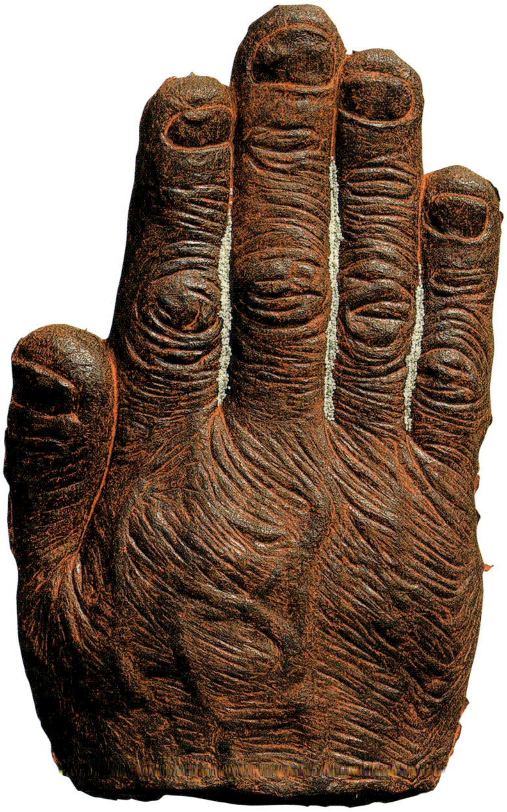

93 · 왼쪽 대지의 손–남자 I Hand of the Earth-Man I
2004 종이 부조에 채색, 쌀 Rice on Colored Paper Relief 113×75×15
작가 소장 Collection of the Artist

94 · 오른쪽 대지의 손–남자 II Hand of the Earth-Man II
2004 종이 부조에 채색, 쌀 Rice on Colored Paper Relief 113×75×15
작가 소장 Collection of the Artist

95 · 왼쪽 대지의 손-삽 Hand of the Earth-Shovel
2004 종이 부조에 채색, 삽 Shovel on Colored Paper Relief 113×75×15
작가 소장 Collection of the Artist

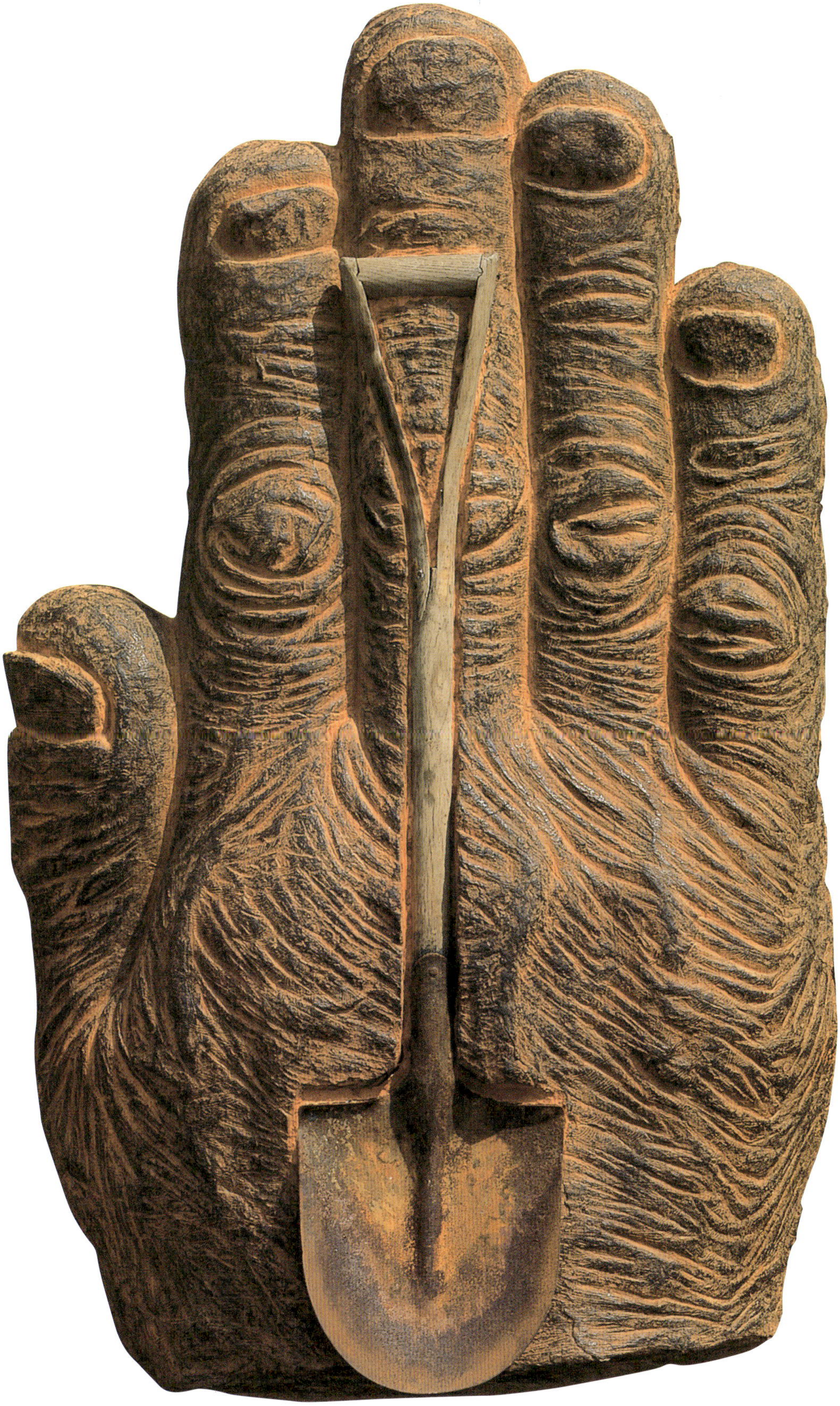

부대끼는 현실, 충돌하는 이미지들

이태호 미술비평 · 경희대 객원교수

1. '이 땅'의 '지금'을 그리다

이종구는 1976년 6월 첫 개인전을 연다. 《이종구 습작전》이란 이름으로, 인천시 공보관에서. 이는 대학을 졸업한 지 4개월 후의 일이다. 그의 첫 개인전을 보진 못했으나 이는 재학 중 그가 얼마나 작업에 열중해 있었는지 짐작케 한다. 그리고 스무 살 초반이던 당시의 그가 작가로 미래를 살아갈 마음의 준비가 돼 있었음을 엿보게 한다.

이종구의 본격적인 작품 활동은 군에서 제대하고, 모교인 인천동산고등학교에 교사로 부임하는 1980년부터 시작된다. 그 해 그는 《조형전》, 《현대미술상황전》 등에 출품한다. 그리고 1981년부터 1983년까지 《중앙미술대전》에 해마다 출품하여 입선, 특선, 장려상을 연이어 수상하면서 이른바 '중앙 화단'에 이름을 알리기 시작한다. 당시의 그의 그림은 소위 '극사실주의(hyper-realism)'라 불리던 일련의 작풍으로 그려진 것이었다. 1983년 《중앙미술대전》에서 장려상(차석상)을 수상한 〈장 · 3.25m^2 상황〉은 맨홀의 뚜껑이 반쯤 열려 있고, 그 옆에 '위험' 표지판이 서 있는 풍경이다. 70년대 중반부터 한국에서 보이기 시작한 극사실주의적 화풍으로 그려진 이 회화는 소재에 있어선 팝아트적이며, 내용에 있어선 문명 비판적이다. 극사실주의적 화풍은 당시의 민전에서 주목받고 있던 한 양식으로서 어찌 보면 이종구도 그것을 의식해 거기에 대응한 것으로 보인다. 하지만 여타 극사실주의적 작품들이 해외 작품들의 영향 혹은 모방으로 영문 타자기나 외국산 자동차, 혹은 가죽소파 따위를 소재로 그리고 있었던 것과 달리, 이종구는 당시 지하철 공사로 파헤쳐진 서울과 그 주변의 흔한 소재를 다루고 있다. 그는 무엇보다도 자신이 살면서 실제로 체험하는 생활 주변에서 소재를 취하고 있는 것이다. 작가는 수상 소감을 이렇게 말하고 있다.

> "공사를 하느라 뚜껑을 열어 놓은 아스팔트 위의 맨홀을 그렸다. 열린 맨홀 속의 긴장된 분위기를 나타냈다. 도로 위에 세워진 표지판에 형광 안료를 칠해 더욱 강하게 부각시켰다. 젊은 세대가 본 현실, 그리고 현실에 살고 있는 젊은이의 모습을 그리고 싶다. 앞으로 더 현실적인 이미지를 형상화시키겠다." –『중앙일보』 1983. 5. 7

이 짧은 발언에서 '현실'이란 단어가 두 번 나오며 '앞으로 더 현실적인 이미지'에 몰두하겠다는 말에 주목하지 않을 수 없다. 그러한 작품에서 곧바로 그는 자기가 태어나 자란, 부모 형제들이 오늘을 살고 있는 농촌 현실에 눈을 돌리고 그것을 그리기 시작하기 때문이다. 그 다음 해인 1984년부터 그가 창립 멤버로서 함께한 그룹 '임술년–구만팔천구백구십이'의 전시에 그는 할아버지와 아

함께 쿠르베의 회화와 인상주의 화가들의 그림을 비교해 봐야지만, 그 그림들이 얼마나 혁명적 전환을 한 것인지를 알 수 있기 때문이다.

요약하자면, 리얼리즘에서 가장 중요한 것은 당대성(contemporaneity)이라 말할 수 있다. 당시의 파리는 급격한 산업화와 도시화의 진행으로 도시의 외관뿐만 아니라, 시민들의 문화와 풍속과 의식이 급변하고 있었다. 프랑스 대혁명 후 정치적으로 제정과 공화정의 반복, 제국주의의 확대에 따른 해외 식민지 건설, 산업과학의 발전으로 인한 도시의 공장 건설, 노동 인구의 부족에 따른 농민들의 도시 이주로 파리시의 폭발적 인구 증가, 그에 따른 유흥 업소와 매춘의 성행 등 파리는 하루가 다르게 변하고 있었다. 예를 들어 신문의 종류와 발행 부수의 증가는 문화계의 판도를 새롭게 짜고 있었다. 신문에 연재된 캐리커처는 화가 도미에의 출현을 결과했으며, 연재소설은 발자크(Honoré de Balzac, 1799~1850), 외젠느 쉬, 알렉상드르 뒤마(Alexandre Dumas, 1802~1870), 에밀 졸라(Emile Zola, 1840~1902) 등 문인들을 일약 인기인으로 만들었다. 시대가 이처럼 격변하여, 이를테면 파리시에 기차가 달리고 있음에도 불구하고 신고전주의자들은 '신화' 운운하며 그림에 날개달린 천사를 그리고 있었다. 그들은 자신들이 이상적으로 믿어온 '고상한 것', 현실을 떠난 '우아하고 아름다운 모습' 만을 섬세하게 그리고 있었다. 그리고 그러한 그림만을 살롱전 등에서 '예술' 이라 취급해 줬다.

이러한 시대에 쿠르베는 '리얼리즘' 을 주창하며 '시시한 일상' 과 '하찮은' 평민과 '천박한' 노동 계층을 그리기 시작한 것이다. "내게 천사를 보여다오. 그러면 나도 날개 달린 천사를 그리겠다."는 말은 그의 시각적 진실에 대한 생각을 잘 요약하고 있다. 그러나 리얼리즘은 단순히 사실적으로 재현하는 그림의 양식을 가리키는 것이 아니라, 당시의 주류인 신고전주의의 이상적 '고상함' 에 반하여 사회 계층에 대한 계급 의식을 갖고 '지금' '여기' 에 있는 보통 사람들과 평범한 사물의 진실을 드러냈던 것이다. "기차가 인상파를 태어나게 했고, 비행기가 입체파를 탄생시켰다."는 우스개 같은 말이 있지만 하나의 미술 이념이 탄생하는 데에는 그 사회의 전반적 상황과 긴밀한 관계가 있음을 의미하는 말일 것이다.

이러한 맥락에서 이종구의 '농민회화' 가 최초로 그려지던 1980년대의 미술계 상황을 살펴볼 필요가 있을 것이다. 당시에는 1970년대부터 불기 시작된 이른바 '단색회화' 바람이 한국 화단의 주류로 자리잡고 있었다. 서구 모더니즘의 형식주의에서 회화의 본질을 향해 내닫던 중 도달한 것이 '미니멀리즘' 이었다. 미국이 주도하는 모더니즘의 한 맥인 미니멀리즘이 일본을 거쳐 '단색회화' 로 한국에 유입됐는데, 어찌된 일인지 '흰색' 이 '한국 민족의 색' 이 되어 어정쩡한 상태로 민족주의와 결합하면서 일대 유행을 하게 됐다. 이러한 작품들은 급변하는 현실의 정치적 사회적 상황과는 완전히 담을 쌓고[3], 현실에 대한 미술의 어떠한 개입도 금기시하며 '새로운 민족정신을 표현하는 매체로 한지를 발견' 하는 등 허망해 보이는 형식 실험을 계속하고 있었다.

하지만 1980년에 들어서자 '현실과 발언' 동인을 비롯한 몇 미술 그룹이 그런 미술에 대한 거부를 표명하며 나타나기 시작한다. 이들은 형식주의가 아니라 일종의 '내용주의' 혹은 '도구주의

(instrumentalism)'를 표방하며 미술로서 정치적·사회적·문화적 현실에 대해 발언을 시작하는 것이다. 앞서 언급한 것과 같이 이종구도 '임술년'의 회원으로서 '지금' '이곳'을 증언하기 시작한다. 그러한 시대에 시작한 정부 양곡부대 위의 '농민 그리기'는 당시의 정치와 미술계의 상황으로 볼 때 일종의 도발이었고, 어쩌면 용기를 필요로 하는 일이었다. 그리고 그러한 행위는 마치 쿠르베의 사실주의, 즉 미술이 비현실적 고상한 이상론에서 맴돌고 있을 때 자기 이웃의 평범한 진실을 찾아 나선 행위와 용기를 떠올리게 한다.

한편 1980년의 한국 상황은 박정희 정권의 개발 독재를 이어받은 전두환 정권에 의해 '근대화'가 계속되면서 서울시를 비롯한 대도시들이 팽창하는 한편 농촌의 전통적 모습은 급속히 와해되고 있었다. 특히 1990년대 들어 이른바 '우루과이 라운드'와 함께 값싼 외국산 농산물의 수입이 개방됨으로써 농촌은 '희망이 없는 곳'이 되고 있었다. 그래서 그는 아낙네와 노인들만이 남아 농토를 지키는 모습(〈벼베기〉, 〈논두렁〉, 〈봄〉, 〈이른 봄〉(1992))을 묘사하기 시작한다. 그리고 그가 그린 논 한가운데에 느닷없이 외국산 농산물의 상표가 선다. 1986년, 작가는 이렇게 쓰고 있다.

> 그런데 오늘의 땅의 모습은 상처 나고 병들어서 인간의 삶에 큰 변화를 주고 있으며 영원한 삶의 터전으로서 잘 지켜지지 못하고 있다. 우리의 역사에서 사회적 경제적 기반을 이루어 오던 농토는 농토의 해체를 가져 오면서 생산의 힘을 잃고 투기의 대상이 되어 자본적 가치로 변하거나 관광 개발의 이름으로 소비적인 유흥과 환락의 땅이 되어 가고 있음을 우리는 보고 있다. 그것은 우리의 정신적인 땅, '고향'을 잃는 것이겠으며 나의 뿌리를 뽑히는 일이기도 하다.

작품 〈국토-수몰지의 마지막 여름〉(1991)은 폭 200cm의 부대종이에 그린 대작으로 개발에 의해 농사터를 떠나야 하는 농민을 그리고 있다. 그림 상단에는 외국어로 쓰인 델몬트 바나나 상표가 있고 "내가 버린 농약병에 우리 마을 오염된다."는 농수산부 농약공업협회의 구호가 허공에 걸려 있다. 낫을 들고 논밭에 주저앉아 무엇인가 강변하는 〈UR-권씨〉의 뒤에도, 3부작인 〈강씨-UR 가을〉에도 외국산 농산물이 지평선의 확대를 방해하며 서 있다. 90년대 초에 그린 이 그림들은 농기구를 내려 놓고 뒤돌아 앉아 있는 농민의 모습을 그린 작품 〈논두렁〉에서 보듯이 작가가 농촌에 대한 희망을 잃어 버리고 있다는 느낌을 준다. 수몰지를 그리면서 작가의 농민에 대한 기대와 희망도 수몰된 것일까. 그러한 느낌은 90년대 중후반에 주로 그리는 정물들에서도 확인된다.

3 실제로는 한국의 미술이 한국의 정치·사회 등 제반 상황과만 단절돼 있던 것이 아니었다. 1970년대에는 미국 등지에서 백인 남성이 주도해돈 모더니즘 전반의 편협성과 형식주의를 비판하면서 그것의 해체와 극복을 논의하고 실천하는 포스트모더니즘이 일어나고 있었음에도 불구하고, 한국의 미술계는 해외에서 1960년대에 등장항 미니멀리즘을 뒤늦게 받아들이며 형식실험을 되풀이 하고 있다.

4. 정물과 풍경

이종구는 90년대 중반에는 다시 극사실적인 기법으로 정물들을 그린다. 시점도 위에서 내려다본 부감법이어서 어떤 면에선 10여 년 전 《중앙미술대전》의 〈장 · $3.25m^2$ 상황〉 시절로 되돌아간 느낌도 있다. 실제 소반 위에 볍씨 한 되(〈유언〉(1995)), 물 한 사발(〈정안수〉(1995)), 낫 한 자루(〈낫〉(1995))를 그리거나, 밥상(〈밥상-壽, 福, 祿〉(1993))이나 고무신과 슬리퍼(〈부부〉(1996)) 등을 그린다. 작가의 부친이 1995년에 타계하는데, 이런 사실이 분명히 이와 같은 정물 그림이 나타나게 된 동기가 됐을 것이다. 그러나 한편으로는 그의 농촌마을이 그에게 조차 낯설어질 만큼 변해 버렸고 더 이상 고향으로 느끼기조차 어려워졌을 뿐 아니라 마침내는 어떤 희망도 부질없는 것으로 만들고 있기 때문으로 느껴진다. “희망의 땅이 사라지는 지금, 나는 아직 땅을 그리되 노동의 현장이 아닌, 노동을 기다리는 땅, 노동이 있어야 할 땅을 대신 그리고 있다. 그것이 언제까지 계속될지 이젠 나도 알 수 없다. (1996)”고 그는 말하고 있는데, 어찌 보면 그는 땅을 잃음으로써 그림의 대상을 잃어가고 있는 것 같다. 이 같은 정물(〈물-수〉, 〈물-복〉, 〈국토-수〉, 〈국토-복〉, 〈물 1〉, 〈물 2〉, 〈국토-남남북녀〉 등)은 2002-3년에도 보다 큰 화면에 같은 기법으로 되풀이 그려진다. 그런데 내 눈에는 이 그림들이 하나의 화석들처럼 느껴지면서 생생한 의미로 다가오지 않는 것 같다. 나는 그가 어느 특정한 땅과 지역을 대상으로 할 때는 언제든 그것을 잃을 수 있다고 생각한다. 그러나 그가 ‘사람들’ 을 대상으로 할 때에는 그것을 잃을 염려도 없으며, 언제든 생생하고 다이내믹한 그림을 그릴 수 있을 것이라 생각한다. 사람은 그 땅을 떠나서 도시이든 외국이든 옮겨서도 또다시 후손을 남기며 끈질기게 생명을 이어가기 때문이다.

2000년에 들어 그는 국토를 그리기 시작한다. 〈영토-압록강에서 두만강까지〉(2002)는 높이 227cm에 폭 362cm의 장대한 크기로 대하드라마처럼 펼쳐진다. 여기에는 압록강에서 두만강 뿐 아니라 옛 만주 땅과 지금의 북한 땅을 아우르며 백두산 천지에 이르는 국토의 장대한 산하를 그려 놓았다. 특별히 1년 반에 걸쳐 캔버스에 유채로 그렸다는 이 그림은 작가의 국토에 대한 사랑을 포함해, 그가 얼마나 진지하게 그림을 그리고 있었는지를 한눈에 알게 한다. 이어서 〈백두대간-아, 지리산〉과 〈백두대간-덕유산 향적봉에서〉를 그리는데, 모두 폭 260cm의 대작들이다. 그러나 이러한 그림들에는 한편 사진기가 발명된 이후의 회화의 갈 길에 대해 고민하게 하는 부분이 있다. 나는 혁명에 뛰어들었다가 그 와중에서 해외 도피 중 객사를 하는 쿠르베에게도 그와 같은 고민이 있지 않았을까 상상해 보는데, 이종구의 국토를 그린 그림들은, 그 앞에서 받는 시각적 감동에도 불구하고, 작가가 어떤 추상화된 ‘관념’ 에서 출발하고 있다는 생각을 하게 된다.

5. 다시 오지리에서

이종구는 최근 다시 오지리로 돌아와 있다. 돌아와 〈내 친구 김기운〉, 〈산불〉, 〈문씨〉, 〈창수어머니〉 등을 그린다. 이 그림들은 초상화이며 동시에 풍속화이다. 그려진 인물 한 사람 한 사람이 자신들이 처해 있는 상황을 대변하는 것 같다. 적당히 살이 오르고 배가 나온 〈내 친구 김기운〉은 노동으로 깡말랐던 꼬장꼬장한 옛 농부와 다른 모습이다. 여차하면 옷 바꿔 입고 휭하니 자가용 몰고 읍내를 다녀올 것 같다.

나에게 특별히 감동적인 작품은 〈다시 오지리에서〉이다. 지난 대선 때의 각 대통령후보의 선거포스터가 붙어 있고, 벽보 앞에는 두 사람과 두 마리의 외국산 개, 한 마리의 소, 고무신 한 켤레가 있다. 특별히 장세동 후보의 벽보 앞에는 검정 고무신만 있다. 검정 고무신, 동물, 사람에 떨어지는 빛의 방향이 각각 달라 그림자가 각각 다른 방향으로 늘어뜨려져 있다. 미술사에서 그림자에 가장 집요한 관심을 갖고 표현한 유파는 초현실주의자들이었다. 이종구의 이 작품에도 그런 초현주의자들의 면모가 보인다. 사람 중 한 사람은 그림자만 있고, 개 중에 한 마리는 자취만 있다. 실체는 어디론가 사라졌다. 오지리를 떠난 것일까, 아니면 이 세상을 떠난 것일까? 자세히 보면 사라진 개는 다른 외래종 개와는 달리 꼬리가 꼬부라진 진도개 혹은 황구라 불리는 우리 주변의 잡종개 같다. 세상의 선거는 쪼그려 앉아있는 이들의 삶과 무관하게 치러지고 있는 모양이다. '서산 아라비안 관광나이트' 는 또 이들과 어떤 관계일까. 벽보 아래에는 그것을 등진 채 쪼그리고 앉아 있는 사람과 그저 외국산 개와 소가 맴돌 뿐이다.

이종구는 지난 89년 대통령 당선자 노태우의 감사벽보 앞에 똑같이 세 사람이 쪼그리고 앉아 있는 그림(〈오지리에서〉1988)을 그렸었다. 그 후 15년이 지나 같은 모델과 풍경을 다시 그린 이번 그림에선 그들이 그동안 나이를 먹었음을 알 수 있다. 쪼그려 앉은 채 10여 년이 흐르고, 그 세 사람 중 담배를 물고 있던 한 사람은 사라졌다. 두 그림 사이의 대비가 쓸쓸함을 자아낸다. 마치 영화에서 자동차를 탄 주인공 뒤로 배경이 무심히 흐르듯 사람들 뒤의 벽보는 세월 따라 제 뜻대로 바뀌고 있고, 쪼그려 앉은 이들은 오늘도 여전히 쪼그려 앉은 채, 그저 나이를 먹거나 저 세상으로 혹은 다른 세상으로 사라져 갔다. 이것이 오늘날의 '오지리' 풍경인 것이다.

이러한 회화에 나타나는, 결코 단순하지 만은 않은 양식과 내용이 이종구의 리얼리즘이다. 그것은 쿠르베의 리얼리즘도 아니고 살바도르 달리(Salvador Dalí, 1904~1989)나 리처드 에스테스(Richard Estes, 1936~) 앞에 접두어가 붙어있는 리얼리즘도 아니다. 그리고 이러한 작품에서 나는 이종구의 독특한 '힘' 과 만난다. 나는 언제나 그의 방식과 내용이 지금보다 더 생생하게, 보다 더 자유분방하게, 어떤 사조나 주변의 평가에 거리낌 없이 활달하게 전개되었으면 하고 바라고 있다.

*나는 최근 이종구의 '손' 을 주제로 한 입체작품과 '돼지' 등 설치미술이라 부를 수 있는 새로운 작품을 보았다. 이러한 최근의 작품에 대해서는 다른 기회에 서술하고자 한다.

E S S A Y

The Troubling Past, Conflicting Images

Lee Tae-ho Guest Professor, Kyung Hee University

1. Capturing This Earth s Now

Lee Jong-gu began working as a full-scale artist in the year 1980. His works during this period were a series of paintings done in the style of self-appointed 'hyper-realism'. In 1983, Lee's work, *A Place · 3.25m² Situation*, was chosen as the first runner-up in the *Joongang Art Festival.* This specific piece depicted a view of a manhole half-opened with a danger sign placed beside it. In Korea, this style of 'hyper-realism' began in the mid 1970's and its pop art-like subjects criticized civilization. In the year 1984, Lee presented his works, *History-My Grandfather* and *History-My Father* and ever since then, he began walking down the road as a 'rural artist.'

When looking at Lee's works finished after the year 1984, the transformation of Korea's rural villages during the 1980's, the conflict that the Korean farmers faced, and how they lived on a monthly basis, as well as the hope and despair that they went through during that period can be acutely felt in his works. That is why his title as a 'rural artist' is not ungrounded. With excellent realistic skill, he began drawing portraits of his father, uncle, and other members of his family on army-issued paper that had 'Government-provisions' stamped in blue.

The works that makes use of army-issued paper exhibit the appearance and the practice of a type of collage. A collage-like effect arose from the haphazard-like conflicts between the diverse images that appeared together on a single canvas. The artist painted figures on a background where the imprints of 'Government-Provisions 20kg' and 'Barley' were clearly visible and next to this, he either painted or attached actual family-registration documents, letters, or the like that offered information on his subjects. On one canvas, Lee used the collage method with the realistic depictions of figures using shadows. This is the difference between Lee's works and other works that are generally called realistic. On works that were done on either paper or vinyl sacks, there are mostly 3 to 4 layers of images that appear to be in conflict with each other. In the piece, *At Daesan*(1985), moving past it being a portrait of an individual, it also shows the realities that enveloped this person during that generation. Depicted on a picture made from two vinyl bags attached together, there is a farmer wearing a gas mask with a shovel resting upon his shoulder. The basis of wearing the mask was in all probability due to the extensive use of pesticides that took off in the 1980s. For that reason, the images of the masked farmer and the armed police in riot-gear in the cities overlapped with each other affirms how modernization in Korea has been walking down a road that has placed importance on merely expanding the economy and was totally unconcerned with the environment and the ideas of the preservation of life.

While the artist made equivalent use of both the army-issued paper and the vinyl sacks, he used acrylics on the former and oil colors on the latter. In 1986, Lee opened a private exhibition at the Art Court Min with thirty of his works based on subjects from rural villages. At this exhibit, in addition to the paintings completed on army-paper and vinyl sacks, there were also 3-dimensional works such as *Shovel 1* and *Small Land* on display. This show was entitled "The People of the Earth."

In works thereafter, beginning with his father, images of other farmers and cows and of agricultural tools such as scythes and weeding hoes have continuously appeared in Lee Jong-gu's works. The ways in which they have appeared are diverse. If figures and animals, objects and advertisements appear together, they are portrayed in ways that shatter realistic proportions and exaggerate to surrealistic proportions. Or if they were drawn in smaller sizes they appear to be in a tense relationship with one another. Also, if there is an objet, another may be symbolic. Nonetheless, rather than an objectively realistic portrayal, the artist's subjective mental images are complexly manifested. But, the question asked here is why does Lee Jong-gu use images of Dadaistic collisions and surrealistic distortions rather than traditional realism? Perhaps it is for the reason that it is too difficult to capture the Korean farmlands and the lifestyles of these farmers in a realistic manner since they appear to have lost most of their past likenesses. It seems as if the artist thinks that depicting the image of today's dissolved farmlands in a traditional realistic way is much too out of date.

There is a need to take a closer look into the artistic world of the 1980s when Lee Jong-gu first began painting as a 'rural artist.' So-called "monochrome paintings" which first made its appearance in the 1970's, later became the mainstream of the Korean art world. Such works built a wall against the drastically changing reality of Korea's political and social state of affairs. Any artistic interference made towards reality was made taboo and experimental testing was continued. It was seen as an audacious move during that period to paint upon the subject of the Korean farmlands on government-issued grain sacks when the sacks had just began to be issued by the government. In many aspects this was an action that required courage. Likewise, this act is reminiscent of Courbet's representationalism and his courage to paint the sincere nature of his commonplace neighbors at a time when idealism was circulating the art world.

In the 1980's, under Jun Doo-hwan's dictatorship which continued Park Jeong-hee's efforts in modernizing Korea, major cities beginning with Seoul were rapidly growing and expanding. Meanwhile, the traditional features of rural Korea were dissolving. What is more, in the 1990's due to the so-called "Uruguay Round" and lifting the ban on foreign agricultural products, the countryside became a place without hope. This is how Lee began to portray the elderly women and men who were left to maintain the farmland in his pictures, *Harvesting*, *The Leeve of Rice Paddies*, *Spring* and *Early Spring*(1992). And in the middle of the rice paddies that he has painted, there unexpectedly stands a trademark of a foreign agricultural brand.

2. Again in Ogi-ri

Lee Jong-gu has currently returned to Ogi-ri. Upon his return, he has painted *My Friend Kim Ki-woon*, *Mountain Fire*, *Mr. Moon*, *Chang-soo's Mother* and more. These works are portraits as well as being simultaneously a genre painting. The most touching among his works to me is *Again in Ogi-ri*. In this work there are posters of each presidential candidate from the last elections, and standing in front of the wall posted with newspapers are two persons with a pair of foreign dogs, a cow, and one pair of traditional Korean gumshoes. It appears as if the elections of this world have nothing to do with the lives of the two persons who are hunkered down on the ground. And how is the "Seosan Arabian Tourist Nightclub" related to them? The two people who are sitting with their backs to the wall where newspapers have been posted, as well as the foreign breed of dogs and cow keep on circling in my mind. In his work, *At Ogi-ri*(1988), Lee once drew three people sitting in the same exact position in front of Noh Tae-woo's thank-you poster when he won the election in 1989. Fifteen years later, the models and background are the same and you can tell that the identical persons portrayed have aged. Fifteen years have passed and they are sitting just as they were. But the man with the cigarette in his mouth has disappeared. Has he left Ogi-ri, or has he left this world? The contrast between the two remaining characters evokes a sense of loneliness. Just as the scenery in movies automatically change, the wall of newspapers behind the two have changed according to the times and those squatting on the ground have either gotten older or have disappeared into death or to another place. This is landscape of today's "Ogi-ri".

The subjects and style appearing in these paintings are not as simple as they appear; this is Lee Jong-gu's realism. It is neither Courbet's realism, nor the type of realism that are posted in front of Salvador Dali or Richard Estes. And from these works I am able to meet Lee's unique 'strength.'

《올해의 작가 2005-이종구》 전에 부쳐

우리 나라 농촌을 그림의 주제로 삼아온 지도 어언 20여 년이 흘렀다. 내가 본격적으로 작업을 시작한 1980년대 초반, 당시는 총체적으로 부조리한 권력이 사회를 억압했고, 비인간적인 일들이 만연한 권위주의 시대였다. 그 시대에 나는 작가란 본질적으로 시대의 기록자요 감시자이고, 나아가 비판적인 역할을 수행해야 한다고 생각했다. 궁극적으로 예술이 인간다운 삶과 아름다운 세상을 위해 존재해야 한다고 믿었기 때문이다. 예술이 세상을 변화시키는 데 작은 역할을 할 수 있다는 소박한 믿음도 있었다. 바로 리얼리즘으로서 나의 그림이 시작된 근거였다.

나는 그림 그리기를 통하여 마치 꺼져 가는 불씨와 같은 농촌에 희망의 메시지를 전하고 싶었고, 궁극적으로 평등하고 아름다운 세상을 만들기 위해 노력해 왔다. 그러나 세상은 나의 의지와는 아무런 상관없이 변화를 거듭했고, 현실은 점점 더 어렵게만 되었다. 미술이 세상을 변화시키는데 과연 무슨 역할을 할 수 있을까 하는 의문이 생긴 것이다.

그럼에도 불구하고 나는 여전히 그림을 통해 세상을 이야기하고, 그림이 어떤 역할을 수행해야 한다고 굳게 믿고 있다. 세상이 나를 규정하고 사회가 나를 형성했기 때문이다. 예술은 결국 시대와 사회의 산물인 것이다. 그림은 결코 허황되거나 무의미한 것이 아니다. 현실 속에서 그림이 가진 힘이 아주 미미할지라도 나는 그림을 통해 우리 인간들의 삶을 억압하는 시대의 폭력에 대항하고 싶다.

첨단 과학의 시대, 세계화의 시대이다. 미술도 이런 시대 변화를 반영하거나 앞서 가고 있다. 그러나 나는 맹목적으로 세계화를 좇거나 변화하는 유행을 따르고 싶지 않다. 나는 민족적 현실과 민중적 삶을 소중히 여기고 이를 작품으로 형상화하는 데 온 힘을 쏟아 왔다. 국립현대미술관이 나를 '올해의 작가'로 선정한 것도 이 때문일 것으로 믿는다. 이를 계기로 더욱 민족의 현실과 민중의 삶을 그리는 데 노력하겠다. 나아가 우리 민족의 삶이 중심이 되고 또는 대등한 입장에서 세계화에 이르는 작업을 하고 싶다.

2005. 5
이종구

2 0 0 5
ARTIST'S NOTES

Upon the commencement of *Artist of the Year 2005-Lee Jong-gu* Exhibition

Twenty years have passed since I first began painting upon the subject of our country's rural communities. That is, it was in the early eighties when I started capturing the rural countryside onto my canvas in full scale. Generally this period was a time when our society was under the control of excessive authority. And it was an era of authoritarianism where inhumane acts were widespread. For the duration of that era, I felt that a painter had an essential role to perform as a critical commentator of the times. In the long run, I also believed that the arts existed for the sake of a creating a better world and a more humanitarian existence. I naively believed that art could playa minor role in changing the world. And it was this belief in the capabilities of realism that my works first began.

However, as I continued to paint, I realized that the role that art is able play in this world is trivial to the point of near-powerlessness. Through my paintings I had wished to send out a message of hope to the rural communities that were diminishing like a flickering flame. And my ultimate goal was to help make the world a more equal and beautiful place to live. But, this world regardless of my will transformed over and over again and reality became increasingly more difficult. I began to question the role that art played in being able to transform this world.

Nevertheless, I talk about this world through my art the same as ever and I also still firmly believe in which role art should play. This is because the world has regulated me and also because society has shaped me. In the long run, art is the product of society and the generation from which it was created. Paintings are never ungrounded or meaningless. Although the power that art has in the realities of this world may be weak, I hope to stand up against the violence that this world welds towards suppressing our lives with my art.

This is the generation of the advanced development of ultramodern sciences and technology as well as the age of globalization. Art forms reflect these changes or they go before it. However, I do not wish to blindly follow globalization or the changing fads of the times. I put all my efforts into manifesting democratic realities and democratic lifestyles that I find valuable into my works. I believe that this is the reason behind the National Museum of Contemporary Art's decision in selecting me as *The Artist of the Year*. With this as a momentum, I will continue my endeavors in capturing democratic realities and democratic lifestyles into my work. Furthermore, I wish to work to make our county's existence the main focus and to achieve globalization from an equal position through my works.

2005. 5
Lee Jong-gu

이종구
李鍾九

1954 충남 서산시 대산읍 오지리 출생
1976 중앙대학교 예술대학 회화과 졸업
1988 인하대학교 교육대학원 졸업

개인전

1976 이종구 습작전 (인천시공보관, 인천)
1986 땅의 사람들 (그림마당 · 민, 서울)
맥향화랑 초대전 (맥향화랑, 대구)
1988 온다라미술관 초대전 (온다라미술관, 전주)
1990 오지리 사람들 (오지초등학교, 서산)
1992 땅의 사람들 (학고재, 서울)
예지화랑 초대전 (예지화랑, 대구)
1996 가나미술상 수상기념전 (가나화랑, 서울)
1997 해반갤러리 초대전 (해반갤러리, 인천)
1999 귀향-오지리 사람들2 (서산문화회관, 서산)
2003 국토 (학고재, 서울)
주인을 찾습니다-이라크 · 이슬람 기행 (신세계갤러리, 인천)
2004 땅의 정신 땅의 얼굴 (북하우스, 예술마을 헤이리, 파주)
2005 올해의 작가 2005-이종구 (국립현대미술관, 과천)

주요 단체전

1980~83 조형전 (문예진흥원 미술회관, 서울)
1980~85 현대미술상황-인천전 (남빈화랑, 정우회관 등, 인천)
1981 인천미술 30년전 (인천시공보관, 인천)
중앙미술대전 (국립현대미술관, 서울)
1982 임술년 '구만구천구백구십이에서' 창립전 (덕수미술관, 서울)
동아미술제 (국립현대미술관, 서울)
중앙미술대전 (국립현대미술관, 서울)
대한민국미술대전 (국립현대미술관, 서울)
1983 중앙미술대전 (국립현대미술관, 서울)
1983~87 임술년전 (서울, 부산, 대구, 광주 등)
1984 삶의 미술 (아랍문화회관, 서울)
해방 40년 역사전 (아랍문화회관, 서울)
1985~91 지평전-창립전 (인천시공보관, 인천)
1986 우리 시대의 30대 기수 (그림마당 · 민, 서울)
JALLA-민중의 아시아 (동경도미술관, 동경, 일본)
1987 오늘의 인천미술 그 형상 (문화회관, 인천)
문제작가 작품전 (서울미술관, 서울)

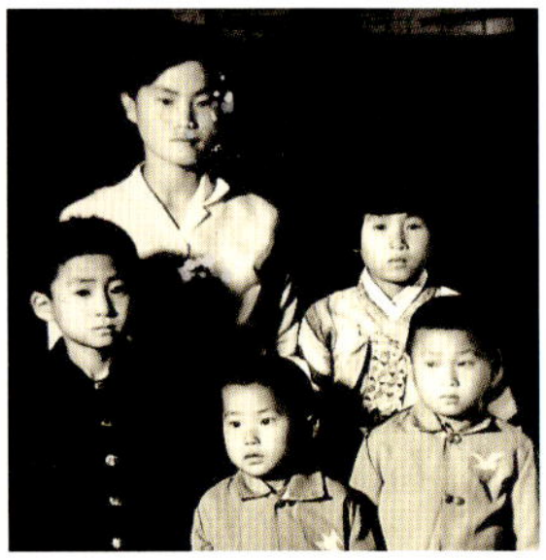
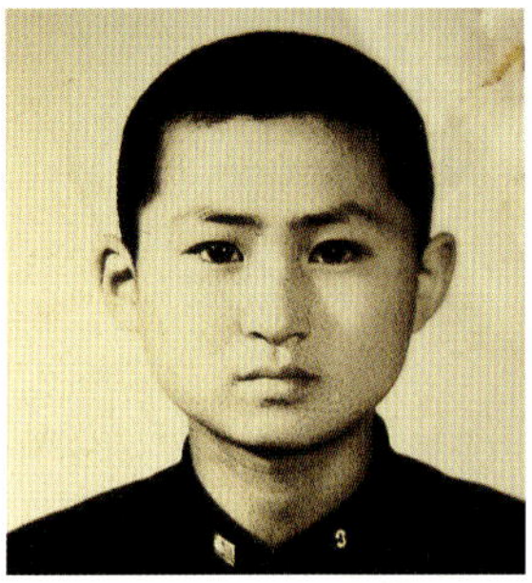
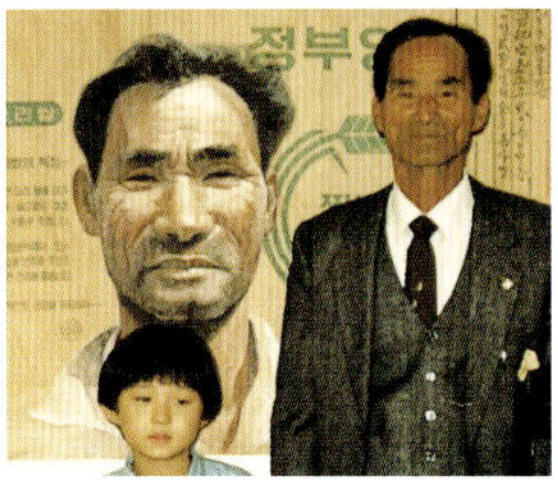
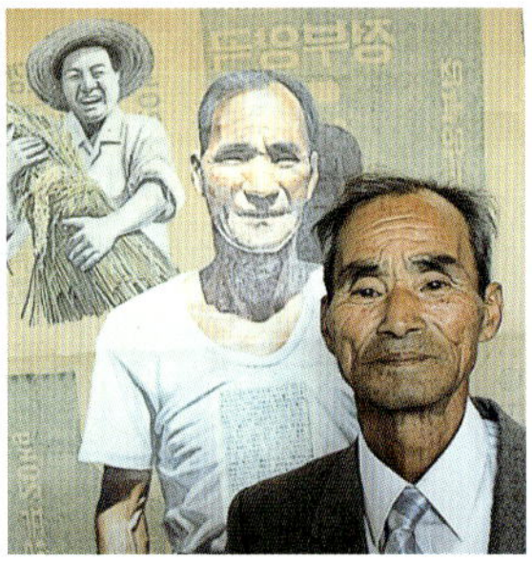
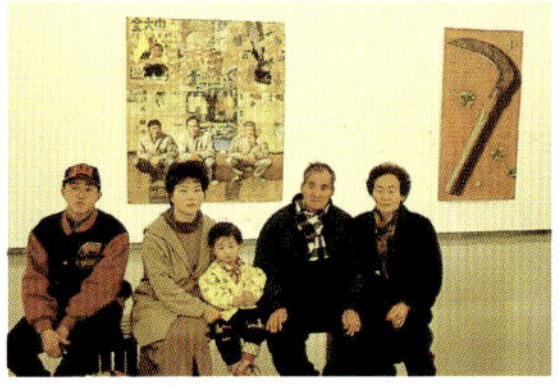

내 작업의 버팀목이 되어 주었던 가족들. 위에서부터 형제들과 함께(맨왼쪽이 작가, 1962), 동산중학교 재학 시절(1968), 첫 개인전에 오신 아버지(1986), 《오지리 사람들》 전에 오신 아버지(1990), 《민중미술 15년》 전을 찾은 가족들(1994)

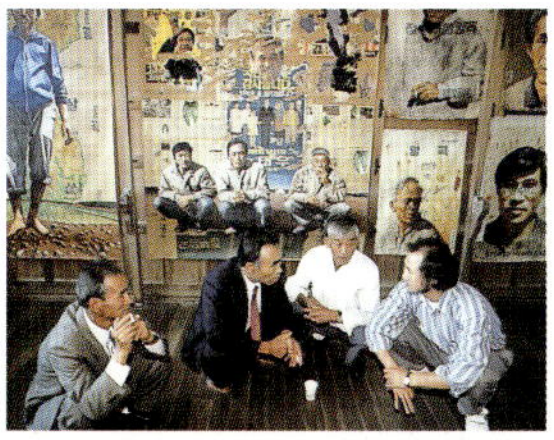
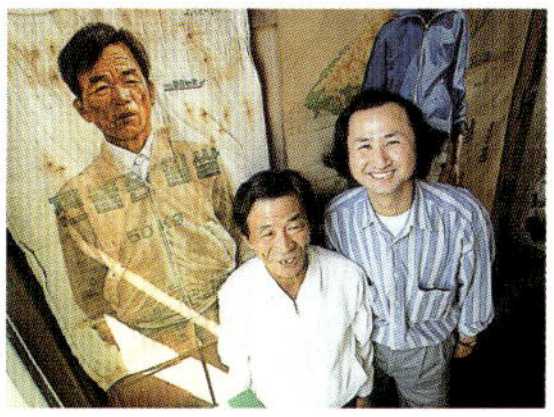
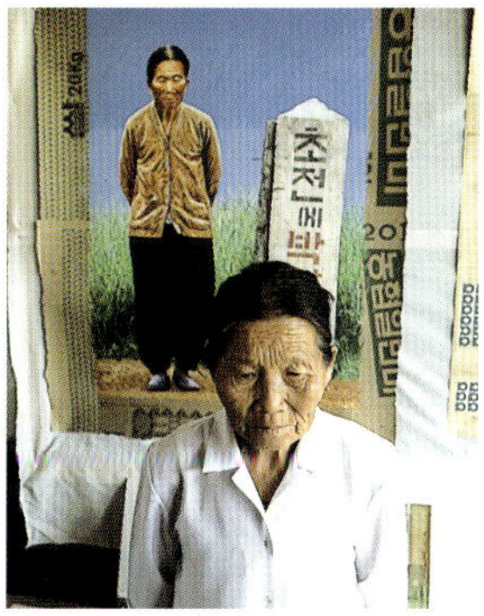
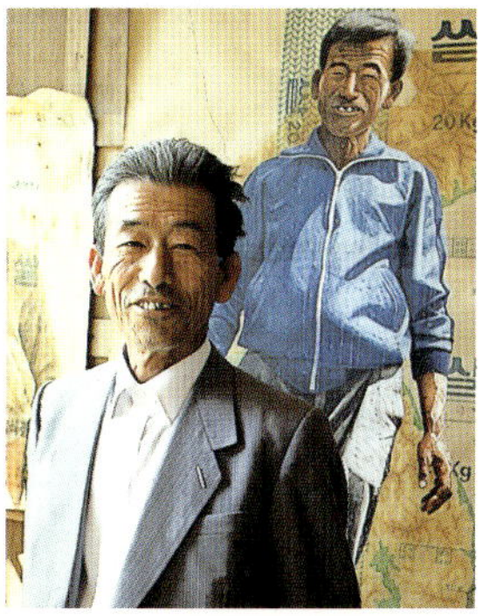
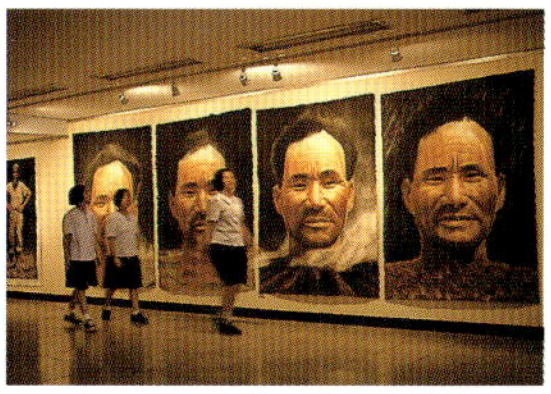

1988 민중미술-한국의 새로운 문화 운동 (아티스츠 스페이스, 뉴욕, 미국)
1988~90 4인의 우리땅 동행-창립전 (그림마당 · 민, 태백문화회관, 한선갤러리 등)
1989 황토현에서 곰나루까지 (예술마당 금강, 서울)
80년대 형상미술전 (금호미술관, 서울)
1990 오월이여, 광주여 (그림마당 · 민, 서울)
농촌 현실과 농민의 모습 (온다라미술관, 전주)
조국의 산하전-민통선 부근 (그림마당 · 민, 서울)
1991 전환시대 미술의 지평 (금호미술관, 서울)
통일전 (그림마당 · 민, 서울)
한국현대미술의 한국성 모색-갈등과 대결의 시대 (한원갤러리, 서울)
1992 오늘의 삶-오늘의 미술 (금호미술관, 서울)
JALLA-제3세계와 우리들 (동경도미술관, 동경, 일본)
1993 코리아 통일미술전 (센트랄미술관, 동경, 일본)
태평양을 건너서-한국 현대미술 (퀸즈미술관, 뉴욕, 미국)
땅의 현실전-김정헌 이종구 2인전 (서인화랑, 서산)
마음으로 보는 감동 눈으로 읽는 감동 (동아갤러리, 서울)
1994 민중미술 15년 (국립현대미술관, 과천)
동학혁명 100주년-새야 새야 파랑새야 (예술의 전당, 서울)
사실정신 (서경갤러리, 서울)
1995 우리 시대 거울 보기 (동아갤러리, 서울)
한국현대미술전 (중국미술관, 북경, 중국)
광주비엔날레 특별전-오월 정신 (광주시립미술관, 광주)
실크로드 미술 기행-지중해여 페르시아여 (동아갤러리, 서울)
광주통일미술제 (망월동 묘역, 광주)
1996 한국 모더니즘의 전개 (금호미술관, 서울)
인천미술의 현장과 작가 (동아갤러리, 인천)
1997 우리 시대의 초상-아버지 (성곡미술관, 서울)
한국미술 97-인간 기계 동물 (국립현대미술관, 과천)
황해의 역사와 환경 (인천종합문화예술회관)
1998 김복진 미술제 (예술의 전당, 청주)
대전시립미술관 개관기념전 (대전시립미술관, 대전)
새로운 천년 앞에서 (광주시립미술관, 광주)
인권 선언 50주년 기념전 (예술의 전당, 서울)
1998~00 조정래 대하소설 『한강』 삽화 연재 (한겨레신문, 816회)
1998~04 황해미술제 (인천종합문화예술회관, 인천)
1999 돈 · 돈 · 돈 (사비나갤러리, 서울)
중앙미술대전 수상작가 초대전 (호암갤러리, 서울)
인물로 보는 한국미술 (호암갤러리, 서울)

오지리 사람들은 내 작업의 영웅들이다. 위에서부터 오지초등학교에서 열렸던 전시(1990)를 찾은 배상근 아저씨, 명환 아저씨, 활목 할머니, 안씨 아저씨, 맨끝은 서산문화회관에서 열렸던 《귀향-오지리 사람들2》 전시 전경(1999)

2000	한국현대미술-시대의 표현 (예술의 전당, 서울)
	겨레와 함께 한 '쌀' (국립중앙박물관, 서울)
	〈압록강 두만강 대탐사〉 답사 및 스케치 연재 (중앙일보)
2001	80년대 리얼리즘과 그 시대 (가나아트센터, 서울)
	미술의 회복 (인사아트센터, 서울)
2002	식물성의 사유 (갤러리 라메르, 서울)
	우리들의 얼굴 (제비울미술관, 과천)
	아시아의 정신-아시안 게임 기념 (부산문화회관, 부산)
	또 다른 미술사-여성성의 재현 (이화여대 박물관, 서울)
2003	환경미술-물 (서울시립미술관, 서울)
	쌀-아시아의 정신 아시아의 주식 (UCLA인류사박물관 외, 미국순회)
	풍경 속의 미술 (예술마을 헤이리, 파주)
2004	바그다드 551km-이라크 기행 (제비울미술관, 과천)
	평화선언 2004-세계 100인 미술가 (국립현대미술관, 과천)
	실존과 허상 (광주시립미술관, 광주)
	전북도립미술관 개관기념-엄뫼 · 모악 (전북도립미술관, 완주)
	고은 『세상월령가』 삽화 연재 (중앙일보, 12회)
2005	서울미술대전 (서울시립미술관, 서울)

수상

1982	중앙미술대전 특선 (중앙일보사)
1983	중앙미술대전 장려상 (중앙일보사)
1994	가나미술상 (가나아트)

작품 소장

국립현대미술관, 서울시립미술관, 대전시립미술관, 성곡미술관, 고려대학교 박물관

저서

『땅의 정신 땅의 얼굴』, 한길아트, 서울, 2004

현재_중앙대학교 예술대학 서양화학과 교수
홈페이지_http://www.art500.or.kr/leejonggu
이메일_dec54@hanmail.net / ojiri@cau.ac.kr

25 수몰지의 마지막 여름 The Last Summer in a Flooded Area
1991 부대종이에 아크릴릭, 콜라주 Acrylic, Collage on Rice Paper Sack 150 × 200
작가 소장 Collection of the Artist

26 논두렁 The Levee of Rice Paddies
1992 부대종이에 아크릴릭 Acrylic on Rice Paper Sack 95 × 120
작가 소장 Collection of the Artist

27 수몰지의 늦가을 Late Autumn in a Flooded Area
1992 장지에 아크릴릭 Acrylic on Thick Korean Paper 188 × 192
작가 소장 Collection of the Artist

28 수몰지의 권씨 Mr. Kwon in a Flooded Area
1992 장지에 아크릴릭 Acrylic on Thick Korean Paper 184 × 365
개인 소장 Private Collection

29 오지리 사람들 People from Oji-ri
1993 장지에 아크릴릭 Acrylic on Thick Korean Paper 184 × 365
작가 소장 Collection of the Artist

30 삼박골 할아버지 An Old Man from Sambakgol
1995 한지에 아크릴릭 Acrylic on Korean Paper 180 × 96
국립현대미술관 소장 Collection of National Museum of Contemporary Art, Korea

31 삽 1 Shovel 1
1986 나무판에 흙, 유채 Earth, Oil on Wood Panel 115 × 30
작가 소장 Collection of the Artist

32 삽 2 Shovel 2
1986 나무판에 흙, 유채 Earth, Oil on Wood Panel 113 × 27
작가 소장 Collection of the Artist

33 길 Road
1991 장지에 아크릴릭 Acrylic on Thick Korean Paper 94 × 65
작가 소장 Collection of the Artist

34 아버지의 낫 My Father's Sickle
1992 장지에 아크릴릭 Acrylic on Thick Korean Paper 188 × 96
작가 소장 Collection of the Artist

35 겨울–들불 Winter-A Field Fire
1994 장지에 아크릴릭 Acrylic on Thick Korean Paper 146 × 96
작가 소장 Collection of the Artist

36 떠난 자리 He Is Gone
1994 판넬에 아크릴릭, 문서, 볍씨 Acrylic, A Document, Rice Seeds on Panel 77 × 56
작가 소장 Collection of the Artist

37 들의 역사 History of the Field
1994 장지에 아크릴릭 Acrylic on Thick Korean Paper 145 × 300
작가 소장 Collection of the Artist

38 보리밭 Barley Fields
1992 장지에 아크릴릭 Acrylic on Thick Korean Paper 96 × 188
개인 소장 Private Collection

39 임신년의 소 2 The Ox of the Imsin Year 2
1993 한지에 아크릴릭 Acrylic on Korean Paper 65 × 45
해반 갤러리 소장 Collection of Gallery Hae-Ban

40 소–항거 Ox-Resistance
1994 한지에 아크릴릭 Acrylic on Korean Paper 100 × 60
작가 소장 Collection of the Artist

41 봄 Spring
1994 장지에 아크릴릭 Acrylic on Thick Korean Paper 124 × 112
작가 소장 Collection of the Artist

42 달이 밝다 A Bright Moon
1994 장지에 아크릴릭 Acrylic on Thick Korean Paper 160 × 60
서울시립미술관 소장 Collection of Seoul Museum of Art

43 투사 A Fighter
1996 한지에 아크릴릭 Acrylic on Korean Paper 85 × 64
해반 갤러리 소장 Collection of Gallery Hae-Ban

44 밥–아침 Meal-Morning
1993 밥상에 아크릴릭 Acrylic on Dining Table 지름 diameter 68.5
개인 소장 Private Collection

45 밥상–壽,福,祿 Dining Table-Life, Happiness, Fortune
1993 밥상에 아크릴릭, 흙 Acrylic, Earth on Dining Table 51.5 × 71
개인 소장 Private Collection

46 밥상 A Dining Table
1994 밥상에 아크릴릭 Acrylic on Dining Table 30 × 44 × 60
작가 소장 Collection of the Artist

47 소반(유언, 정안수, 정안수–낫)
A Small Dining Table (A Will, Water for Praying, Water for Praying-Sickle)
1995 소반에 아크릴릭, 흙 Acrylic, Earth on Small Dining Table 지름 diameter 45, 46, 41
작가 소장 Collection of the Artist

48 식량 Food
1996 밥상에 아크릴릭 Acrylic on Dining Table 61 × 91
작가 소장 Collection of the Artist

49 봄-1995 Spring-1995
1995 밥상에 아크릴릭, 흙, 깨진병 Acrylic, Earth, Broken Bottle on Dining Table 60×46
작가 소장 Collection of the Artist

50 아버지의 한세상 A World of My Father
1995 장지에 아크릴릭 Acrylic on Thick Korean Paper 278×201
작가 소장 Collection of the Artist

51 유산-아버지 Inheritance-Father
1995 장지에 아크릴릭 Acrylic on Thick Korean Paper 200×145
개인 소장 Private Collection

52 땅-유물 Land-Inheritance
1996 장지에 아크릴릭 Acrylic on Thick Korean Paper 190×97
작가 소장 Collection of the Artist

53 부부 Husband and Wife
1996 캔버스에 아크릴릭 Acrylic on Canvas 162×131
서울시립미술관 소장 Collection of Seoul Museum of Art

54 종자 Seeds
1996 캔버스에 아크릴릭 Acrylic on Canvas 162×131
서울시립미술관 소장 Collection of Seoul Museum of Art

55 대지-봄 The Earth-Spring
1998 캔버스에 아크릴릭 Acrylic on Canvas 130×518
작가 소장 Collection of the Artist

56 땅-노인 Land-An Old Man
1997 한지에 먹, 아크릴릭 Ink, Acrylic on Korean Paper 205×150
대전시립미술관 소장 Collection of Daejeon Municipal Museum of Art

57 대지-모내기 The Earth-Rice Planting
1997 한지에 먹, 아크릴릭 Ink, Acrylic on Korean Paper 210×150
작가 소장 Collection of the Artist

58 대지-여름 The Earth-Summer
1997 한지에 먹, 아크릴릭 Ink, Acrylic on Korean Paper 207×150
작가 소장 Collection of the Artist

59 대지-가을 The Earth-Fall
1997 한지에 먹, 아크릴릭 Ink, Acrylic on Korean Paper 207×150
작가 소장 Collection of the Artist

60 대지-겨울 The Earth-Winter
1998 한지에 먹, 아크릴릭 Ink, Acrylic on Korean Paper 207×150
작가 소장 Collection of the Artist

61 대지-상처 The Earth-Scar
1998 한지에 먹, 아크릴릭 Ink, Acrylic on Korean Paper 210×150
작가 소장 Collection of the Artist

62 계룡춘색 Spring in Mt. Gyeryong
1997 캔버스에 유채 Oil on Canvas 112×162
작가 소장 Collection of the Artist

63 영토-압록강에서 두만강까지 Territory-From Aprok River to Duman River
2002 캔버스에 유채 Oil on Canvas 227×362
개인 소장 Private Collection

64 백두대간-아, 지리산 Baekdu Mountains-Ah, Mt. Giri
2002 캔버스에 유채 Oil on Canvas 62×260
작가 소장 Collection of the Artist

65 백두대간-덕유산 향적봉에서
Baekdu Mountains-At Hyangjeok Peak of Mt. Deokyu
2002 캔버스에 유채 Oil on Canvas 62×260
작가 소장 Collection of the Artist

66 국토-福 Country-Happiness
2003 인쇄물에 아크릴릭 Acrylic on Printed Map 117×77
작가 소장 Collection of the Artist

67 국토-壽 Country-Life
2003 인쇄물에 아크릴릭 Acrylic on Printed Map 117×77
작가 소장 Collection of the Artist

68 물-壽 Water-Life
2002 부대종이에 아크릴릭 Acrylic on Rice Paper Sack 160×158
작가 소장 Collection of the Artist

69 물-福 Water-Happiness
2002 부대종이에 아크릴릭 Acrylic on Rice Paper Sack 160×158
작가 소장 Collection of the Artist

70 국토-오지리 210번지 Country-210 Oji-ri
2005 한지에 아크릴릭 Acrylic on Korean Paper 200×150
작가 소장 Collection of the Artist

71 국토-오지리 산 13번지 Country-San 13 Oji-ri
2005 한지에 아크릴릭 Acrylic on Korean Paper 200×150
작가 소장 Collection of the Artist

72 다시 오지리에서-내 친구 김기운 Again in Oji-ri: My Friend Kim Ki-woon
2003 한지에 아크릴릭 Acrylic on Korean Paper 195×97
작가 소장 Collection of the Artist

73 다시 오지리에서-문씨 Again in Oji-ri: Mr. Moon
2004 한지에 아크릴릭 Acrylic on Korean Paper 195×97
작가 소장 Collection of the Artist

74 다시 오지리에서-창수 어머니 Again in Oji-ri: Chang-soo's Mother
2004 한지에 아크릴릭 Acrylic on Korean Paper 195×97
작가 소장 Collection of the Artist

75 다시 오지리에서-이모 Again in Oji-ri: My Aunt
2004 한지에 아크릴릭 Acrylic on Korean Paper 195×97
작가 소장 Collection of the Artist

76 다시 오지리에서-외가 Again In Oji-ri: My Mother's Family
2004 한지에 아크릴릭 Acrylic on Korean Paper 195×97
작가 소장 Collection of the Artist

77 다시 오지리에서-말마구지 사람들 Again in Oji-ri: People from Malmaguji
2004 한지에 아크릴릭, 포스터 Acrylic, Posters on Korean Paper 200×250
작가 소장 Collection of the Artist

78 다시 오지리에서 Again in Oji-ri
2003 종이에 아크릴릭, 포스터 Acrylic, Posters on Korean Paper 215×391
작가 소장 Collection of the Artist

79 다시 오지리에서-산불 Again in Oji-ri: A Forest Fire
2003 한지에 아크릴릭, 인쇄물 Acrylic, Printed Materials on Korean Paper 195×320
국립현대미술관 소장 Collection of National Museum of Contemporary Art, Korea

80 다시 오지리에서-풍경 Again in Oji-ri: Landscape
2005 한지에 아크릴릭, 포스터 Acrylic, Posters on Korean Paper 200×450
작가 소장 Collection of the Artist

81 다시 오지리에서-선거 Again in Oji-ri: Election
2005 한지에 아크릴릭, 포스터 Acrylic, Posters on Korean Paper 200×900
작가 소장 Collection of the Artist

82-1 진혼가-상처 Requiem-Scar
2005 석고, 종이꽃, 자동차 적재함 Plaster, Paper Flowers, Pickup Truck Bed 60×140×40
작가 소장 Collection of the Artist

82-2 진혼가 Requiem
2005 석고, 종이꽃, 자동차 적재함 Plaster, Paper Flowers, Pickup Truck Bed
설치 Installation
작가 소장 Collection of the Artist

83 대지의 손-그릇 I Hand of the Earth-Plate I
2004 석고에 그릇 Plates on Plaster 105×70×10
작가 소장 Collection of the Artist

84 대지의 손-그릇 II Hand of the Earth-Plate II
2004 석고에 그릇 · 수저 Plates, Spoon, Chopsticks on Plaster 105×70×10
작가 소장 Collection of the Artist

85 대지의 손-종자 I Hand of the Earth-Seeds I
2004 종이 부조에 볍씨 Rice Seeds on Paper Relief 105×70×10
작가 소장 Collection of the Artist

86 대지의 손-종자 II Hand of the Earth-Seeds II
2004 종이 부조에 볍씨 Rice Seeds on Paper Relief 113×75×15
작가 소장 Collection of the Artist

87 대지의 손-상처 I Hand of the Earth-Scar I
2004 석고에 철사 Wires on Plaster 113×75×15
작가 소장 Collection of the Artist

88 대지의 손-상처 II Hand of the Earth-Scar II
2004 석고에 항아리 파편 Broken Pots on Plaster 105×70×10
작가 소장 Collection of the Artist

89 대지의 손-낫 Hand of the Earth-Sickles
2004 석고에 낫 Sickles on Plaster 113×75×15
작가 소장 Collection of the Artist

90 대지의 손-호미 Hand of the Earth-Hoes
2004 석고에 호미 Hoes on Plaster 113×75×15
작가 소장 Collection of the Artist

91 대지의 손-여자 I Hand of the Earth-Woman I
2004 종이 부조에 채색, 쌀 Rice on Colored Paper Relief 105×70×10
작가 소장 Collection of the Artist

92 대지의 손-여자 II Hand of the Earth-Woman II
2004 종이 부조에 채색, 쌀 Rice on Colored Paper Relief 105×70×10
작가 소장 Collection of the Artist

93 대지의 손-남자 I Hand of the Earth-Man I
2004 종이 부조에 채색, 쌀 Rice on Colored Paper Relief 113×75×15
작가 소장 Collection of the Artist

94 대지의 손-남자 II Hand of the Earth-Man II
2004 종이 부조에 채색, 쌀 Rice on Colored Paper Relief 113×75×15
작가 소장 Collection of the Artist

95 대지의 손-삽 Hand of the Earth-Shovel
2004 종이 부조에 삽 Shovel on Paper Relief 113×75×15
작가 소장 Collection of the Artist

그림은 결코 허황되거나 무의미한 것이 아니다. 현실 속에서 그림이 가진 힘이 아주 미미할지라도 나는 그림을 통해 우리 인간들의 삶을 억압하는 시대의 폭력에 대항하고 싶다.…나는 민족적 현실과 민중적 삶을 소중히 여기고 이를 작품으로 형상화하는 데 온 힘을 쏟아 왔다. 국립현대미술관이 나를 '올해의 작가'로 선정한 것도 이 때문일 것으로 믿는다. 이를 계기로 더욱 민족의 현실과 민중의 삶을 그리는 데 노력하겠다. 나아가 우리 민족의 삶이 중심이 되고 또는 대등한 입장에서 세계화에 이르는 작업을 하고 싶다.

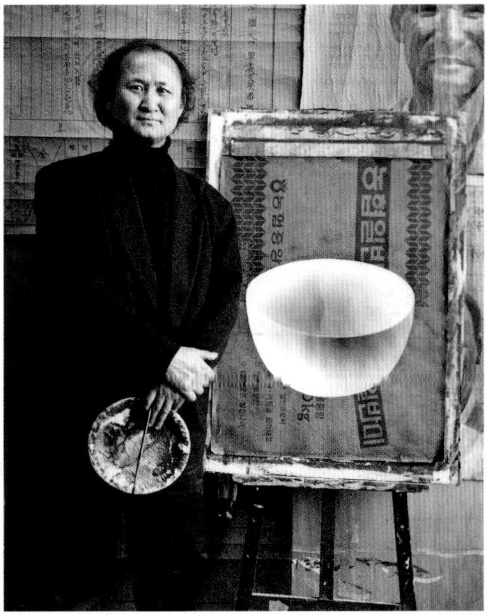

사진 | 이영균

올해의 작가 2005 이종구

초판 1쇄 인쇄 2005년 5월 6일
초판 1쇄 발행 2005년 5월 10일

엮은이_국립현대미술관, 이종구
펴낸이_오창준
펴낸곳_컬처북스 CULTURE BOOKS
서울 중구 서소문동 55-4 배재빌딩 본관 512호
전화 02-772-9419 등록 제 312-2003-66호, 2003년 7월 14일
분해출력_트리콤
인쇄_대일문화사

값은 뒤표지에 있습니다.

ISBN 89-954733-8-X 93600